西北大学"双一流"建设项目资助

Sponsored by First-class Universities and Academic Programs of Northwest University

"人文地理与城乡规划"国家级一流本科专业建设点项目
陕西省特色线上课程"黄河流域生态保护"
"人文地理学"陕西省一流本科课程（线下一流课程）
"人文地理学"陕西省课程思政示范课程

人文地理学野外实习教程

RENWEN DILIXUE YEWAI SHIXI JIAOCHENG

陈 海 李 飞 黄晓军 编著

西北大学出版社

·西安·

图书在版编目(CIP)数据

人文地理学野外实习教程/陈海，李飞，黄晓军编著. —西安：西北大学出版社，2024.3
ISBN 978-7-5604-5347-7

Ⅰ.①人… Ⅱ.①陈… ②李… ③黄… Ⅲ.①人文地理学—教育实习—高等学校—教材 Ⅳ.①K901

中国国家版本馆 CIP 数据核字(2024)第 061850 号

人文地理学野外实习教程

编著 陈 海 李 飞 黄晓军

出版发行 西北大学出版社
(西北大学校内 邮编：710069 电话：029-88302621 88303593)
http://nwupress.nwu.edu.cn E-mail: xdpress@nwu.edu.cn

经 销	全国新华书店
印 刷	西安博睿印刷有限公司
开 本	787毫米×1092毫米 1/16
印 张	18.5
版 次	2024年3月第1版
印 次	2024年3月第1次印刷
字 数	321千字
书 号	ISBN 978-7-5604-5347-7
定 价	48.00元

本版图书如有印装质量问题，请拨打 029-88302966 予以调换。

前　言

野外考察在地理学中有着悠久的传统，国内外的地理学大家一直践行着野外考察的传统。正是由于地理学家和探险家的野外考察活动，才极大地拓展了人类对自然、地球、世界和文化的认识，推动了人类文明发展。20世纪初，中国开始了地理学的野外考察。20世纪80年代，人文地理学野外实习的内容也逐渐丰富起来。加之现代地理学正在经历向地理科学的嬗变，地球表层的结构与功能及其演变、地域分异以及人地关系地域系统也愈加复杂，为适应人文地理科学人才培养，强化通过实践和实习获取新的认知就显得极为重要。同时，国家对实践教学日益重视，为人文地理学野外实习的改革指明了方向。

《人文地理学野外实习教程》一书是西北大学城市与环境学院多年来地理学科类专业实习、实践环节的总结，也是未来在人文地理专业教学中强化专业实践环节的重要指导书。

本书采用理论、方法与区域案例相结合，室内方法与野外调查相结合的方式，较为全面系统地介绍了人文地理学的方法论、野外实习方法，以及不同的野外实习专题（认知实习、课程实习、综合实习）；同时，力图实现印证课堂的基本知识，达到野外实习与课堂教学内容的无缝衔接，提高学生动手能力，培养学生科学探险精神，激发学生爱国主义情怀的实习目的。

《人文地理学野外实习教程》一书是西北大学城市与环境学院经济地理与规划系全体教师集体智慧的总结。全书由陈海、李飞、黄晓军拟定编写大纲，各章节具体分工如下：第一章，陈海；第二章，李飞；第三章，陈海；第四章，第一节黄晓军，第二节刘晓琼、郑蕾，第三节陈海、杨海娟、陈佳、吴文恒、刘晓琼、雷敏。最后由陈海统稿与定稿。

本书的编写出版得到西北大学教务处，西北大学城市与环境学院史波书记、宋进喜院长及李书恒副院长的大力支持和帮助，李同昇教授、杨新军教授、李钢教授、朱海霞教授也为本书提出了许多宝贵建议，在此一并表示感谢。由于作者水平和时间所限，书中难免出现错误，敬请广大读者批评斧正。

目 录

第一章 绪 论

第一节 人文地理学野外实习的目的和必要性 ⋯⋯⋯⋯⋯ 3
　一、人文地理学野外实习的目的 ⋯⋯⋯⋯⋯⋯⋯⋯ 3
　二、人文地理学野外实习的必要性 ⋯⋯⋯⋯⋯⋯⋯ 7
第二节 大学人文地理野外实习课程设置 ⋯⋯⋯⋯⋯⋯ 9
　一、实习课程与出版教材 ⋯⋯⋯⋯⋯⋯⋯⋯⋯⋯ 9
　二、实习内容与时间安排 ⋯⋯⋯⋯⋯⋯⋯⋯⋯⋯ 13
　三、实习环节设置状况 ⋯⋯⋯⋯⋯⋯⋯⋯⋯⋯⋯ 18
　四、人文地理学研究性实习案例 ⋯⋯⋯⋯⋯⋯⋯ 20
　五、实习成果及评价 ⋯⋯⋯⋯⋯⋯⋯⋯⋯⋯⋯⋯ 22
　六、人文地理学野外实习成果评价案例 ⋯⋯⋯⋯ 22

第二章 人文地理野外工作的方法论

第一节 经验主义人文地理学方法论 ⋯⋯⋯⋯⋯⋯⋯⋯ 27
　一、经验主义人文地理学基本内涵 ⋯⋯⋯⋯⋯⋯ 27
　二、经验主义人文地理学发展历程 ⋯⋯⋯⋯⋯⋯ 28
　三、经验主义人文地理学研究方法 ⋯⋯⋯⋯⋯⋯ 30
　四、经验主义人文地理学典型案例 ⋯⋯⋯⋯⋯⋯ 34
第二节 实证主义人文地理学方法论 ⋯⋯⋯⋯⋯⋯⋯⋯ 44
　一、实证主义人文地理学基本内涵 ⋯⋯⋯⋯⋯⋯ 44
　二、实证主义人文地理学发展历程 ⋯⋯⋯⋯⋯⋯ 45

I

　　　　三、实证主义人文地理学研究方法 …………………… 47
　　　　四、实证主义人文地理学典型案例 …………………… 48
　第三节　人文主义人文地理学方法论 ………………………… 58
　　　　一、人文主义人文地理学基本内涵 …………………… 58
　　　　二、人文主义人文地理学发展历程 …………………… 59
　　　　三、人文主义人文地理学研究方法 …………………… 61
　　　　四、人文主义人文地理学典型案例 …………………… 63
　第四节　结构主义人文地理学方法论 ………………………… 81
　　　　一、结构主义人文地理学基本内涵 …………………… 81
　　　　二、结构主义人文地理学发展历程 …………………… 83
　　　　三、结构主义人文地理学研究方法 …………………… 84
　　　　四、结构主义人文地理学典型案例 …………………… 86
　第五节　后现代主义人文地理学方法论 ……………………… 100
　　　　一、后现代主义人文地理学基本内涵 ………………… 100
　　　　二、后现代主义人文地理学发展历程 ………………… 102
　　　　三、后现代主义人文地理学研究方法 ………………… 104
　　　　四、后现代主义人文地理学典型案例 ………………… 105

第三章　人文地理学的野外实习方法

　第一节　田野调查概述 ………………………………………… 122
　　　　一、田野调查基本原则 ………………………………… 122
　　　　二、田野调查方案设计 ………………………………… 123
　　　　三、田野调查的主要方法 ……………………………… 124
　第二节　观察法 ………………………………………………… 126
　　　　一、观察的分类 ………………………………………… 126
　　　　二、参与式观察 ………………………………………… 129
　第三节　问卷调查 ……………………………………………… 131
　　　　一、问卷设计的原则 …………………………………… 132

二、问卷设计的程序 ······································· 132
　　三、问卷的结构 ··· 133
　　四、问卷的核心——问题设计 ······························ 134
　　五、问卷调查的案例 ······································· 138
第四节　访谈法 ·· 141
　　一、访谈法的概念与类型 ··································· 141
　　二、主要访谈法类型介绍 ··································· 142
　　三、访谈的主要步骤 ······································· 146

第四章　人文地理学野外实习专题

第一节　人文地理学认知实习 ····································· 155
　　一、实习目的 ··· 155
　　二、实习设计 ··· 156
　　三、实习内容 ··· 159
　　四、实习报告与问卷 ······································· 170
　　五、实习结果评价 ··· 171
第二节　人文地理学课程实习 ····································· 172
　　一、区域分析与规划课程实习 ······························ 172
　　二、城乡社会调查课程实习 ································ 179
第三节　人文地理学综合实习 ····································· 187
　　一、陕北黄土高原生态建设与绿色发展 ······················ 187
　　二、关中平原城市群美丽村庄规划 ·························· 208
　　三、陕南秦巴山区生态保护与乡村转型 ······················ 221
　　四、黄河流域生态保护和高质量发展 ························ 229
　　五、西北地区乡村振兴 ···································· 242
　　六、西北地区多民族文化景观与民族融合 ···················· 250

III

第一章 绪 论

野外考察在地理学中有着悠久的传统。法国地理学思想史家保罗·佩迪什曾指出："地理考察和哲学是哺育希腊地理学成长的两位'奶母'。"在中外地理学中，更是不乏大地理学家进行野外考察的典型事例。可以说，历史时期地理学家和探险家的野外考察活动极大地拓展了人类对自然、地球、世界和文化的认识，推动了人类文明发展。

作为近代地理学的奠基人，亚历山大·洪堡非常重视实践，他的足迹遍及西欧、中亚和美洲。洪堡的《宇宙》，以及其整理出的《1799—1804年新大陆热带区域旅行记》（共30卷）和《植物地理论文集》等，还有其一个个的"第一次"：第一幅全球等温线图由他绘制完成，最先发现了植物分布的水平分异性和垂直分异性，第一次用图解的方法来研究洋流，洪堡创立"磁暴"这一名词，第一次科学地分析了温度随海拔升高而降低的规律等，无不彰显着实践的奠基作用，以及基于实践观测的创新思索。

中国古代著名地理学家、《水经注》的作者——郦道元，喜欢游览祖国的河流、山川，尤其喜欢研究各地的水文地理、自然风貌，足迹遍及今河北、河南、山东、山西、安徽、江苏、内蒙古等广大地区，内容涉及当地的地理、历史和风土人情等。同时，他善于对照和比较，与古代的地理学著作相印证，准确记述地理面貌的历史变迁。丰富地理实践获取的第一手资料，为他的地理学研究和著述打下了坚实基础。

中国现代地理学的开拓者——黄国璋，大力倡导综合研究与实地考察。早在1934年，黄国璋任云南边疆地理考察团团长，对西双版纳热带资源进行考察。1939年5月，他以国立西北师范学院、国立西北大学双聘教授身份任川康科学考察团副团长（由41人组成），历时8个月，考察了丝路古道的邛都（今西昌）、滇南、滇缅等地。1941年，在担任中国地理研究所所长期间，组织了嘉陵江流域、汉中盆地、大巴山区、成都平原等野外考察研究，开创了我国综合性区域地理调查的先河。

中国现代著名的人文地理学家张其昀，秉承地理学经世致用的传统，笃信"读万卷书，行万里路"，为深刻了解区域和边疆地区的现实问题，先后做过几次重要的实践考察。其中包括1931年6月至8月的"深探日我形式之虚实"的东北行和1934年9月至1935年8月的"中俄边防险要"的考察。尤其是历时55日的东北行，为后续发表《东北地理考察团经过情形》《东北之黄渤二海》《东北之葫芦岛筑港》《东北之海防》《榆关览胜》等基于地理学家视角的、有益于抗战的成果奠定了基础和前提。

中国著名的经济地理学家周立三，坚持实地调研，重视收集第一手资料，其整个学术生涯都是把身体力行和实地考察联系在一起：1943年他曾参加西北第一科学考察团赴新疆考察；1956年主持中国科学院新疆综合考察队，对新疆地区的地理条件和农业自然资源进行了连续5年的系统研究；1984年再次主持对新疆农业远景的研究，对新疆自然资源的开发与农业发展提出过许多积极建议；1996年1月在他八十高龄时，最后一次参加了由部分院士组成的红壤地区考察活动。上述的科学考察和实践，对于提出新疆的可持续发展战略、中国农业区划的理论和实践，以及前后发表1~4号国情报告均提供了重要的实践基础。

20世纪初，中国学者将国外近代地理学正式引进中国。自此，开始了中国地理学的野外考察。中国大学地理野外实习开始时间基本上与大学地理学系建立同期，进行大学地理野外考察成为地理系教学的一个显著特征。1949年后，大学地理野外工作既服务于教学，也为国家经济建设服务。20世纪50—70年代，由于经济地理在人文地理学中一花独放，人文地理学野外实习基本上是经济地理学实习。20世纪80年代人文地理学全面复兴之后，人文地理学野外实习的内容也逐渐丰富。

同时，国家对实践教学日益重视，为人文地理学野外实习的改革指明了方向。教育部1998年下发了《关于深化教学改革，培养适应21世纪需要的高级专门人才的意见》(教高〔1998〕2号文件)，对实践教学提出了相应的要求；2005年教育部《关于进一步加强高等学校本科教学工作的若干意见》(教高〔2005〕1号文件)指出，不断拓展校际之间、校企之间、高校与科研院所之间的合作，加强各种形式的实践教学基地和实验室建设；2007年教育部颁发的文件《教育部、财政部关于实施高等学校本科教学质量与教学改革工程的意见》(教高〔2007〕1号文件)要求大力加强实验、实践教学改革，提高人才培养的能力和水平；2012年教育部颁发的《关于全面提高高等教育质量的若干意见》（教高〔2012〕4号）强调强化实践育人环节，分类制定实践教学标准。因此，需要全面理解和掌握教育部的相关文件，扎实推进地理实践教学改革与建设。

第一节 人文地理学野外实习的目的和必要性

野外实习是地理学人才培养的必修环节，是提高学生地理素养、增强学生学习兴趣、开拓科研创新能力的重要途径。有学者认为，野外实习教学通过理论联系实际，加深了学生对地理基础知识和基本理论的理解与掌握，帮助学生掌握野外调查与分析的方法，培养学生观察问题、分析问题和解决问题的能力，对培养基础扎实、知识面宽、素质高、能力强、具有科研精神和科研能力的创新人才起到了重要作用；也有学者指出，地理野外实习教学是区分地理学与其他学科教学的一个重要导向标，是整合地理概念和理论的一个重要工具，是学生理解许多地理知识点的最佳方法，是课堂教学和非课堂教学的桥梁，同时也是优化教学和调动学生积极性的有效手段。尽管学者对地理学野外实习教学有不同的理解，但依然可以发现它们的共识，即地理野外实习教学是地理专业教学计划的必修环节，是理论和实践相结合的重要纽带，是培养大学生观察能力、分析能力、动手操作能力、科研能力的重要途径等。

人文地理学以人地关系地域系统理论为基本指导思想，研究人类活动的空间差异和空间组织以及人类与地理环境之间的相互关系。人文地理学野外实习是课堂教学的拓展和深化，作为连接课堂教学与社会实践的桥梁，在扩展学生的人文地理知识、提高地理技术的操作水平、培养解决实际问题能力等方面具有不可替代的作用。

一、人文地理学野外实习的目的

一般而言，野外实习的目的主要是从学生能力培养的角度加以论述。翟伟峰认为地理野外实习教学培养学生两个层次的能力：独立自主的学习能力和创新能力，而后一种能力是更高层次的能力。他认为学习能力包括观察能力、比较能力、判断能力、推理能力、分析能力、科研能力。赵媛认为野外实习教学培养学生观察能力、地理技能（包括地理分析技能、地图技能、野外操作技能）、吃苦耐劳和团结协作的科研精神。王鹏认为自然地理野外实习教学培养了学生创新精神和实践技能，促进地理学科建设与发展，为地方经济建设服务。熊平生认为地理野外实习教学低层次目标是巩固地理课堂所学的理论知识；高层次目标是帮助学生树立正确情感态度和价值观，包括激发学生学习地理的兴趣和动机，养成求真、求实的科学态度，提高地理审美情趣，增强学生热爱祖国、热爱家乡的情感，增强学生关心和爱护环境的社会责任感，养成良好的行为习惯。赵筱青认为人文地理学实习目的不能只局限于印证、巩固课堂所学知识、初步掌握地理调查方法等内容，而应该是在详尽观察与分析实习区域的人文地理事象特征的基础上，认识实习区域人类社会系统及其与自然系统之间的关联，学会认识人文地理空间结构的方法，深刻理解实习区域空间结构；掌握解决社会经济发展中某些问题的方法，提高实践能力以及地理调查和地理思想表达的能力，满足社会发展的需要。周尚意认为人文地理野外实习教学培养了学生的野外调查方案设计能力，业务观察、测量和记录能力，野外数据处理能力，地图绘制能力和实习报告写作能力。

综合以上学者的论述，我们认为人文地理学野外实习的目的包括如下方面：

1. 印证课堂的基本知识，培养学生对人文现象的观察能力，运用专业理论和方法分析问题、解决问题的能力，培养独立研究的能力

该目的有不同层次：低层次是印证基本知识，培养人文现象观察能力；中层次是会运用专业理论和方法分析问题、解决问题的能力；高层次是培养独立研究的能力。三种层次目的对应于不同阶段的人文地理学野外实习：低层次目的对应于大学一年级的认知实习，中层次目的对应于大学二年级的课程实习，高层次目的对应于大学三年级的综合实习。需要注意的是，认知实习、课程实习、综合实习，尽管培养的主要目的有差异，但低、中、高目的均包含在每种实习内部，仅是程度不同而已。例如，人文地理学认知实习，尽管主要目的是加强对人文地理学课堂所学知识的理解和应用，但也初步培养学生学会使用人文地理学的经验主义方法论开展分析具体问题的能力，培养其地理学思维，为后续展开可能独立研究奠定基础。人文地理学野外综合实习更偏向于中层次和高层次的培养，但基本知识的印证和人文现象的观察是基本的能力。

2. 收集实习地第一手资料，为解释相关人文现象的空间特点、探索人地关系规律做准备工作

该目的涉及收集什么、怎样收集的问题。前者与实习内容相关，后者与实习方法与方式关联。实习内容的确定与实习类型密切相关。例如，农业发展与布局认知实习的内容主要是通过案例地的观察，了解现代农业的生产类型和生产方式，加强对休闲农业、生态农业、设施农业等业态的认知，分析现代都市农业的生产布局及其影响因素；区域分析与规划课程实习的内容主要是了解实习地城市的规模和历史文化、城市的布局结构和形态、城市总体规划、区域城镇体系规划、重点片区规划、河流综合治理、交通规划和基础设施规划等各类专项规划、重点项目以及城市的远景展望等。综合实习的内容则相对较多，例如，探究性黄河流域生态保护和高质量发展的野外综合实习，其内容可能包括掌握黄河流域生态保护和高质量发展重大国家战略的提出背景、主要内容；理解实习区段的黄河流域生态保护和高质量发展的现状、成就、影响因素和治理措施；加深对国情的认识和了解，激发学生保护和发展黄河流域、建设美好国家的时代意识与家国情怀。

如何收集实习数据，大体包括典型区域选择、路线设计和收集数据的方式等方面。人文地理野外实习作为专业的"常规动作"，其实习区域大多是相对固定的，这主要源于各学校人文地理专业的实际发展状况：北京师范大学选择长距离实习线路，北京—苏州吴县东山镇—苏州—上海。地方院校人文地理学野外实习，大多由于经费限制，选择短距离野外实习，短距离野外实习有利于学生深刻理解本区域文化特征和社会经济发展状况，增强学生乡土地理意识，锻炼发现问题、解决问题能力，可以用深度来弥补广度的不足，同时也节约了经费，以深代博、以特代全、以做代看已经成为地方普通院校人文地理学野外实习的趋势之一。人文地理学野外实习常用的方法主要包括问卷调查法、访谈法和景观观察记录法。问卷调查法和访谈法的调查方法和手段不同，前者通常采取书面形式间接收集研究材料，后者通过访谈和受访人面对面交谈来收集数据；另外，二者在操作流程，研究问题的性质、目的、对象等方面有较大差异。

3. 发现新问题，打开新视角，培养科学探险精神

有学者总结了地理学野外实习的四种模式，即"灌输式"地理野外实习教学模式、"任务驱动式"地理野外实习教学模式、"学生自主设计"地理野外实习教学模式和"研究型"地理野外实习教学模式。"灌输式"地理野外实习教学模式，以教师为主导，教师在野外讲解，学生以记录为主参与实习。因此，该模式限于教师所讲的内容，忽略了对学生独立动手能力、创新能力、科研能力的培养。"任务驱动式"地理野外实习教学模式，由教师引导，以小组为单位进行实习，小组为单位商量解决实习中碰到的问题。显然，该模式调动了学生野外学习的积极性，较充分地发挥了学生的主观能动性。"学生自主设计"地理野外实习教学模式，实习指导教师仅提供实习线路或者实习点，由学生自主收集实习资料、自主选择实习内容。根据实习内容，学生自主设计实习方案，而采取怎样的实习方法，由学生自己来决定。相对于前两种模式，第三种模式中学生的积极性、创新性均有所提高，但对科学问题的凝练和总结还有待提升。"研究型"地理野外实习教学模式，由教师引导并提供相关材料，让学生明确实习需要达到的具体目标和量化的指标考核体系，学生结合文献资料分析，分小组提出自己的研究课题，并且制订各自实习方案。随后，各个小组带着研究课题，到达实践教学基地，开展实地观测、讨论和分析。最后，由学生表述自己的观点，完成所选课题的论述。显然，该模式下，学生主动性、积极性和创新性最高，发现新问题、打开新视角的可能性最大。综上所述，根据实习类型的差异，如何耦合四种模式在实习中的作用和角色，就成为发现新问题、打开新视角、培养科学探险精神的关键。

4. 激发爱国主义情怀，增强其建设祖国的责任感和使命感

师从美国著名人文地理学家亨廷顿、我国留美攻读经济地理学第一人的黄国璋教授，在《学习本国地理第一要义》和《为什么地理是革命建国教育的中心科目》中均指出：地理学能激发国民的爱国热忱和民族意识，能加强国民对于国家的统一观念，能使国民认识世界大局及我国在国际上所处的地位和应有的措置；认为地理学是增进国民爱国心之工具，加强地理教育，是增强国民的爱国意识的有效途径。地理学野外实习是激发爱国主义情怀的最有效的方式之一，诸多地理学前辈均通过地理实践来践行爱国主义。如中国近代著名的地理学家王成组，1932年参加国际联盟组织的东北调查团，主持地图测绘工作，揭露日本侵略我国东北的罪行。

人文地理野外实习是将学生置于相对简陋而又艰苦的集体生活环境中，需要爬山涉水，培养学生吃苦耐劳、团结协作的精神，加强组织纪律观念和集体主义观念，提高其自我管理能力和克服困难的毅力。更为重要的是在考察过程中，学生可以亲身感受到祖国疆域的辽阔、资源的丰富、河山的壮丽秀美和景观的异彩纷呈，从而培养他们热爱祖国的情操，坚定他们的民族自豪感。同时，面对经济建设所发生的日新月异的变化、存在的一些问题以及地区的贫穷落后现象，从而激发起献身科学和建设祖国的热情。但有学者注意到：要求所有的人文地理学野外实习中都能实现激发爱国主义情怀，增强其建设祖国的责任感和使命感，在实际的实践中存在一定的问题。调查发现：实习对学生人文地理学情怀和科学研究兴趣的培养尚不足，在调研后所发放的问卷中仅有3.49%的学生认为实习培养了人文地理科学研究兴趣，特别是没有学生认为通过实习可以培养爱国主义热情、理想、纪律及劳动教育等人文地理情怀。目前，已有学校通过实习内容的选择和实习路线的设计来改善上述问题，取得了不错的实习效果。例如，北京师范大学实习内容不搞"大拼盘"和"大杂烩"，选择了以经济地理为主、文化和旅游地理为辅的野外实习内容结构。首都师范大学重点在聚落地理，聚落的选址、空间布局、建筑用料等，与环境密切相关，加深学生对人地关系的理解。总之，人文地理学野外实习内容的特色化和精细化，有助于实现该目的。

二、人文地理学野外实习的必要性

1. 野外实习是人文地理教学过程中不可或缺的环节

野外实习教学是地理学理论教学的深化与延伸，强调形象的、直观材料的应用，是比传统的课堂教学更为生动、复杂的教学环节，也是学生认识社会的机会。通过课堂人文地理学的讲授，学生虽然对该学科基本理论有所了解，但许多的抽象人文现象和地理概念还较为模糊，难以把理论与实践有机地结合起来。同时，产业布局、区域规划、流域开发、人口、聚落等人文活动对自然环境会产生多大影响，以及如何影响，学生很难在课堂上掌握和理解，这就需要通过身临其境的直接观察，亲自了解考察与调查地区的自然与人文特征，增加其感性认识，从而巩固和加深对人文地理问题的理解和对知识的记忆。例如，在讲授"文化景观"，即"附加在自然景观上的人类活动形态"时，虽然可向学生展示一幅风景画或风景图片，就其中所表现的田野风光、建筑、人物、服饰、交通工具以及道路、店铺等所构成的复合体，告诉他们这就是文化景观，但学生是否真正理解了，只有通过到实地考察和调查、通过与实物的接触、通过对某种氛围的感受，才能对"文化景观"有深刻的理解。伴随我国高等教育改革的逐步深化，实践教学越来越受到人们的重视，对野外实习研究和探索，将有助于进一步完善人文地理学的教学体系。

2. 野外实习是提高学生人文地理技能的平台

人文地理野外实习教学内容多样，包括产业部门空间布局关系、居民聚落调查、旅游景观的形成与发展、城市中心地体系、商业网点布局调查、城市交通问题调查、旅游者的特点、区域人地关系、地域文化与文化景观、旅游资源的分布与评价等内容。只有通过系统、规范的训练，才能使学生基本上掌握人文地理考察方法、考察内容的取舍、景观方法、结构分析等基本方法和规程。同时，使学生初步学会用人文地理学的视角去探究人文地理事象。人文地理野外实习既拓宽了学生的视野，又促使学生主动地思考和探索自己所直接观察到的诸多地理特征和问题，从而激发出浓厚的专业学习兴趣和内在的学习动力。

3. 野外实习是教师检验自身专业素养和提高教学水平的有效途径

野外考察不仅是对学生能力的培养和检验，也是教师检验自身专业素养和提高教学水平的过程。人文地理教师不仅要有全面系统的专业理论知识的传授能力，还要有在野外运用人文地理理论解决具体人文问题的能力。在人文地理野外实习教学中，教师要启发学生发现问题，指导学生用人文地理学的理论分析问题，帮助学生寻求多条思路解决实际问题。很多高校人文地理野外实习教学的过程就是教师科研项目的调研过程，教师将最新的科研信息与前沿性的教学内容应用到实践教学中去，可以让学生参加教师的科研活动，了解教师科研的方法和过程。这样，既创造了浓厚的科研氛围，又有助于培养学生分析问题和解决问题的能力，也有助于教师科研水平的提升。

4. 野外实习是我国人文地理学研究导向的需要

在社会责任感和人文情怀的双重要求下，形成了中国人文地理学从一开始就重视乡土问题和面向社会重大需求的研究主导指向。人文地理学从学科内涵和研究宗旨上，就具有鲜明的乡土性质和应用价值取向，由此塑造了中国人文地理学的学术刚性，既是一门经世致用的学问，把面向社会需求、服务国家和地方发展始终作为学科建设的主导方向，也因此成为学者们践行学术理想、家国情怀的重要领域。而野外实习是实现这一导向的重要手段，通过野外实习，可以观察、记录地理事象、地理格局，并从中不断提出人文—记录地理事象经济地理过程的新科学命题、凝练新的科学理论。

第二节　大学人文地理野外实习课程设置

人文地理学是地理学科体系中的重要组成部分，侧重于揭示人类活动的空间结构及其地域分布的规律性，是探讨各种人文现象的地理分布、扩散和变化的一门学科。新中国成立前人文地理学全面起步、缓慢发展，形成了自然与社会科学交叉的综合性学科特征，以服务国土空间利用的学科发展应用导向，为新中国人文地理学的创新发展奠定了基础；改革开放以来是人文地理学全面复兴、快速壮大的发展阶段——人文地理学与经济地理学并重的学科格局基本形成，人地关系地域系统理论成为学科发展的理论基石；21世纪以来是人文与经济地理学逐渐形成具有全球影响的学术特色的发展阶段——研究地球人文圈层和自然圈层相互作用、解决不同空间尺度和不同领域的可持续过程与格局问题。在经历了20世纪70年代到80年代的地理"计量革命"和90年代以计算机为核心的地理技术飞跃后，越来越多的大学发现，野外工作和野外实习是不能用遥感、地理信息系统和室内数学推算完全替代的。不仅如此，国外地理学家还将地理野外工作提到了一个科学研究"原动力"的高度上，即野外工作是发现研究新问题的根本路径。人文地理野外实习是培养学生各种人文地理技能的平台，有利于学生将理论紧密结合实际，有利于学生科研能力、学习主动性的提高和可持续发展意识的培养，因而人文地理学野外实习课程建设也越来越受重视。

一、实习课程与出版教材

在进行野外实习之前，国内外部分地理院系会给学生开设一门或几门野外实习的指导课程。如美国加利福尼亚大学伯克利分校的"城市野外研究"和"乡村野外研究"，澳大利亚墨尔本大学的"环境研究的野外工作"，加拿大多伦多大学的"高级人文地理学野外研究"，美国密执安大学、州立圣迭戈大学的"野外地理"，美国堪萨斯大学的"野外工作经验"和"高级地埋分析"，澳大利亚莫那什大学的"地理调查及分析"。在中国港台大学中的地理系也开设了这类课程。台湾师范大学地理系的"地理实察"是一个 1 学分的必修课程。但由于课时的限制，国内的大学在人文地理学课程中很少全面介绍人文地理学实习的方式与方法。这也是人文地理学至今仍大量借鉴社会学、人类学野外调研方法的原因之一。

目前，国内外学者也出版了人文地理学野外实习的教材和研究性著作，比较有代表性的如表 1-1 所示。

表 1-1 人文地理学野外实习教材

作者	书名	出版社	出版时间
J. Gillett	*Fieldwork Studies in Geography*	Harlow, Essex: Longman	1986
Matthews M H.	*Fieldwork Exercises in Human and Physical geography*	London: Edward Arnold	1986
Frew J.	*Geography Fieldwork*	Cheltenham: Nelson Thornes Ltd	1999
Job D.	*New Directions in Geographical Fieldwork*	Cambridge: Cambridge University Press	1999
Rod Gerber, Goh Kim Chuan	*Fieldwork in geography: Reflections, Perspectives and Actions*	Dodrencht: Kluwer Academic Publishers	2000
Wessell J. E.	*Experiential Learning in Geography: Experience, Evaluation and Encounters*	Springer Cham	2021
Ajebon M. O., Connie Kwong Y. M., de Ita D. A.	*Navigating the Field: Postgraduate Experiences in Social Research*	Springer Cham	2022
周尚意	《人文地理学野外方法》	高等教育出版社	2010
朱俊成、张敏、胡再、黄莉敏、王孝才	《鄂南人文-经济地理野外实习指导教程》	中国地质大学出版社	2017
乔观民、李伟芳、马仁锋、叶持跃	《人文地理学野外实习方法指导与案例研究》	浙江大学出版社	2018
孔翔、钟业喜、申悦	《人文地理学及野外实习教程》	高等教育出版社	2021

英国中学地理教师 J. Gillett 编写的 *Fieldwork Studies in Geography*，该书虽然没有对人文地理学野外实习做深入的介绍，但强调了实地调查是通过直接经验了解世界、收集世界基本数据的重要工具，也是实施地理教育的基本方法。同年出

版的另一本本科生教材 *Fieldwork Exercises in Human and Physical geography* 以案例的形式讲授地理学野外实习，但人文地理学部分尚不系统。Frew J. 编著的 *Geography Fieldwork* 是一本相对系统且简明的教材，有专章说明人文地理学野外实习方法。Job D. 编著的 *New Directions in Geographical Fieldwork*，除了强调田野调查的经验对地理学学习能力提升的重要意义外，还强调了从传统的田野调查方法转向空间的解释的方法、计量的方法和人文主义的方法，涉及野外研究主题覆盖面极为广泛，还包括社会价值的重要性、田野工作在环境行动中的拓展等。2000 年，来自欧洲、亚洲和美洲的学者共同编著了 *Fieldwork in Geography: Reflections, Perspectives and Actions*，他们一致认为：野外工作是地理学家通过经验理解世界的至关重要的步骤，是地理教育的重要环节，并分别通过各自野外实习案例阐明野外工作的重要性，为在地理教育中推广野外工作、保持其在地理课程中的地位提供了可借鉴的途径。该书获得学术界较高的评价。以 Wessell J. E. 为主编，众多学者参与编写的 *Experiential Learning in Geography: Experience, Evaluation and Encounters* 于 2021 年出版，该书以南美洲、欧洲和非洲的考察经验、评估方法以及学生分享的经历，深入阐释体验式学习在地理教育中的重要性和影响。由 Ajebon M. O.、Connie Kwong Y. M. 和 de Ita D. A. 共同主编的 *Navigating the Field: Postgraduate Experiences in Social Research* 于 2022 年出版。该书展示了研究生对实地工作经验的看法，提供了关于研究方法的概念、实践和背景反思，阐述了人文地理学和社会科学研究中挑战的多样性。该书涉猎广泛，展示了与获取、伦理、身份、地位、权力和实践有关的一组不同的方法论，强调了研究人员的实地工作经验如何有助于拓宽传统的研究框架，探索研究生如何理解这些问题，以及他们在特定情况下做出什么样的决定有助于揭示更广泛的关注点、制度实践和限制，并提出了一个重要的观点，即研究人员需要记录田野调查背后的"真实故事"。该书为探究研究性野外实习提供了可借鉴的途径和方式。

国内许多大学地理教师参考国外教材编写了人文地理学野外实习教程。例如，台湾师范大学黄朝恩编写的《地理实察手册》，该书以人文地理野外实习部分为主。北京师范大学周尚意主编的《人文地理学野外方法》于 2010 年由高等教育出版社出版，该书的突出贡献有两个方面：一是在借鉴和吸收国内外人文地理学野外工作方法经验的基础上，以全面、细致的野外方法介绍和翔实、典型的案例为中国人文地理学教师和初学者提供了一份指南；二是把人文地理学的方法论与野外方法二者结合进行阐述，这一视角和立意是很多方法论和野外方法著作所缺乏的，可以说填补了我国人文地理学界在该领域的一个空白。朱俊成、张敏、胡再、黄莉敏、王孝才编著的《鄂南人文-经济地理野外实习指导教程》于 2017 年由中国地质大学出版社出版。该教材基于鄂南地区自然地理、人文经济地理信息全面调查、分析与讨论的基础，以专题实习模块的方式编写，总论部分包括野外实习基础知识、野外实习方法与野外实习要求三大内容；分论部分包括两部分，第一部分写 6 个专题的基本知识与案例解析，第二部分写 6 个专题详细的实习内容、实习要求和实习安排。该教材是对"向应用型转变"的全新尝试，也符合立足地方、服务地方、融入地方的目标要求。乔观民、李伟芳、马仁锋、叶持跃编著的《人文地理学野外实习方法指导与案例研究》于 2018 年由浙江大学出版社出版。该教材分为人文地理与城乡规划野外实习的理论与方法、应用能力及技能培养、实习技术三篇，主要介绍了浙江地域分异规律及过程，浙江人文地理环境主要特征，人文地理学野外实习基本方法，人文地理学野外能力培养，人文地理要素野外观测，宁波、舟山、温州及其周边区域实习基地等内容。2021 年 8 月，华东师范大学孔翔教授、江西师范大学钟业喜教授、华东师范大学申悦副教授合作编著的《人文地理学及野外实习教程》由高等教育出版社正式出版。该教材在介绍学科发展概况的基础上，着力探讨了人类文化、经济、社会活动与地理环境关系研究的基本框架和关键性问题。同时，加强实践性教学也是高校人才培养改革的内在要求，结合华东师范大学开展相关野外实习教学的心得，以专门章节介绍了人文地理学野外实习的组织设计。该教材具有依托丰富的教学实践经验、服务学习者兴趣与能力的提升、适应新时代的学情需求，以及提供多元、丰富的学习资源等特色。

国内外不同学院人文地理野外实习课程的设置和教材的编写，在彰显野外实习工作重要性的同时，也极大地促进了本专业野外实习工作的开展。尤其是国内外教材的出版，为人文地理学野外实习提供了理论依据、方法论基础、典型方法和案例，为有效、规范、深入进行人文地理野外实习奠定了坚实的基础，也为后续人文地理野外实习的内容调整和优化、实习路线的优化设计、方法及其组合的选择、探究性实习的开展、实习的动态评价等方面提供了可借鉴的方式与途径。

二、实习内容与时间安排

1. 国内外部分高校实习内容与时间安排

人文地理野外实习内容丰富，涉及人口地理、旅游地理、文化地理、经济地理、聚落地理、历史地理和政治地理等内容。人文地理野外实习具体内容包括：实习区域的自然地理概况、经济和交通概况，实习区域工农业生产发展趋势和布局原则以及与地理环境的关系，当地民俗的表现形式及民俗的形成与地理环境的关系，观察沿途聚落的形态，沿途交通状况和聚落的关系，理解城市等级规模法则和城市地域结构理论，了解城市形成和发展与地理环境的关系，了解地区城市化，了解当地旅游业的特点和旅游资源状况，了解当地宗教的形成、发展以及影响，了解宗教文化。

目前，人文地理实习内容大体分为两大类：人文地理综合实习和部门实习。国内外部分高校人文地理学野外实习内容与时间安排状况见表1-2。

表1-2 国内外部分高校人文地理学野外实习内容与时间安排

学校名称	实习内容	实习地点	实习时间
坎特伯雷大学	地理学研究方法	阿卡罗拉镇	第二学期
奥塔哥大学	人文地理学	本地	第一学期
奥克兰大学	人文地理研究技能与研究方案	可调整	复活节
梅西大学	人文地理学	实习区	第一学期
北京师范大学	经济与人文综合实习	北京—苏州吴县东山镇—苏州—上海	第六学期
华东师范大学	地域文化与地理环境关系	徽州地区	第三学期
华中师范大学	人文综合实习	鄂州梁子湖	第五学期
首都师范大学	环境对聚落影响专题实习	北京市门头沟区斋堂镇爨底下村	第三学期
安徽师范大学	人文综合实习	安徽芜湖	第六学期
河南大学	经济地理	山东日照港	第六学期
湖北大学	区域地理与经济地理	大别山、梁子湖	第五或第六学期
信阳师范学院	城市与旅游	开封市	第六学期
盐城师范学院	部门实习	山东盐城市	与课程结合

从表中可以看出：实习内容较为广泛，与实习相关的课程主要包括人文地理学、城市地理学、经济地理学、人口地理学、区域分析与规划、旅游地理学等课程；实习内容主要包括：人类活动和地理环境的关系，不同地区人类活动的差异性与相似性及其形成的原因，各产业部门之间的相互关系以及在地区间的联系，聚落的形成因素、作用及辐射范围，聚落地域系统的内外联系和作用，地域综合人文系统或产业系统的特点及其形成因素等。整体而言，人文地理学野外实习内容具有如下特点：

（1）实习地点远近结合。选择长距离实习线路，有利于大尺度、大视野上认识不同地域文化差异，对于开阔学生眼界、提高学生人文素养具有重要作用。选择短距离实习方式，有利于学生深入理解本区域文化特征和社会经济发展状况，增强学生乡土地理意识，锻炼发现问题、解决问题的能力。实习路线的长短大多需要根据学院经费状况，对于经费充足的学校，大多采用长距离线路，例如，北京师范大学选择的北京—苏州吴县东山镇—苏州—上海实习线路。经费一般或短缺的，大多采用短距离实习方式，力图以深度来弥补广度的不足。

（2）实习内容全面与特色的权衡。人文现象纷繁复杂，实习不可能对所有人文现象进行详尽考察。人文地理野外实习往往根据各校学科特色、师资力量、研究课题所进行的重点领域在广博中注重突出重点。例如，华东师范大学通过徽州文化地域特征和徽州文化景观，以文化地理为主线，把文化源地、文化区、文化扩散、文化生态学、文化整合等贯穿起来，突出"人与环境"相互作用的关系。首都师范大学的实习内容重点在聚落地理，从聚落选址、空间布局、建筑用料与环境关系等方面设计实习内容，加深学生对人地关系的理解。信阳师范学院把开封作为实习基地，以黄河开封段、龙亭及龙亭附近水域的变迁为抓手，分析人地关系的时空演化及主导因素；从城市性质、城市职能入手，结合城市土地利用类型、城市布局的影响因素，从旅游地理角度分析旅游业对开封发展的影响，探讨区位对开封经济发展的影响等。

（3）实习方法采用做与看的结合。传统的野外实习多采用"看、听、验"的教学方式，通过学生观察、教师讲解验证理论的过程，把课堂知识与实际相联系，帮助学生建立感性认识，加深对理论知识的理解，学生"看得多做得少"。目前实习大多通过"收集资料—形成方案—现场观察，数据采集—理论解释"等系统过程完成，需要学生更多地参与其中，力图使学生"做得更多"，把科学研究与传统野外实习完美结合，提高学生对知识的理解与应用，提高学生的创新能力。

总之，如何在经费有限的前提下促进教学任务优质高效地完成，如何在实际工作中促进学生乡土意识、服务地方意识和能力的增强，如何提高学生创新能力已经成为人文地理学野外实习关注的焦点,"以深代博、以特代全、以做代看"提供了可行的途径与方式。

20世纪90年代后期,国外大学地理系人文地理学野外实习大致有两种模式:一种是在相关课程进行中开展,如澳大利亚墨尔本大学地理系第三学年在复活节期间安排学生9天的野外实习,其中含人文地理学实习内容;另一种是在相关课程结束后进行,如美国加州大学伯克利分校的人文地理学实习安排在暑假,时间长达数周。在中国的大学中,这两种实习模式都有。国内学校根据各自人才培养方案的要求,大都采用学期末、课程考试结束后进行实习,因此,时间安排会有较大差异。人文地理学综合实习大都在第五或第六学期进行,而其他课程或认知实习则集中在第一或第二学年。

2. 西北大学人文地理学野外实习的内容与时间安排

为了对标教育部《普通高等学校本科专业类教学质量国家标准》和专业认证(评估)标准,面向经济发展和行业产业需要,进一步校准、优化专业人才培养目标和培养规格,科学设计与安排培养方案的体例与内容,西北大学城市与环境学院根据学校的要求对各个专业人才培养方案进行调整。目前,已形成2022年本科专业人才培养方案,表1-3是人文地理与城乡规划专业课程体系支撑培养规格达成矩阵。

表1-3 西北大学人文地理与城乡规划专业课程体系支撑培养规格达成矩阵

培养规格	指标点	对应课程
1. 培养学生的综合素质,要求学生政治合格,践行社会主义核心价值观,具有良好的思想品质和道德修养、健康的心理素质和身体素质,达到国家大学生体能测试标准	1.1 培养学生的综合素质,要求学生政治合格,践行社会主义核心价值观,具有良好的思想品质和道德修养	中国近代史纲要、思想道德修养与法律基础、马克思主义基本原理概论、毛泽东思想和中国特色社会主义理论体系概论
	1.2 健康的心理素质和身体素质,达到国家大学生体能测试标准	大学生心理健康教育、大学体育
2. 具备扎实的地理科学基础,掌握人文地理学的基本知识、理论体系与研究方法,熟悉人文地理学科的前沿领域和应用进展	2.1 具备扎实的地理科学基础	地球科学概论、自然地理学、人文地理学、地图学、地理学认知实习
	2.2 掌握人文地理学的基本知识、理论体系与研究方法	经济地理学、城市地理学、旅游地理学、交通地理学、乡村地理学、中国地理、世界地理、产业地理学、文化地理学、犯罪地理学、经济学原理、城市与区域经济学
	2.3 熟悉人文地理学科的前沿领域和应用进展	新生专业导读、科技文献检索与写作

续表

培养规格	指标点	对应课程
3. 掌握具体开展人文地理学相关问题研究的基本技能与方法，具备运用地理思维与现代地理信息技术解决实际问题的能力	3.1 掌握具体开展人文地理学相关问题研究的基本技能与方法	大学数学（微积分、线性代数、概率论与数理统计）、计量地理学、地理信息系统原理与应用
	3.2 具备运用地理思维与现代地理信息技术解决实际问题的能力	遥感图像解译与应用、计算人文社会GIS、空间大数据与人工智能
4. 掌握国土空间规划、城市与区域规划、房地产开发与估价等专业技能，熟悉相关领域的政策法规，具备独立从事城乡规划相关领域的实践应用能力	4.1 掌握国土空间规划、城市与区域规划、房地产开发与估价等专业技能	国土空间规划、城市规划原理、区域分析与规划、国土调查与评价、自然资源学、土地估价理论与方法、房地产开发经营与管理、城乡生态与环境规划
	4.2 熟悉相关领域的政策法规，具备独立从事城乡规划相关领域的实践应用能力	土地资源管理、城乡规划社会调查、规划软件应用、城市与区域规划实习
5. 富有探索精神、创新精神和团队精神，具备全面的沟通表达能力、独立思考能力和自主学习能力，兼具国际视野和社会责任，能够不断适应社会发展与需求	5.1 富有探索精神、创新精神和团队精神，具备全面的沟通表达能力、独立思考能力和自主学习能力	大学物理、大学语文、学年论文、毕业论文、专业综合实习
	5.2 兼具国际视野和社会责任，能够不断适应社会发展与需求	大学英语、计算机基础、形势与政策、大学生职业发展与就业指导、劳动与创新创业教育

从该表可以看出，培养规格明确、培养指标与课程对应性强，可有效实现该专业的培养目标，即以"立德树人"为根本，以培养德智体美劳全面发展的社会主义建设者和接班人为使命，以"厚基础、高素质、重协同、强实践"为宗旨，通过系统严格的科学思维训练和良好的专业技能训练，培养具有扎实人文地理学理论基础，掌握先进城乡规划方法和地理信息分析技术，具备继续从事人文地理学研究和开展国土空间规划的创新型高素质复合人才。

同时，进一步明确了实习的种类、实习时间和考核标准。实习种类包括：一年级的地理学认知实习（2学分），二年级的城市与区域规划课程实习（1学分）和城乡规划社会调查实习（1学分），三年级的专业综合实习（2学分），均为必修。实习的主要成果为实习报告（不得少于5000字）。具体考核方式由实习指导教师根据具体情况确定。实习考核成绩为百分制，60分为及格。成绩及格方可获得相应实习学分。实习不得缺席，不能补考或重修。具体的实习内容及时间安排见表1-4。

表 1-4　西北大学人文地理学野外实习内容及时间安排

实习类型		实习内容	实习地点	实习时间
认知实习		都市农业发展与布局、现代工业发展与布局、城市发展与城市规划、历史文化区与文化景观等4个人文地理学课程认知实践主题内容	秦岭北麓都市现代农业示范区、西安市经济技术开发区等	第二学期
课程实习	城市与区域规划	了解区域发展战略对于区域规划的重要性，掌握区域发展战略规划的主要内容和编制过程，进一步掌握区域城镇体系规划的主要内容和编制程序	城市规划展示馆、高新技术开发区、重点城镇、专项规划、重点工业企业等	第四学期
	城乡规划社会调查	在确定研究问题的基础上，确定具体的调查方案、抽样方案进行实地调研，采用合适的统计分析方法分析调查数据，验证前期提出的研究假设，得出结果	结合课程实际情况而定	第四学期
综合实习	陕北黄土高原生态建设与绿色发展	理解生态文明的内涵，多尺度认识陕北黄土高原生态建设和绿色发展特点和成效，认识和总结实习地在生态建设和绿色发展中的问题，给出可能的解决对策与措施	宜君县、洛川县和宝塔区	第六学期
	关中平原城市群美丽村庄规划	选择关中平原典型村庄，分产业类型，按村庄规划要求，以学生小组为单元，从规划准备、资料调研、资料分析，到规划方案制订，实习报告撰写，完成村庄规划	北线、西线、南线和东线	第六学期
	陕南秦巴山地生态保护与乡村转型	全面了解和分析秦巴山地生态保护与乡村转型发展过程	留坝县、平利县、柞水县	第六学期
	黄河流域生态保护和高质量发展	实习区段的黄河流域生态保护和高质量发展的现状、成就、影响因素和治理措施	兰州、西宁、张掖、中卫与青铜峡	第六学期
	西北地区乡村振兴	了解研究区乡村振兴对促进西北乃至我国城乡融合发展的重要性；结合西北地区乡村振兴评价结果，剖析西北地区乡村发展现状及其现存问题，培养学生乡村规划实践能力	北线、中线、南线3条实习路线	第六学期
	西北地区多民族文化景观与民族融合	从人地关系的角度看待文化及其景观特性，感受西北地区多民族地区民族宗教文化特色，城镇化质量诊断，公共空间和公共生活质量的评价	西安—兰州—西宁—张掖—嘉峪关—敦煌	第六学期

为了配合实习安排，在课程安排上做出了调整：将人文地理学课程前置，由原来的第二学期提前至第一学期。这主要是为了适应大类招生，即一年级不分专业以地理学招生，在第二学期末分流选专业。同时强化了认知实习，由以前的以"看、听、验"为主，适当增加了动手和分析能力。将城市与区域规划课程和城乡规划社会调查课程均安排在第四学期，在理解和掌握课程基本理论的同时，掌握野外实习常用的方式与方法，并适当增加探究性实习内容，为第六学期的野外综合实习奠定坚实的实践基础。

人文地理野外综合实习主要有两条线，一是陕西省内线路，一是西北线路。具体线路的选择将依据实习经费来定。其中，综合实习的陕西省内线路主要有 3 条：陕北黄土高原、关中平原和陕南秦巴山地。这 3 条实习线路基本包括了陕西省主要的地貌类型。同时，也关注到 3 大区域较为有特色的国家建设：陕北黄土高原重点关注生态文明建设，通过人文地理学视角深刻理解"两山理论"（绿水青山就是金山银山）和"两化路径"的内涵与实践；关中平原重点关注"美丽村庄"建设，通过对关中平原典型村庄的调研，基于学生小组完成的一个完整的村庄规划，来深刻体验"美丽乡村"建设的规划与实践；陕南秦巴山地重点关注"乡村重构"与"乡村转型"，通过典型村落的调研，基于人文地理学视角全面理解乡村转型的内涵、转换的途径和效果，并给出有针对性的对策与措施。西北线路大体包含 3 条：黄河流域生态保护和高质量发展实习、西北地区乡村振兴实习和西北地区多民族文化景观与民族融合实习。其中，西北地区乡村振兴的实习分为北线、中线和南线 3 条线路，重点考察实习点区位、产业、文化、生态发展实际，测评中线地区乡村振兴水平及存在的问题和可能的规划措施和应对策略；西北地区多民族文化景观与民族融合，实习重点观察西北地区自然地理条件对于区域经济、人口、社会系统的差异化影响，要求学生从人地关系的角度出发，深刻感知西北地区文化景观与民族融合的特点与特色，多角度、多尺度认识西北地区不同类型城市/城市群发展的模式与路径。

三、实习环节设置状况

野外实习是地理学的传统，已经形成了相对成熟的实习教学环节。一般包括实习前的准备和组织→实习动员会→野外实习→实习结束后资料整理、实习报告或研究性报告撰写。实习环节的设置及其各个环节的组织与管理，决定着实习的总体效果，也在一定程度上决定着实习的成败。有学者针对实习环节，提出如何改善高校地理学野外实习环节教学效果的途径和方式。本节重点说明除实习报告或研究性报告撰写以外的所有环节。

1. 实习前的准备和组织

野外实习前的准备和组织是野外实习开展的首要环节，是圆满完成实习任务的重要保证。这一阶段主要包括以下几个方面的工作。

（1）依据实习目的，了解实习区域的基本情况。例如，西北大学认知实习的主题之一是考察都市农业发展与布局，目的是将农业发展与布局的理论和实践相结合，了解现代都市农业生产类型和生产方式，分析都市农业的生产布局及其影响因素。选择的实践地点是秦岭北麓都市现代农业示范区、沣东现代都市农业博览园、西安市现代农业科技展示中心等。据此，实习前，需要较为详细地了解实习地点的基本情况。对秦岭北麓都市现代农业示范区而言，需要了解其位置、所包括的行政范围，了解其空间格局及其功能区、交通及基础设施等情况。只有在了解上述基本情况的基础上，才能更好地实现实习的目的。

（2）根据实习目的设计获取资料的方法、实习分组。问卷调查是人文地理学野外实习获取数据常用的方法之一。目前各类实习中，问卷大都由教师设计，学生仅是通过调查访问对象来收集数据。但对于研究性实习，则需要学生根据确定的科学问题自主设计获取资料的方式与方法。研究性实习是充分重视科学问题的答案的不明确性、不确定性和未知性，在不提供具体的科学答案的前提下，由学生通过地理学的思维过程而探索寻求出科学问题的答案而进行的实习。这样的研究性实习使学生在对科学产生兴趣的基础上形成科学的思维方式，并有助于提高学生的科研能力。

教师安排好内容和方法，学生要独立思考，学生可以根据自己探究的方向和主观意愿自行组成实习合作小组，小组一般由3~6名学生组成。学生进入一定的问题情景后，在小组内讨论制订研究方案、拟订实习路线。研究方案制订以后，每个小组的方案都需要通过指导教师的审阅。

2. 实习动员会

实习之前，召集实习队所有成员召开实习动员大会。由系有关领导传达实习计划，讲述野外实习的目的和意义，实习的时间、地点和主要任务，向学生讲述野外实习的注意事项，特别要强调野外实习的组织纪律和安全，宣布实习队的组成；专业指导教师向学生介绍实习地区概况及实习的主要内容和路线；实习学生代表讲话，以表示对实习的态度和要达到的目的。

3. 野外实习

该环节大体包括野外实习的组织、野外实习的后勤管理和实习期间的思想工作等部分。其中，野外实习的组织中，教师要组织学生进行沿途观察，扩展他们的地理视野和思维，到达实习地后，教师启发、引导学生，使其明确观察的一般方法和步骤，掌握调研的技巧，提醒学生访问后要及时整理访问内容，并加以分析判断得出自己的见解。同时，还要注意培养野外操作仪器、使用和填绘地图及绘制平面草图、剖面图、统计图的能力。野外实习的后勤管理主要指实习学生到达实习地之前，要做好学生的食宿安排，应按实习日程安排路线，提前联系好交通工具。还应及时维护好实习队驻地的卫生、安全，以保证每个实习成员能顺利完成实习。实习期间的思想工作是实习的重要内容，思想工作做好了，能激发学生野外实习的热情和克服困难的勇气，有利于开展专业教育、爱国主义教育和国情教育，使野外实习从思想上取得良好的效果。野外实习除了使学生所学专业知识在野外得到验证，培养其专业能力和野外工作能力外，还要培养学生的自我管理能力、组织纪律观念和集体克服困难的能力。

4. 实习结束后数据与资料整理

野外实习的总结，一般在野外工作结束返校后进行。首先要对野外记录及收集到的文字资料等进行认真的整理和分析；对野外收集到的大量数据资料，进行清理、统计和分析；对野外摄影进行洗印与扩印；对采集的样品进行整理，并抓紧进行必要的室内分析与测试。在上述工作基础上，要对实习地区进行系统的区域综合分析。主要包括实习区地理位置的分析，实习区地理现象的描述，对类型、区域分异及其内部联系的描述和分析，对自然和人文环境及其地理现象的形成因素、动态过程及发展历史的描述和分析，对资源利用与生态环境建设的分析等。明确实习取得的主要结论和存在的问题。

四、人文地理学研究性实习案例

1. 实习的背景和目的

土地利用管理决策受到人类对生态系统提供的商品和服务的需求的影响。诸如财富增加、城市化和生活方式等因素的变化造成人类对生态系统服务的需求和偏好的变化，进而导致新的土地利用变化，特别是在休闲娱乐和文化遗产保护等文化服务方面，出现了新的社会需求，使得如提供自然保护或休闲娱乐空间的土地利用面积增加。在乡村地域系统的农业景观中，传统的、以生产为导向的土地利用形式逐渐被满足审美和娱乐价值、自然保护等需求的土地利用形式所取代。新的以需求驱动的如景观维护补贴和生态补偿等激励政策为土地利用满足人类需求提供了动力。然而，目前大多数文化服务评估都集中在娱乐和美学服务供给的量化和空间分布上。近年来，文化服务需求的评估和空间制图逐渐受到关注，将文化服务需求纳入 ES 评估可以为生态保护规划、土地利用规划和景观管理提供决策信息，有助于加强 ES 概念在实践管理中的应用。

因此，实习有两个目的：一是了解当地居民对文化服务的需求，二是分析调研区文化服务需求的空间分布。

2. 确定实习获取数据的方式与方法

在指导教师给出实习的目的后，由学生自主确定获取数据的方式和方法。经过与导师协商和探讨，学生最终确定通过问卷调查获取当地居民对文化服务的偏好，并以此表征他们的文化服务需求。通过地图式参与方法获取文化服务需求的分布点数据，并通过 Maxent 模型实现米脂县文化服务需求的空间分布。

问卷内容由三部分组成。①被调查者的基本概况：年龄、性别、受教育程度、职业、家庭收入来源、居住状况、家庭人口和健康状况（生理和心理健康）。②被调查者对文化服务的重要性感知：采用 5 分制的李克特量表（Likert-scale）测量方法（A. 非常不重要；B. 不重要；C. 一般重要；D. 重要；E. 非常重要），由受访者对不同类型文化服务的重要性感知进行打分。③研究区典型景观提供文化服务的重要性：受访者对提供每一类文化服务的典型景观进行选择，每一类文化服务对应的典型景观被选择的总次数代表该类景观提供该类文化服务的重要性。

生态系统文化服务空间制图的关键是确定文化服务需求分布点数据。参考 Plieninger 等和 Beichler 的参与式制图方法，筛选出 34 个行政村进行空间参与式制图，要求受访者使用彩色笔在地图上标注美学、教育、地方感、社会关系、文化遗产和消遣娱乐重要的地方，采用 ArcGIS 对标注点地图进行地理配准和

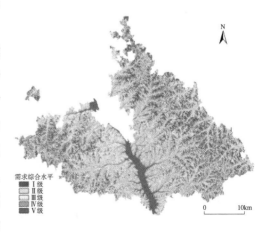

矢量化，得到文化服务需求的分布点矢量图层。

3. 调研区文化服务需求综合水平空间分布

总体来说，尽管调研区文化服务需求综合水平在外围地势较高的区域出现了个别等级较高的斑块，但整体上呈现由中部及东西两侧地势较低的河谷地区向外围地势较高的区域逐渐降低的空间格局。这说明文化服务需求与人口分布密切相关，文化服务需求的高低与到居民点距离的远近相关，存在距离衰减规律，到居民点距离越近，文化服务需求综合水平越高。

五、实习成果及评价

通过人文地理野外实习，学生形成对实习区域的整体的、综合性认识，能够运用所学的人文地理学知识和理论解释实习基地典型的人文现象。学生的实习成果一般以调查报告、实习报告、学术论文、研讨体会等形式来体现，更多的则是以多种形式作为实习成果，这已经成为人文地理野外实习成果的发展趋势之一。例如，英国曼彻斯特大学环境与发展学院本科生人文地理学野外实习的成果包括个人野外笔记、小组研究性实习项目汇报和野外实习个人报告，三部分的比例分别为20%、60%和20%。

一般高校实施的实习效果评价偏重"定性评价"，教师根据学生实习报告内容给出实习成绩，一般是优秀、良好、合格、不合格四个等级。目前，在人文地理野外实习中存在把实习当成观光游览或敷衍了事的现象，很大程度上是实习成果评价存在一定的问题。有学者认为主要存在实践教学效果形式化、评价主体单一化、考核标准片面化和抑制学生主观能动性的发挥等问题。因此，如何在评价实习中实现对"过程+结果"的综合评价，实现考核的标准客观和公正，如何能够调动学生主动探究学习的积极性，就成为设计实习评价的关键。

六、人文地理学野外实习成果评价案例

1. 案例简介

北京师范大学"上海艺术工业用地向美术产业用地转换的效益分析"实习。自2002年起，上海工业局将原来的一些工厂旧址改变为创意产业区，改变的主要目的是提高土地利用效率。其中有一些老工业用地转化为美术产业用地，例如，田

子坊、M50、上钢十场。本小组的实习是通过调查这些地区的土地利用相对状况，评价土地使用的效率和效益。野外实习的目的之一是提高学生野外资料收集能力，实习目的之二是运用城市空间结构理论和土地效益分析理论分析土地利用变化的原因。

2. 实习成果评价表（表1-5）

表1-5 实习成果评价表

评价结构	评价分项	评价比例
实习前准备内容	相关图件	5%（分数落实到准备的个人）
	相关资料	5%（分数落实到准备的个人）
	工作技术路线	10%（分数落实到准备的个人）
	相关研究基础	5%（分数落实到准备的个人）
野外工作	野外笔记	40%（每个人的笔记分别给分）
野外资料整理	图件的集成	10%（分数落实到准备的个人）
	文字的集成	15%（分数落实到准备的个人）
	成果发表	10%（分数落实到准备的个人）

野外实习成绩为小组与个人成绩结合的形式。个人成绩主要由两部分组成：实习前的项目设计和实习中的表现。小组成绩主要是结构性的评价，评价的框架结构由各个项目的指导教师制定。该评价表体现了实习的全过程评价。

近年来，诸多学者对如何评价实习效果展开研究。有学者认为，为使实习评价结果较为客观、准确和全面，并具有可比性，从学生的思想作风、专业素质、实习讨论和实习效果四方面构建评价指标体系，并通过实习实践，采用特尔菲法确定参评因素和各项指标在野外实习成绩评价中的权重。四个方面的评价不仅有利于学生建立遵守纪律的自我约束机制和认真实习的激励机制，又有利于促进野外实习的规范化、科学化和制度化管理。也有学者认为开展全方位、多层次、动态评估是有效评价实习成果的趋势。北京师范大学在全方位和多层次评估方面开展有益探索：把实习分为实习前准备阶段、野外工作和野外资料整理等3个阶段，从8个方面考察实习成果；同时，从小组和个人两个方面对实习成果进行评估。有学者从指标体系的全面性和动态性两个方面进行扩展。其中，在全面性方面，扩充了认识态度维度，它不仅包括教师对前期准备的评价，还包括教师对实习目的的评价、实习小组对团结协作意识的评价和学生认知态度的自我评价。显然，扩充可有效避免教师单一评价的缺点，也可提高和改善学生的思想作风。在动态性方面，作者关注到整个实习过程，而非简单的实习报告。正如作者所言：动态评价不单纯依据实习任务的最终完成结果，而必须注意对学生进行过程考核。在拟定的14个参评因素中，85%侧重于考核学生在实习过程中的表现，这有利于控制一些学生马虎敷衍的不良表现，同时，可以鼓励主动参与、善于发现问题并提出自己见解的学生。

综上所述，人文地理学野外实习效果的评估具有全方位、多层次、动态性的特点，已得到多数学者的认可。下面具体阐述野外实习效果评估的3个特点：

（1）全方位评估。人文地理学野外实习效果的全方位评估是指全过程评估和全面评估。其中，全过程评估是指对实习前准备、实习过程、实习结果的评估。实习前准备的评估包括资料和图件准备、工作技术路线设计、实习必备物品准备等方面的评估；实习过程评估则是对学生认知能力、科研能力的评估；实习结果评估包括实习笔记、实习报告、小组汇报、实习心得等方面的评估。全面评估是指不仅要关注学生实习的过程，还要关注学生在实习中的思想作风动态，把野外实习"思政"和激发爱国主义情怀、增强其建设祖国的责任感和使命感落到实处。已有学者从实习目的态度、道德品质、组织纪律、团队意识和吃苦耐劳精神等5个方面进行评估。

（2）多层次评估。人文地理学野外实习效果的多层次评估是指教师、小组和个人3个层次的评估，避免单一评估所带来的局限性。需要说明的是，3个层次的评估贯穿到野外实习的全过程，即3个层次的评估是对野外实习的前期准备过程、实习过程和实习结果的评估，同时要考虑多层次评估中各个层次在各个阶段评估权重的差异。只有这样，才能真正体现多层次评估的优越性，才能真正实现多层次评估的目标。

（3）动态性评估。人文地理学野外实习效果的动态性评估是指通过跨越多个时间点观察学生的表现，以此来考核学生在实习过程中动态认知历程、情感体验和科学的探究精神，发现和发展学生多方面的潜能。同时，人文地理学野外实习效果的动态性评估包括不同类型野外实习的评估指标差异性，还包括指标权重的差异性，体现了不同类型野外实习评估的动态性差异。

为此，我们初步构建了人文地理学野外实习效果的评估指标体系（表1-6），力图体现实习效果评估的3个特点。该指标体系包括思想意识、实习过程和实习结果等 3 个方面，且包括教师、小组和个人的多层次评价。需要说明的是，针对不同的实习类型，设计的二级指标及其权重都可能会发生变化，以此体现评估的动态性。

表 1-6 人文地理学野外实习效果评价指标体系

指标	一级指标	二级指标	自我评价	小组评价	教师评价
野外实习成绩	思想意识	目的态度			
		道德品质			
		组织纪律			
		团队意识			
		吃苦耐劳精神			
	实习过程	实习记录			
		获取信息及处理信息的能力			
		发现和解决问题的能力			
	实习结果	数据整理和分析			
		实习报告			
		调研成果			
		实习心得			

参考文献

［1］保罗·佩迪什. 古代希腊人的地理学——古希腊地理学史［M］. 蔡宗夏, 译. 北京: 商务印书馆, 1984.

［2］樊杰. 中国人文地理学 70 年创新发展与学术特色［J］. 中国科学: 地球科学, 2019, 49 (11): 1697−1719.

［3］姜海宁, 陈秋羽, 周梦雅. 高校师范专业人文地理野外实践教学模式改革研究［J］. 地理教学, 2015 (12): 4−6.

［4］金其铭, 张小林. 人文地理概论［M］. 北京: 高等教育出版社, 1994.

［5］孔翔, 钟业喜, 申悦. 人文地理学及野外实习教程［M］. 北京: 高等教育出版社, 2021.

［6］潘玉君，武友德，明庆忠. 地理野外研究性实习的初步探讨［J］. 中国大学教学，2005（2）：51-52.

［7］乔观民，李伟芳，马仁锋，等. 人文地理学野外实习方法指导与案例研究［M］. 杭州：浙江大学出版社，2018.

［8］王义民，苏华. 高师人文地理野外实习的现状与发展趋势研究［J］. 实验室科学，2011，14（1）：173-176.

［9］邢海虹. 人文地理研究性实习教学模式探索［J］. 教育与教学研究，2013，27（6）：83-86.

［10］熊平生. 高校地理专业野外实践教学理论探讨［J］. 成都师范学院学报，2016，32（7）：12-15.

［11］张海鹰. 高师人文地理野外实践教学的必要性探究［J］. 理论观察，2008，53（5）：113-114.

［12］赵荣，王恩涌，张小林，等. 人文地理学［M］. 2版. 北京：高等教育出版社，2006.

［13］郑度，陈述彭. 地理学研究进展与前沿领域［J］. 地球科学进展，2001，16（5）：599-606.

［14］周尚意. 人文地理学野外方法［M］. 北京：高等教育出版社，2010.

［15］朱俊成，张敏，胡再，等. 鄂南人文-经济地理野外实习指导教程［M］. 武汉：中国地质大学出版社，2017.

第二章 人文地理野外工作的方法论

第一节 经验主义人文地理学方法论

一、经验主义人文地理学基本内涵

1. 经验主义概述

经验主义亦称"经验论",是一种历史悠久、影响深远的哲学,特别是在地理学中,它强调知识最重要的来源是人们的经验和感知,认为那些不可观察的东西是不存在的或毫无意义的,这其实也是一种认识论。经验主义认为感性经验是知识的唯一来源,一切知识都通过经验而获得,并在经验中得到验证。经验主义并不主张人们可以从实务中自动地取得知识,经由感受到的经验,必须经过适当归纳或演绎,才能铸成知识。

经验主义的基本观点是:

(1)人类知识的根本源泉来自感觉经验,而非先天的观念。

(2)经验的知识具有毋庸置疑的确实性和真理性。

(3)通过经验归纳法可以有效地获得普遍必然的知识,而不是靠理性的演绎法。

(4)人的认识能力囿于一定的范围。

在哲学发展上,经验主义一直和理性主义作为对比。理性主义认为大部分的知识是归咎于感觉上的独立思考。无论如何,这种对比已被视为过于简单化,因为近代的欧陆理性学者也倡导利用科学方法去取得实际经验;而洛克也认为超自然的知识(如宗教神学)必须单独具有直觉或推理才能取得。经验主义方法论相信现代科学方法,认为人类对世界的认识与知识来源于人的经验,否定先天道德范畴的先验性。意即通过事物现象的直观性对人的感受作用而归纳它的本质，通过感官实践来获得外界知识的方法。

2. 经验主义人文地理学

经验主义人文地理学基于人文地理学只能关注经验问题的观念，而非规范问题。经验主义只关心事情的真实性，此处真实性定义为理性世界的情况。经验主义人文地理学坚持人文地理学只能关心世界上客观事物，并寻找其真实的内涵。因此，人文地理学的所有知识都是来自通过理性和归纳法处理提供的事实根据上。规范问题认为主观的价值和意图应该排除在外，因为我们无法对此进行测度。如下例子可说明经验和规范问题之间的差异："世界上居民之间可提供的食物怎样分布"是经验问题，而"世界上居民之间可提供的食物将会怎样分布"则是个规范问题。

因此，经验主义人文地理学是通过对世界存在的客观人文地理事物的归纳而寻求其本来的真实面目，这些人文地理事物可以自明其性而无须理论解释。在经验主义人文地理学研究中，无法对其测度的人的价值观和意图等规范问题被排除在外。

二、经验主义人文地理学发展历程

1. 对地理现象的描述

大多数学科都起源于经验主义者的实践，人文地理学亦不例外。纵观人文地理学的发展历程，从古典地理学发展时期包罗万象的"科学之母"地位，到近代科学知识的分化发展，地理学者们一直在寻找关于地球表面更多有用的知识，地理学就是对地球的描述，尤其是地志学。人们对地球的不断认识，基本上都采用的是经验主义方法。

我国上古三大奇书之一的《山海经》系统描述了上古地理、历史、天文、动物、植物、宗教、民族，反映了上古先民对地球的朴素认知。东汉班固所著的《汉书·地理志》是中国最早以"地理"为书名的著作，地理一词也由此被作为一门学问的名词术语而正式确认。《汉书·地理志》包括西汉及之前中国疆域及政区的划分及消长演变情况：①黄帝之后至汉初疆域变迁；②西汉疆域政区及各地的山川、湖沼、水利、物产、民俗以及户口的沿革等；③秦汉以来中国与东南亚一些国家和地区的关系及海上交通情况。地理志开沿革地理学之先河，对于创立具有现代科学意义的历史地理学具有重大影响。中国晋代地理学家裴秀第一次明确建立了中国古代地图的绘制理论。他总结中国古代地图绘制的经验，在《禹贡地域图》序中提出了著名的具有划时代意义的制图理论——"制图六体"。所谓"制图六体"就是绘制地图时必须遵守的六项原则，即分率（比例尺）、准望（方位）、道里（距离）、高下（地势起伏）、方邪（倾斜角度）、迂直（河流、道路的曲直），前三条讲的是比例尺、方位和路程距离，是最主要的普遍的绘图原则，后三条是因地形起伏变化而须考虑的问题。这六项原则是互相联系，互相制约的。"制图六体"是当时世界上最科学、最完善的制图理论，涵盖了现代地图学中除经纬线和地球投影外的主要因素。

古希腊著名地理学家托勒密综合前人研究成果绘制了一幅著名的世界地图，他认为绘制地图应根据已知经纬度的定点作为依据，并提出在地图上绘制经纬网的概念。托勒密认为，地理学的研究对象应为整个地球，主要研究其形状、大小、经纬度的测定以及地图投影的方法等，他制造了测量经纬度用的类似浑天仪的仪器（星盘）和后来驰名欧洲的角距测量仪。托勒密著有《地理学指南》八卷，是他所绘的世界地图的说明书，其中六卷都是用经纬度标明的地点位置表，充分地解释了怎样从数学上确定纬度和经度线。

2. 对地理知识的归纳

由地志学演化过来的区域地理学所做的主要工作是将观察到的事物记录下来。区域地理学记录的地理事物很多是人文地理现象。近代地理学区域学派奠基人赫特纳在他的《地理学：它的历史、性质和方法》中叙述了地理学的研究方法、概念和思想构成，他所奠定的传统区域研究纲要至今仍是区域地理学研究的基础，美国区域地理学代表人物哈特向也深受其影响，强调经验主义的方法。赫特纳的区域地理分析大纲是，将地理位置、地质、地貌、气候、植被、自然资源、定居过程、人口分布、经济、交通和政治等经验要素记录下来，建立一个因果顺序，强调因果关系，但对地理规律着墨不多。赫特纳不同意在地理学中把研究规律和研究个体相对立和绝对化，认为"我们的问题就是在地理学中个体的事实有什么意义，以及在多大范围内类概念和规律的构成是可能的"。赫特纳强调，虽然规律的提出是科学的标志，但是提出规律不是地理学的目的，只是达到目的的手段，因为地理学的对象是地表；同时强调要时刻注意长期实践证实了的地理学的必要特性。规律是事物的内在的本质的联系，就是一种必然性，它只能通过种种偶然性来表现和补充。在地理现象研究中，不承认存在规律将导致神秘主义，而如果侈谈规律，混淆现象和本质，也会流于机械论。

近代人文地理学家拉采尔也是依据野外考察获得的经验，归纳总结出他的重要学术结论。他在北美访问考察中，运用达尔文的进化论思想，分析了日耳曼人在美国中西部的成就，同时也考察了印第安人、印度裔、非洲裔、华裔的情况。基于这些经验，他在著作《人类地理学》中将人类划分为"进取扩张型"集团和"退缩型"集团，并将之落实在地域空间上。拉采尔的《人类地理学》探讨了地球表面居民的分布和集团，作为人类迁移结果的分布对自然环境的依赖性，自然和环境对个人和社会所产生的影响等。由于在论述地理环境对人的生理、心理、分布的影响和社会现象及其发展过程时，过分强调环境的决定作用，并将当时已风行全球的达尔文的进化论移植到人类社会，不恰当地进行类比，他的学生辛普尔等因袭了他的理论上缺陷并进一步发挥，以及法西斯地缘政治学者豪斯霍费尔又加以歪曲利用，导致后人对他的决定论思想多持批判态度，引起了长期争议。后期拉采尔比较注意对自己立论的检讨，这些反思也是基于他在莱茵河地区的实地考察而来。由此可见，经验在不断丰富，地理学家的认识也在不断趋于全面。

3. 基于经验知识的演绎

近代地理学出现学科系统划分后，人文地理学在相当长的时间内依然采用的是经验主义方法。例如，美国文化地理学大师卡尔·索尔对文化景观的研究，以及哈特向的区域地理学研究。有的学者认为地理学也可以是通过演绎发展理论的科学，区位是承载地理运动的基本矛盾，是地理空间的细胞，能够成为地理理论演绎的逻辑起点。但是，地理学的演绎分析依然是以经验为基础的，而经验的获得与野外工作密切相关。

三、经验主义人文地理学研究方法

经验主义分析的大致思路是人们通过感官感受到外部世界杂乱的失误，然后通过定义、分类与度量，将杂乱的事物变为有条理的事物，在地理学中是变为有条理的空间现象，然后进行归纳和概括，在这些分析后要建立空间法则或理论，最后从逻辑上解释空间法则和理论（图2-1）。

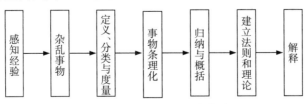

图2-1 经验主义研究框架

归纳法是经验主义的方法论基础。经验主义人文地理学研究的基本途径是通过调查、收集各地区的基础资料，进行整理、归纳，采用地理学的研究思路进行表述，进而解释地区差异，揭示地理要素之间的相互关系。经验主义方法的特征，一方面观察是其重点，通过调查及实地研究，进行经验判断和评价，得出结论。人文地理学的区域研究最为典型，由于每个地方具有独特性，因而区域研究的哲学基础是例外论。另一方面强调综合和归纳的作用。人文地理学常常从观察人文地理现象的某个方面开始，通过分析研究资料，以求发现具有普遍意义的模式。在人文地理学中可通过"穆勒五法"比较和归纳不同地区的个例之间的差异和共同点，发现人文地理事物之间的因果关系。

1. 契合法

契合法的内容是：考察几个出现某一被研究现象的不同场合，如果各个不同场合除一个条件相同外，其他条件都不同，那么，这个相同条件就是某被研究现象的原因。因这种方法是异中求同，所以又称为求同法。

契合法可用下列公式表示：

场合	先行情况	被研究现象
①	ABC	a
②	ADE	a
③	AFG	a
……		

所以 A 是 a 的原因。

契合法的结论是或然性的。为了提高契合法结论的可靠性，应注意以下两点：

第一，结论的可靠性和考察的场合数量有关。考察的场合越多，结论的可靠性越高。

第二，有时在被研究的各个场合中，共同的因素并非一个，因此，在观察中就应当通过具体分析排除与被研究现象不相关的共同因素。

2. 差异法

差异法的内容是：比较某现象出现的场合和不出现的场合，如果这两个场合除一点不同外，其他情况都相同，那么这个不同点就是这个现象的原因。因这种方法是同中求异，所以又称为求异法。

求异法可用下列公式表示：

场合	先行情况	被研究现象
①	ABC	a
②	BC	a 不出现

所以 A 是 a 的原因。

差异法是求异除同。运用差异法进行比较的两个场合一定要只有一点不同，其他情况都相同。这种条件在通常情况下是少见的，因而差异法常和实验直接联系。运用差异法应注意以下两点：

第一，运用差异法，必须注意排除除了一点外的其他一切差异因素。如果相比较的两个场合还有其他差异因素未被发觉，结论就会被否定或出现误差。

第二，运用差异法，还应注意两个场合唯一不同的情况是被考察现象的全部原因还是部分原因。

3. 契合差异并用法

契合差异并用法又称为求同、求异并用法。它的内容是：如果某被考察现象出现的各个场合（正事例组）只有一个共同的因素，而这个被考察现象不出现的各个场合（负事例组）都没有这个共同因素，那么，这个共同的因素就是某被考察现象的原因。该法的步骤是两次求同一次求异。

契合差异并用法可用下列公式表示：

场合	先行情况	被研究现象
①	ABC	a
②	ADE	a
③	AFG	a
……		
①	BC	a 不出现
②	DE	a 不出现
③	FG	a 不出现
……		

所以 A 是 a 的原因。

应用契合差异并用法应注意以下两点：

第一，正负两组事例的组成场合越多，结论的可靠程度就越高。

第二，所选择的负事例组的各个场合，应与正事例组的各个场合在客观类属关系上较近。

4. 共变法

共变法的内容是：在其他条件不变的情况下，如果某一现象发生变化另一现象也随之发生相应变化，那么，前一现象就是后一现象的原因。

共变法可用公式表示如下：

场合	先行情况	被研究现象
①	A_1BC	a_1
②	A_2BC	a_2
③	A_3BC	a_3
……		

所以 A 是 a 的原因。

应用共变法应注意以下三点：

第一，不能只凭简单观察，来确定共变的因果关系，有时两种现象共变，但实际并无因果联系，可能二者都是另一现象引起的结果。

第二，共变法通过两种现象之间的共变，来确定二者之间的因果联系，是以其他条件保持不变为前提的。

第三，两种现象的共变是有一定限度的，超过这一限度，两种现象就不再有共变关系。

5. 剩余法

剩余法的内容是：如果某一复合现象已确定是由某种复合原因引起的，把其中已确认有因果联系的部分减去，那么，剩余部分也必有因果联系。

剩余法可用公式表示如下：

ABC 是复杂现象 abc 的复杂原因；

已知 A 是 a 的原因，B 是 b 的原因；

所以 C 是 c 的原因。

应用剩余法应注意以下两点：

第一，确知复杂现象的复杂原因及其部分对应关系，不得有误差，否则结论就不可靠。

第二，复合现象剩余部分的原因，可能又是复杂情况，这又要进行再分析，不能轻率地下结论。

四、经验主义人文地理学典型案例

中国人口之分布

胡焕庸

1. 引言

年来中外学者，研究中国人口问题者，日见其多，中国人口是否过剩，国境以内，是否尚有大量移民之可能，此实当今亟须解答之问题，各方对此之意见，甚为分歧，或则谓中国人口，实已过剩，此可由社会生计艰难，失业问题严重，以及海外侨民之多可以证之，或则谓中国人口，实未过剩，以全国面积除全国人口，计算其密度，较之欧西诸国，尚不及远甚，国境西北部，地广而人稀，将来实大有移民之可能，两方之意见，相距十分遥远，吾人如欲对此问题，求得一公平之批判与适当之解答，是必于中国人口分布之现状，现有一确切之了解。

过去研究中国人口问题者，大多偏重于纯粹数字之推求，绝少注意于地理背景，研究其分布之稀密者，要知各区地理情况不同，则其所能容纳人口之数量，将有极大之差别，以通常情形而言，大抵山地人口，不如平原人口之密，游牧区人口，不如农耕区人口之密，同属于农业社会矣，然旱粮区域，不如稻作区域人口之密，一熟区域，不如二熟三熟区域人口之密，吾国最富裕之区域，如长江三角洲每方公里人口密度，可达五百以上，然如内蒙古、新疆、西藏各地，面积虽大，大都贫瘠而无人居，其每方公里之人口密度，大都在一人以下，此种人口稀密不同之原因，绝非偶然分布之不平均，盖完全由于各地生产力之不同，如西藏人口虽稀，然即此仅有之居民，亦颇难维持其生活，因而盛行一妻多夫制，兄弟有二人，必以一人为喇嘛，凡此皆因地方生活艰难，特别用以限制人口繁殖之社会制度也。

普通推算人口之密度，大多根据政治单位之面积，如一国一省一县等是，此种方法，往往具有极大之错误，吾国面积辽阔，各地自然情况，颇多差别，如上述长江三角洲，乃极肥沃之冲积平原，而内蒙古、新疆、西藏等，则多为甚高之高原，且其气候，不属于沙漠，即属于寒漠，因此其人口密度，乃有如此悬殊者。

即以一省为例，四川之成都平原，其人口密度每方公里在五百以上，然与之相距咫尺之邛崃山地，其人口密度每方公里即不足一人，安徽省之沿江冲积地，其人口密度每方公里在三百以上，然皖南黄山各地，其人口密度乃不足三十人，小之即以一县为例，其情形亦同，如江苏之句容其北边邻江冲积地，人口密度最高者每方公里达五百，然县境东部茅山区域，其人口密度乃不足十人，此种例证，多至不可胜数，凡利用政治单位，求取人口密度，除非全境以内，具有同一之自然环境，否则若以各地疏密不同者，互相平均，其结果即与事实不符，而失却真实意义矣。

研究各地密度，最好能以自然环境约略相同之区，用作比较，既不然，至少亦当以面积相当之区，互相参证，通常有一极大之错误，即往往以我国全国人口密度，与欧洲小面积之国家，如英法德意乃至比利时荷兰丹麦等，互相计较，我国面积，与欧洲全洲面积约相当，我国境内，有西藏大高原，其平均高度，在欧洲最高山白山之上，计其面积，较英法德意四国之面积为尤广，然生活于此之人口，总数不过二百数十万（连西藏青海西康三省区合计），每方公里人口密度大都在一人以下，英国面积仅二十四万方公里，约当我国全国总面积之五十分之一，比利时之面积，仅三万方公里，约当我国总面积之三百七十二分之一，如以此等国家之人口密度，与我全国相较，直不啻有鸿毛泰山之别，求如西藏高原之荒漠，诸国境内固无有也，据此而曰我国人口，并不密于英国或比利时者，其人非狂即妄，反是如吾人以国内同面积之地，与英比相较，则如江苏、安徽两省，其面积约略与英国相等，英国人口平均密度，每方公里一百九十人，而我江苏、安徽两省之平均密度二百一十二人，江苏江南其面积与比利时相当，比利时之人口密度，每方公里二百七十人，而江苏江南（连上海南京）之人口密度为五百三十三人，如此分别作比，则我国人口，固远较英比两国为更密矣。

过去根据地理区域，对我国人口分布，作科学研究者，为数不多，在国内有竺可桢翁文灏两先生，竺先生曾撰有《论江浙两省之人口分布》一文，对于研究一般人口分布之原则，以及江浙两省与世界人口稠密各区，比较异同之处，论列甚详，翁先生撰有《中国人口分布与土地利用》一文，对于全国人口分布不平均之情形，阐发尤多，外人研究中国人口分布者，有洛克斯佩、克莱西诸氏，洛克斯佩根据中华续行委办会调查特委会之估计数字，曾草有《中国人口之分布》一文，然其内容殊简略，克莱西所根据者，系民国十四年之邮政统计，氏分中国为二十一个自然区，曾一一分别计算其密度，然以我国面积之大，二十一个自然区，殊不足以尽全国自然环境之复杂，今以广大之自然区，计算其平均密度，其缺点仍显过于简单与笼统。

研究人口分布之目的，虽在求取各种自然环境相异各处之人口密度，然普通用以统计人口之单位，则全数属于政治区域，如一国一省一县一乡等，作者年来研究国内各地人口之分布，其利用乡村单位之人口统计，以区辨一县以内人口分布之稀密者，有江苏省之江宁、句容、铜山各县，利用县区单位之人口统计，以区辨一省以内人口之稀密者，有安徽、江苏、广西各省，根据过去经验，深感研究我国人口分布，其最精密之方法，当利用以乡村为单位之人口统计，以求取各县人口之稀密，因人口统计之地域愈小，则根据而作之人口分布地图或密度计算，当愈正确而精密，其次以县统计为单位，以绘制人口地图，其结果亦远较以整个省区或广大之自然区域为单位，计算其人口密度者为优，因在每个省区或广大之自然区域以内，其自然情况仍极为复杂，而各地人口密度，亦大有差别也。

作者过去所作安徽、广西两省人口分布地图，均以县单位之人口统计为单位，惟同时凡县区广大，境内自然环境有不甚相同者，亦颇以主观抉择，区别其疏密，因如此则较完全根据县区单位之统计，在同一县区以内，假定其为平均分布者，其结果当与事实较为相近也。

过去研究我国人口问题，而制有人口分布地图者，有若干人，如克莱西如薛洪诸氏，其所撰之中国地理，均附有人口地图，中华续行委办会调查特委会所出版之《中华归主》，除全国人口分布总图以外，并有各省人口分布图，其统计亦以县区为单位，方法尚属精密，惟上述各图，均仅应用绝对法或称点子法，即以点子代表定量人口，以示其分布之情形，从未有应用比较法或称等级法，以表示人口之密度者，作者除正搜集各县以乡镇为单位之人口统计，以制作各地之精密人口地图以外，现为表示全国人口分布之概况起见，因先利用县单位之人口统计，以作成全国人口之分布与密度图，借此作一全国人口分布之初步研究。

2. 人口统计

为欲制作全国人口之分布与密度图起见，事先必先具有全国各县之人口统计，我国户籍行政，肇端虽古，然近代以来，反不若欧美各国，有定期举行之人口普查，因此我国全国人口，究有几何，至今尚无确切之答案，且常引起各方之争辩，如民国十九年，国际统计协会会议于日本东京，美人韦尔柯克斯以为我国人口，不过三万四千万，而我国代表陈长衡等则宣称我国现下人口，当为四万六千万，二数之相差，计达一万两千万，约当于美国一国之人口，二氏所提之数字，均凭估计或间接推算而来，因此均无法使对方为之折服。

光绪二十六年（一九〇〇）政府统计全国人口为四万四千万，宣统二年（一九一〇）调查为三万三千万，较十年前少去一万一千万，惟同年邮政局估计全国人口约为四万四千万，于此足证当时之报告必有漏列无疑，民国元年，内务部举行户口统计，其所得之数字，为三万五千七百万，然亦只有二十一省之统计，他如广东广西安徽等省区之人口，当时均未列入。

民国十一年，中华续行委办会调查特委会出版之《中华归主》，其所估计民国七八年间之全国人口为四万五千二百万零，洛克斯佩所作《中国人口之分布》一文，即根据其统计，民国十四年，邮政局估计全国人口为四万八千五百万余，克莱西氏于其所著《中国之地理基础》一书，即利用其统计，以作各自然区人口密度之计算。

民国十七年，内政部举行全国人口调查，发表数字为四万七千四百万，然其中亦仅有十二省之较新调查，其余均系估计数，陈长衡氏曾据此加以修正，假定民国十七年全国人口总数为四万四千一百万余。

近数年来，人口统计之需用，渐为各方所重视，各省县政府，多有自办清查者，内政部于民国二十四年春，曾汇集最近数年间各省县已有之人口统计，油印发表，惟内容亦仍极残缺，其各县数字均完备者，只得十四省。

作者为此问题，曾费数月之时间，并借若干同学之助，于各种公报杂证中，搜取各省各县之最近人口统计，结果尚属圆满，国内二十八省，各县统计全备者，计得二十三省，内十七省系各省省政府之报告数字，其他山西、河北、陕西、宁夏、新疆、浙江六省，系用内政部报告数，所有此二十三省之统计，除山东一省，系民国十九年之统计外，其他均系民国二十年至二十三年间所调查，二十三省以外，仅四川一省，无最新之统计，青海与西康两省，则仅有一部统计，尚缺一部，贵州省已有最新之人口统计，惟未能各县之数字，福建省亦有一部统计，惟县数不全，因此除青海、西康采用一部估计外，四川、贵州、福建三省暂采用民国十四年邮政估计之数字。

青海人口，据青海省政府调查，系一百万零，内已设县治之十四县人口，计八十万，其他果洛族二十万，惟西南部藏族居民，或尚有遗漏，兹假定其为三十万，则全省计一百三十万零。

西康省人口，只有十四县之统计，计十五万零，此系西康考察专员冯云仙女士入康调查后所呈报之数字，其他二十县人口，未据呈报，究有几何，绝无调查，任强军估计为五十二万，兹从少估计，且以现有十四县作比例，假定每县平均一万，则其他二十县计二十万，全省合计为三十五万零。

四川省之人口，近数年来绝少统计，民国元年，经统计全省人口为四千八百万，民国五年为五千万，兹据十四年邮政调查，计五千二百万，此乃现有最近之数字也。

贵州人口，据民国二十二年该省办理保甲后报告数为六百九十万零，其各县数字，一部见该省所刊之《贵州自治月刊》，一部见内政部民国二十四年报告，惟均不全，无法采用，民国十四年之邮政调查，贵州全省人口计一千一百二十万，较省政府报告相差达四百余万之多，又依民元统计，贵州人口计九百万，该省人口究有几何，须待来日加以订正。

福建省之人口，据民国十四年之邮政调查，为一千四百万，民国十七年内政部之调查，四十七县二市之人口，计七百二十万，惟缺其他十七县之统计，民国二十年，该省民政厅估计全省人口九百十万，惟缺七县之统计，民国二十四年，国民政府主计处统计局向福建省政府之调查，全省为九百八十万，各县县数虽全，惟均系估计之约数，民元统计，福建人口，曾达一千五百八十万余，现有人口究有几何，殊属无法决断，兹姑采用民国十四年之邮政调查，其数字或嫌过高，容待日后再行订正。

江西省系采用民国二十年江西省政府经济委员会编制之各县数字，《江西经济旬刊》一卷十七期，该刊并附二十二年各县编组保甲后之报告数，惟县数不全，年来频经兵火，现下人口，必较数年前为减少无疑，正确数字，亦待将来校正。

察绥人口报告，具限于已设县治或设治局之区域，惟盟旗境内，尚有汉蒙人亦不少，兹据马鹤天君估计数，假定内蒙盟旗人口总数为三十五万。

外蒙人口，据外蒙政府民国十五年之统计，为六十八万四千，另加唐努乌梁海之人口六万五千，合计为七十四万九千。

西藏人口几何，素鲜调查，西人估计，又往往以西康青海并计于西藏之内，故不足凭信，兹从少估计，假定今西藏境内人口为八十万，惟确数究有几何，亦待来日加以订正。

我国现有行政区划，除二十八省及内蒙古、西藏两地方以外，尚有南京、上海、青岛、西京、北平五直辖市（其他普通市区实验县均隶属于省区以内又天津直辖市现正在改制中）及威海卫与东两特别行政区，又广州湾九龙旅大金州各租借地，以及上海天津租界，亦均为我国之疆土，惟地方行政权暂时因受条约束缚，略受限制而已,过去统计全国人口者,对此等地均放弃不计,实属非是,此次一并加入计算,惟较小之租界人口过少者,暂未列入,现所列入者,仅上海汉口天津三处。

根据此次统计我国全国人口为四万五千八百万,民国十七年,内政部统计全国人口计四万七千四百万,又陈长衡氏曾将民国十七年之内政部统计,加以修正,定其数为四万四千一百万,内政部之统计,有报告之省份仅十三省,其余均用估计,陈君对于缺乏统计之省份,利用宣统年间之统计为基础,依平均增值率加以修正,实际亦难正确,此次统计,则除西藏全部,及西康青海一部,系用主观估计外,其余均据各省县之报告,堪称近年全国人口比较最完备之统计,至于此各省县报告之中,一部亦仍由估计而来,因此仍难免有不尽不实之处,是则非待全国均有精密详尽之人口普查以外,不能得其实情矣。

3. 人口分布

此次所搜集之人口统计,均以县区为单位,根据而作之人口图,计有二纸,一分布图,二密度图,分布图以每点代表两万人,此在人口稠密之区,其代表数尚嫌过少,因此多有互相重叠之处,惟在人口稀少之区,则代表数殊嫌过大,如在内蒙古、新疆、西藏各地,绝少有两万人密集于一处者。

密度图计分八级,其最高级每方公里在四百人以上,惟实则第一级之区域,其人口密度,竟有在六百左右者,如长江三角洲之江喇叭口与成都平原各部均是,此等区域,即使除去一部分之都市居民,其人口密度,亦在五百左右,此可为纯粹稻作平原密度之代表,作者利用更精密之方法,研究江苏江宁之人口,发现秦淮河谷稻作区域,其每方公里之密度,亦在五百左右。

自第一级降至第二级,每方公里之人口数,相差颇远,河北平原与豫东鲁西之黄河冲积平原,其人口密度在三百左右,此区与大江三角洲虽同系冲积平原,惟北方气候干燥,普通作物,以旱粮为主,田亩产量不若南方之丰,因而生活于斯之人口,遂亦较南方稻作平原为稀,作者利用较精密之方法,研究江苏铜山县之人口密度,发现栽植旱粮之平原地带,其人口密度每方公里亦在三百左右,与全部华北平原所得之结果相同,第二级之人口,亦有属于南方之稻作河谷者,如长江中游与四川盆地内各河流域均是。

第三级代表自一百五十至二百五十之密度,局部平原或兼有丘陵式之区域属之,最著者如长江沿岸、赣江沿岸、湘江沿岸、汉水沿岸、渭水沿岸、汾水沿岸、西江沿岸各地均属之,淮河流域,虽属于平原地形,然与黄河下游之情形殊不同,其地系侵蚀平原，而非冲积平原，土层浅而较瘠，又因淮水失治之故，时有泛滥之患，因此与北部平原虽同属于旱粮区域，然其人口密度，较之北方，颇见逊色，普通在二百左右，其尤低者乃在一百至一百五十之间。

第四级密度在一百至一百五十之间，此在南方已属于丘陵地带，如两广之间，赣湘之间，浙皖之间，豫鄂之间，以及四川盆地内各丘陵地均是，惟在北方，则松辽平原之人口，亦适与此相当，松辽平原气候寒冷，月平均温度在冰点下者达五个月以上，冬季作物几已绝迹，田亩年仅一熟，因此人口殊稀，较之河北平原以南之冬麦区与江南之稻作区，其人口密度之相差，固不可以道里计矣，草原带之桑乾河流域，亦属春麦带，其密度与松辽平原同。

第五级之人口密度，每方公里在五十至一百之间，长江流域以南诸山地均属之，东起浙江之天台西迄云南高原之东边，旧所称为南岭山脉，各地均属之，其在北方，则有泰山山地，晋豫间之黄河河谷，以及黄河河口之含咸三角洲等地，其密度均属于第五级。

第六第七级之人口，每方公里在五十人以下，多限于较高之山地与高原，如云南、如贵州、如广西、如福建、如山西、如陕西、如秦岭山地、如大巴山地、如千山长白，以及热河察哈尔之南部均属之。

第八级之人口，每方公里在一人以下，其分布之区域，甚为辽阔，西藏高原连西康、青海在内，内蒙古高原以及新疆均属之，今试自黑龙江之瑷珲，向西南作一直线，至云南之腾冲为止，分全国为东南与西北两部，则此东南部之面积，计四百万方公里，约占全国总面积之百分之三十六，西北部之面积，计七百万方公里，约占全国总面积之百分之六十四，惟人口之分布，则东南部计四万四千万，约占总人口之百分之九十六，西北部之人口，仅一千八百万，约占全国总人口之百分之四，其此西北半壁以内，其人口密度，多半在一人以下，其在一人以上者，惟西藏之雅鲁藏布江流域，新疆西南部，天山南北，与内蒙古库伦附近各地，大都散布于荒漠之间，甘肃宁夏为东南人口密集区向西特延之处，其最西点达于甘州广州之间，河套之北，人口分布，约成一带状，自绥远西延，至于河套之西，继折南下，沿贺兰山之东南，以接于甘肃，河套以内，为鄂尔多斯沙地，人口绝少，河套以北，则为内蒙古戈壁之南境矣。

今试以中国地形图、雨量图，与人口图作一比较，则三者之间，具有十分密切之关系，所有人口稀少之西北半壁具属于高原，如内蒙古、新疆多数为一千公尺以上之高原，其在一千公尺以下者，则多为极干燥之沙漠，西藏、西康、青海之高原，则其高度具在三千公尺以上，其尤高者在五千公尺以上，东南半壁则除云贵高原以外鲜有一千公尺以上之高地，东南半壁雨量最富者，达二千公厘，最少者亦在五百公厘以上，惟在西北半壁则雨量多在五百公厘以下，其尤干燥者，乃在一百五十公厘以下，盖多为沙漠或半沙漠之区域矣。

此东南西北两人口区域之分布，与全国种族之分布，亦殊相合，东南半壁为纯粹汉人之世界，惟西南山地，有少数民族杂居其间，西北半壁则汉人殊少，除甘肃孔道及新疆境内有少数汉人以外，其余均为满蒙回藏各族之领域，此区以内，面积虽广，人口则少，境内各地，盖大部为不毛之沙漠，与积雪之寒漠，仅极少数之水草地，可供畜牧或耕作之用。

东南半壁之人口，其分布亦殊不一致，人口集中之地，仅限于少数区域，兹约举之如下：

第一，长江三角洲之江喇叭口，人口平均密度，介于四百至五百之间，两地人口总数，计达二千五百万左右（江苏江南自镇江以下约一千二百万，江北沿江自江都以东约五百万，浙江杭州湾两岸约八百万），是为全国人口最密之区。

第二，北部平原，北起河北平原，南经鲁西豫东以迄江苏之徐属，安徽之颖属，其人口平均密度在三百左右，全国人口总数，约计共七千万，是为全国人口最多之区。

第三，四川盆地，位于四川中部，其四周地形，具在一千公尺以上，中部盆地，则具在一千公尺以下，盆地以内，人口总数约四千万，各地密度，颇不一致，最密者如成都平原，每方公里达六百左右，与长江三角洲人口最密各县，不相上下，其次各河河谷附近，人口密度在三百左右，盆地内之丘陵地带，则在一百至一百五十之间，此为内地各省人口最多之区。

第四，东南沿海各河三角洲，北起浙江三门湾，南迄广东珠江口，其间地形西高东下，河流短促而陡峻，惟河口三角洲，有极肥沃之平原，虽其面积不广，惟人口极密，浙闽粤三省内地，人口密度大都在五十至一百之间，福建西部，竟有低达五十人以下者，惟沿河河口小三角洲，则其密度多在四百以上，惟皆零星散布，不相连续耳。

第五，局部河谷平原，如长江中流以及汉水湘水赣水之江西江渭渭河汾河各局部平原，其人口密度在一百五十至二百五十之间，长江中流有高达三百左右者，惟面积并不过广。

东南半壁除上述各地以外，人口均极稀少，如东北之松辽平原与南方之丘陵地,其人口密度均在一百至一百五十之间,南岭各山地,人口多在五十至一百之间(此区如作更精密之研究,则当分别为河谷地带与纯粹山地,前者之人口应较后者为密),云南高原、山陕黄土高原、阴山南坡以及东北之嫩江平原与吉东山地等其密度多在二十五人以下,是为东南半壁人口最稀之区。

4. 结论

我国人口分布概况,以及各地密度大小,约如上述,兹为明了我国人口是否过剩起见,试与世界各地略作比较如下:

欧洲全境,其面积与我国略等,计一千一百四十万方公里,境内无大高原,亦无沙漠,其总人口五万一千万,全洲人口平均密度每方公里四十四人强,今我国全境面积一千一百十万方公里,总人口四万五千八百万,全国人口平均密度每方公里四十一人强,较欧洲仅少三人,我国如除去西北半壁之大高原大沙漠,仅以东南半壁与欧洲相较,则东南半壁之面积四百万方公里,人口四万四千万,平均密度一百十人,计高于欧洲平均密度数二倍又半。

美国面积计七百八十万方公里,约当我国总面积之四分之三,其人口总数仅一万二千四百万,平均密度每方公里十六人,我全国平均之人口密度,计大于美国二倍有半,东南半壁之人口密度,计大于美国达七倍之多。

我国西北半壁之情形,约略与澳洲相当,澳洲虽无类似西藏之高原,然境内除北东南三面沿海各地外,内陆之气候,殊为干燥,年平均雨量多数在五百公里以下,与我国内蒙古、新疆之气候略同,澳洲面积七百七十万方公里,较我西北半壁约大十分之一,惟其人口总数不过六百五十万,仅当我西北半壁人口总数之三分之一。

论世界人口最密之区,通常多以比利时与英格兰为例,比利时人口密度每方公里仅二百七十人,我国江苏江南其面积与比利时相当,然其人口密度竟达到每方公里五百三十三人,较密于比利时几达一倍之多,英格兰与威尔士之平均密度,每方公里亦仅二百六十六人,与比利时相仿佛,亦仅当我江南人口密度之半数,我江南各县,除上海无锡少数都市以外,居民固大都以农为业,彼比英两国,乃世界有名之矿工区域,由此足见我国深耕式之稻作区域,其人口密度,较之矿工商区之比英诸国为尤高矣。

以吾国人口稠密之江苏江南,与西欧人口最密之比英两国相较既如此,以吾国较稀之西北半壁与性质相当之澳洲相较又若彼,而或者犹谓吾国人口不如某国某地之稠密者,吾绝不信矣。

根据目前吾国人口分布之情形,在吾国境以内,是否尚有大量移民之可能,抑或吾国现有人口,是否尚有重新分配之必要,此为当今亟待解答之问题,多数不明地理事实之言论家,往往以为我国东南人口虽密,然西北各省,地广人稀,大有移殖开发之可能,不知此乃似是而实非也,今西北各地,其现有相当人口之区域,如渭河流域、如河套附近、如宁夏东南、如甘肃中部,以及新疆各地,均属局部之平原或盆地,面积异常狭小,又加气候干燥,仅赖高山之雪水,人工之河渠,以及极深之水井等,聊资灌溉,勉有生产,然即此现有少数之居民,又复灾害频仍,饥荒时见,其现有之生活,尚且难以维持,此虽人事容有未尽,抑亦天工必然之艰,此等处所,将来虽欲利用人力,再加经营,然其所能容纳之居民,至多亦不过数百万乃至千万而已,与全国总人口相比拟,固十分渺小之数字也。

我国过去,因图学不精,地理缺乏科学的研究,因此一般国民只知我国疆域之大,绝少知其地形之为高为低,与雨量之为多为少者,至于某地生产能否开发,某处人口能否增加,更为一般人所茫然,依翁文灏先生之计算,我国全境,其适于人生之平原区域,高度在五百公尺以下者,只不过全国总面积之百分之十五,其在一千公尺以上之高地,竟占全国面积之百分之六十八,依作者估计,吾国雨量不足五百公厘之区域,其面积亦当全国面积之百分之六十左右,易言之,即与上文所称西北半壁之范围约相当,此高原而又干燥之西北半壁,决不能开发之使与东南半壁同其繁盛,再退一步言,即在此东南半壁之范围以内,其介于五百公尺至一千公尺间之丘陵山地,已足使其人口密度,降至极低限度,读者如批阅我国地形图,同时参照人口图,而承认惟二百公尺以下之平原地面,是为最适人居之处(少数内陆盆地之外),即不能不叹我国平原面积之过于缺少,且此等平原,多数已为人口密集之区,除此以外,欲求再有容纳大量移民之所,殊属不可多见也。

今试就国境以内,加以检讨,其犹有地形平坦,土壤肥沃,雨量相当充分,而人口亦比较稀少者,殆惟满洲北部嫩江流域一带之地,此区现有人口密度,每方公里尚在二十五人以下,将来如开发使与辽河流域相当,至少尚可容纳居民一二千万,是为国内惟一可供移民之区,惜自暴日入侵以后,继有伪满之独立,其地处于他人治下者,迄今已三四年,强邻侵略,日进不已,白山黑水,不知何日方能重还故国,以供我华夏民族之移殖经营矣。

第二节 实证主义人文地理学方法论

一、实证主义人文地理学基本内涵

1. 实证主义概述

实证主义是经验科学的一种特殊形式,是一种被假定为适合所有学科特点的研究方法,其目标不仅是描述(对人文地理来说,就是表示那里有什么),还要解释(它为什么在哪里)。这种解释的方式是以个别事物作为普遍规律的例证。

实证主义认为,经验是知识的唯一来源和基础。科学知识之所以是确定的、精确的,是因为它们来自经验。科学知识的有用性也是由于这个原因。近代自然科学就是这一知识的典范。像经验主义一样,实证主义排斥不能进行测度的规范的和形而上学的问题,人们的认识能力只能限制于经验范围,而永远达不到那些超经验的形而上学的问题。人们如果把自己的精力花费在这些问题上,是一种纯粹的理智和时间的浪费。实证主义是从否定经验主义的局限而来,其目标是发现规律。实证主义与经验主义的区别主要在于,实证主义需要所提出的命题被证实(逻辑实证主义)或假设被证明是无根据的(批判理性主义),不仅要提供解释的方法,也要提供预测的方法。

因此,实证主义有如下基本观点:

(1)一切科学知识必须建立在来自观察和实验的经验事实基础上。

(2)关注的问题是现实的、有用的、确实的、相对的问题,而非空想的、无用的、虚构的、绝对的形而上学的问题。

(3)实证主义不仅仅提供事实,还需对经验进行验证。

尽管有很多不同版本的实证主义,但当代实证主义主要可分为两类思想:以实证为基础的逻辑实证主义和以证明为基础的批判理性主义。逻辑实证主义形成于20世纪二三十年代,至今仍是科学发展的重要方法论,亦是对人文地理学影响最大的方法论。逻辑实证主义认为,科学的两大指出是观察和逻辑(或理性)。换言之,对任何事物合乎科学的理解必须有意义并且同实际观察相符,二者缺一不可。建立科学的理论描述世界万物间的逻辑,并通过观察进行证实时期方法论的核心。

2. 实证主义人文地理学

实证主义人文地理学是将实证主义方法论引入人文地理学的产物。实证主义方法论的引入,使人文地理学较传统人文地理学有了许多革命性变化:

首先,发展了人文地理学的理论。传统地理学关注地区特点因而是独特的,无法通过一般规律加以解释,地理学的任务就是找出这些独特的现象并加以描述和解释,理论发展受到抑制。空间科学的地理学寻求用空间分布的普遍规律来解释各地区的独特事件,实证主义方法论的引入使地理学作为空间科学重建了研究内容和理论主体。例如,人文地理学就确立了中心地理论、农业区位论、工业区位论、城市社区理论、空间相互作用理论等,人文地理学者把他们的注意力转移到空间行为和空间分布的规律上。这种对规律的实证主义关注加强了目前绝大多数人文地理研究的基础。

其次,在空间科学的理论框架内更多地采用了演绎逻辑,即从某些一般性规律出发,将其应用于特殊事件。

最后,加强了人文地理学的科学化。实证研究所采用的数量化技术意味着空间分析上的精确性,取代了传统人文地理学的模糊化推论。

实证主义的出现使得空间结构及其规律的研究成为人文地理学研究的核心,因而实证主义人文地理学具有以下两个特点:①不进行以语言为基础的空间及自然意义研究;②以数理方法分析公认的地理知识。实证主义人文地理学认为,人的行为遵从普遍规律,人文地理学的目的就是揭示这些规律,并强调用科学方法来检验规律和理论、用统计方法来解释数量关系、用 GIS 的地图分析方法来印证空间布局的合理性。总之,实证主义人文地理学把人文地理学重新定义为空间关系科学,试图借助分析方法和数学语言去建立数字和空间现象之间的统计上的空间关系,来说明人文地理学研究区域发展的内涵及本质问题。

二、实证主义人文地理学发展历程

1. 地理学界之外的渗透

20 世纪 20 年代,以自然科学为研究对象的科学哲学,即逻辑实证主义哲学诞生。逻辑实证主义认为物理学语言是科学的普遍语言,排斥和批判形而上学,开展统一的科学运动。逻辑实证主义者认为一切科学都不必遵从统一的方法论，即经过观察、实验来验证，建立法则和理论。这种新的科学哲学思潮不断渗入人文地理学，以逻辑实证主义方法为标志，其主要特征是以数理逻辑方法对科学知识结构做静态的逻辑分析，以代替地理学的传统描述方法。一些非地理学者尝试将新方法应用到地理问题的解释上，例如，物理学者斯图瓦特于1947年在《地理学评论》发表了《关于人口分布与平衡的实验数学规划》一文。

2. 地理学界的自发革命

实证主义方法论对于人文地理学的显著影响始于20世纪50年代。这一时期，一些西方地理学者从这些方法论研究中汲取教益以构建地理学的理论体系。舍费尔于1953年在《地理学的例外论》一文中首次正式提出地理学家应采用实证主义方法的主张，标志着当代西方实证主义地理学的形成。同时，美国地理学界引进和发展了欧洲地理学者的计量化研究方法，掀起了用数学方法分析地理学问题及建立理论模型和检验方法的地理学定量化研究高潮。随后，以华盛顿大学的盖瑞森为核心，包括贝里、邦奇、达西等人在内的"华盛顿小组"陆续发表了在地理研究中应用数理统计、空间分析、区位模型等方面的著作，还首次举办了地理学计量方法研讨班，出版了《计量地理学》论文集。20世纪60年代初，"计量运动"开始由美国向欧洲和全球地理学界蔓延。地理学家一方面借用区位理论、中心地理论、信息扩散模拟，并将引力、熵等其他学科中的概念应用于人文地理学，发展出了中心地理论体系、土地利用论、工业区位论、空间相助作用理论、城市社会区理论；另一方面应用多元回归分析、发展几何、图标模型、线性规划模型、概率模拟以及其他有关优选法、运筹学理论等开展了广泛的地理研究，国际地理大会于1964年设立了计量地理专业委员会，1969年国际性计量地理期刊 *Geography Analysis* 在美国创刊。至此，以实证主义方法论为指导的计量地理学方法在全世界范围内得到公认。"计量运动"打破了传统地理学概念的束缚，不仅是人文地理学研究技术上的革新，同时也在理论上对地理学固有概念、法则、性质有了更深刻的理解和发展，将地理学的发展推向了一个新时期，故被称为地理学的"计量革命"。

3. 实证主义人文地理学的中国化

20世纪70年代开始，实证主义地理学逐渐受到来自西方人文地理学界内外的种种批判。其批评主要来自传统区域学派和后来兴起的行为主义人文地理学、人文主义人文地理学、结构主义人文地理学和马克思主义地理学等新流派。这些批评认为实证主义方法论无视地球表面环境的多样性，忽视人在地理环境中的作用，是地理虚无主义的表现。尤其是激进地理学派还办起了 Antipode 杂志，批评逻辑实证主义无视人的利益关系、阶级关系对地理事物的重要影响。世界地理学界的评论家比较普遍地认为，"计量革命"对地理学的发展起到过推动作用，但并没有经得起实践检验的大的理论建树。自1976年第23届国际地理大会之后，"计量革命"的热潮逐渐沉寂下来，西方人文地理学开始走向"文化转向"之路。

中华人民共和国成立以来，中国人文地理学才真正作为一门现代科学体系中的分支学科得以发展。中华人民共和国成立至改革开放的1978年，中国人文地理学践行"苏联模式"，经济地理学一枝独秀。改革开放后，中国人文地理学全面复兴、不断壮大，基于实证主义方法论的人地关系地域系统理论成为学科发展的理论基石，研究地球人文圈层和自然圈层相互作用，解决不同空间尺度和不同领域的可持续过程与格局问题，中国人文地理学具有全球影响的学术流派逐步成熟。中国人文地理学探索出了一条"在现实需求中凝练关键科学命题，在解决问题中实现创新和推进学科发展，在学科建设的支撑下提升服务国家需求的质量水平"的学科建设道路，在全球人文地理学研究领域形成了中国人文地理学的学术特色。

三、实证主义人文地理学研究方法

实证主义人文地理学以逻辑实证主义为其哲学基础，替代传统的经验主义方法，在研究方法上主要运用实证分析方法、计量和数学模型等方法，特别注重研究的客观性，强调寻求法则和规律，强调对现象和规律的解释。实证主义人文地理学假设了在地表上的事物及人类活动都是有迹可循的，即有一定规律的。实证主义人文地理学的目的和任务就是要客观地、不渗入研究者个人感情及主观意志地寻找这些规律，并用科学方法来检验以前的理论，用统计方法来解释数量关系，用空间分析方法来印证空间布局的合理性（图2-2）。

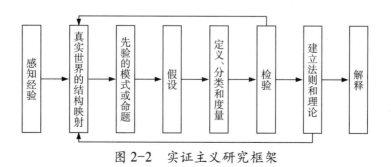

图2-2　实证主义研究框架

1. 实证分析方法

实证分析，即从演绎到理论的研究方法，成为实证主义人文地理学的主要方法。在实证分析中，必须依靠事实，归纳事实。现代实证主义人文地理学常用的模式是"经验—统计—归纳"，这个模式的分析意味着精确的数据分析，它可能是地图方法表达的，如给出世界人口分布图；也可能是统计模型表达的。无论何种表达，理论最需要的是能涵盖精确统计的研究典型化事实的规则。

2. 计量方法和数学模型

常用的方法包括概率分布、一般统计分析、回归分析、投入—产出模型、主成分分析和主因子分析、典型相关分析、判别分析、聚类分析、线性规划和非线性规划模型、多目标规划模型、网络分析、马尔可夫链模型、控制论模型等。上述方法又可以概括为数理统计、控制论和规划论三种类型。此外，现代遥感技术、地理信息技术、大数据、人工智能技术也为实证主义人文地理学研究提供了重要的方法和手段。

四、实证主义人文地理学典型案例

上海市区商业中心区位的探讨

宁越敏

零售商业与服务业（以下简称商业）是城市的重要职能之一。早在 20 世纪 30 年代，国外城市地理学界已开始进行商业区位的研究。50 年代以来，随着中心地理论应用的逐步推广和计量方法的引进，对城市商业区位的研究日益深入，其研究内容包括商业中心区位、商店区位和商业区位变化分析等，着重于商业中心区位的研究。

商业区位不仅与城市土地的合理利用有关，而且对商业企业的经济效益也有一定影响。更重要的是，商店布局的合理与否直接涉及居民购物的方便程度。近几年来，我国城市的商业建设有较快的发展，但因不重视商店的合理布局，出现了不少问题。如有的商店选址不当，开业后营业额很低；有些城市在建设中，不区别道路的功能，将商店集中开设在城市主干道两旁，既妨碍城市交通，又给居住在城市边缘的居民在购物上带来不便。凡此种种，都足以说明商业区位应成为一个亟待加强的研究领域。本文是笔者在对上海市区（系指城中心区，面积141平方千米）商业中心进行实地调查后的研究成果，从商业中心的分类、等级体系、影响区位的因素等方面分析了上海市区商业中心的区位，并就今后如何加强和改善市区商业中心建设的问题提出一些个人见解。

1. 商业中心范围的确定

研究商业中心的区位，对商业中心进行分类是其中一项重要内容。但首先应选择一个划定商业中心范围的方法，以便尽可能地反映出商业中心的实际规模。本文根据上海市区商业中心的形态特征确定商业中心的范围。上海市区商店的分布形式有两种格局：一种是集中于一段街道的两旁，形成条带形的商店街，如南京路、淮海中路等；另一种是围绕着交叉路口发展，形成商店聚合体，如曹家渡、提篮桥等。两种形式中以第一种为主，它们通常都被称为商业中心。由于商业中心内部商店密集，所形成的景观与周围有明显差异，因此上海市区商业中心的边界大都比较清楚，其范围也较易确定。但当同一条街道上有两段商店街时，则应根据它们的职能构成来确定是否同属于一个商业中心。目前我国城市的客运交通不很发达，商店距离的远近对人们的购物影响很大，当两条商店街彼此相距较大时，就会形成两个彼此独立的商业中心，如南京路与静安寺、淮海中路与常熟路等。只有当两条商店街彼此相隔较近时，它们才可能在职能上互相补充，共同组成一个商业中心，如中山公园商业中心便是由位于愚园路上和长宁路上的两条商店街共同组成的。不过，这种情况较少见，大多数商业中心都是由一条商店街或一个商店聚合体组成。

2. 商业中心的分类

上海市有关部门已确立27个市、区级商业中心，但这一分类比较粗糙。为了更好地揭示不同等级商业中心的性质及相互间的差异，探讨商业中心的等级体系，笔者在调查市区61个较大的综合性商业中心的基础上，采用了聚类分析方法对这61个商业中心进行了分类。

由于缺乏商业中心的商店总面积数、营业额数量等指标，本文在聚类分析时选择了下列5个变量：

（1）商业中心内的商店数。

（2）商业中心的职能数。

（3）商业中心内的职能单位数。

（4）耐用消费品（钟表、眼镜、照相器材、自行车、家用电器、家具）、珠宝古玩工艺品、纺织品、服装鞋帽及书店等高级职能单位数占商业中心职能单位总数的百分比。

（5）低级职能（烟酒、粮油、制鞋、点心、修理、理发、煤炭、废旧回收等）的商店数占商业中心内商店总数的百分比。

采用最后两个变量是考虑到商业中心内的诸职能可分为基本的和非基本的两种类型。基本职能的吸引范围较大，它大致包含第（4）个变量所列举的一些行业；非基本职能一般只为邻近商业中心的居民服务，它大致包含了第（5）个变量中所列举的行业。另外考虑到商业中心的级别越高，从事基本职能的职能单位所占的比重也应越高，而从事非基本职能的商店所占比重应越低的特点，采用了百分比做这两个变量的单位。

在进行聚类分析前，先计算了上述 5 个变量（依次记为 x_1，x_2，x_3，x_4，x_5）间的相关系数（表 2-1）。计算结果表明，x_1 和 x_2、x_1 和 x_3、x_2 和 x_3 之间的相关系数较高，故采用聚类分析中斜交空间的距离公式：

$$d_{jk} = \left[\frac{1}{m^2}\sum_{i=1}^{m}\sum_{l=1}^{m}(x_{ji}-x_{ki})(x_{ji}-x_{ki})r_{il}\right]^{\frac{1}{2}} \qquad j, k=1,2,\cdots,n$$

式中：i，l 为变量，m 为变量数，r_{il} 为变量 i 与变量 l 间的相关系数，j，k 这里指商业中心。

表 2-1　61 个商业中心 5 个变量的相关系数矩阵

	x_1	x_2	x_3	x_4	x_5
x_1	1				
x_2	0.86	1			
x_3	0.99	0.84	1		
x_4	0.11	0.07	0.14	1	
x_5	−0.35	−0.30	−0.40	−0.66	1

聚类的步骤是，先将原始数据标准化，然后计算在斜交空间中的距离系数矩阵，最后用最短距离法对商业中心聚类并绘出树状联系图（图 2-3）。

图 2-3 显示，如以距离系数 0.3 为界，61 个商业中心可分为以下 5 组：

第一组，南京路。

第二组，淮海中路、四川北路。

第三组，八仙桥。

第四组，徐家汇至东昌路共17个商业中心。

第五组，高郎桥至天山路共40个商业中心。

其中，第四组可分为两个小组：徐家汇至大自鸣钟（编号5~9）、北站至东昌路（编号10~21），可分别记为4A和4B；第五组亦可分为两个小组：高郎桥至鲁班路（编号22~46）、双阳路至天山路（编号47~61），分别记为5A和5B。

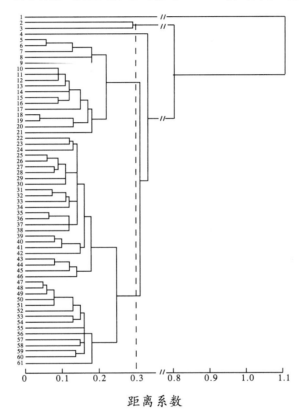

1—南京路；2—淮海中路；3—四川北路；4—八仙桥；5—徐家汇；6—静安寺；7—老西门；8—小东门；9—大自鸣钟；10—北站；11—八埭头；12—石门一路；13—曹家渡；14—长阳路；15—提篮桥；16—大兴街；17—临青路；18—中山公园；19—打浦桥；20—东长治路；21—东昌路；22—高郎桥；23—石门二路；24—周家桥；25—唐山路；26—栗阳路；27—小南门；28—朱家湾；29—南码头；30—康定路；31—大绕路；32—定海路；33—建国东路；34—江苏路；35—鞍山路；36—漕溪路；37—日晖新村；38—宜川路；39—太平桥；40—临平路；41—愚园路；42—青云路；43—邮电新村；44—乳山路；45—兴国路；46—鲁班路；47—双阳路；48—共和新路；49—闻喜路；50—延吉东路；51—上钢新村；52—凤城新村；53—崂山路；54—武宁路；55—广中新村；56—曹阳新村；57—常熟路；58—大连路四平路；59—沪东文化馆；60—新华路；61—天山路。

图2-3 上海市区61个商业中心的聚类图

3. 商业中心的等级体系

通过以上分类，我们可探讨各类商业中心的结构、规模、等级及其相互间的关系。经分类后的5组商业中心5个变量的平均值如表2-2：

表2-2　5组商业中心5个变量的平均值

组别	商店数（个）	职能单位数（个）	职能数（种）	高级职能单位占的百分比	低级职能商店占的百分比
第一组	380	430	52	29.5	11.8
第二组	240	262	48	24.6	19.4
第三组	145	145	40	26.0	16.0
第四组	77	84	34	18.1	29.8
4A	99	117	39	21.4	28.4
4B	68	70	32	16.7	30.5
第五组	30	35	24	20.9	30.2
5A	35	38	24	16.5	34.2
5B	22	29	23	28.2	23.6

显而易见，第五组商业中心的规模最小，其职能种类也最少。它的主要职能为粮油、食品、果品、小百货、点心、五金、医药、菜场、煤炭、理发、杂货，以及一些小钟表店、绸布服装店等。从职能构成看，第五组商业中心主要起满足居民日常生活所必需的购物的作用，因此它的服务范围较小，大致为一个居住区，服务人口为5万左右。个别的如曹阳新村商业中心的服务人口可达10万。据此，宜将第五组商业中心定为小区级商业中心。

第五组商业中心由两个小组组成，5A包含的大多为未经规划的老的商业中心，5B包含的基本上为中华人民共和国成立后建的经规划的新村商业中心。新村商业中心的商店数比老的商业中心要少，但商店规模较大，高级职能单位占的比重较高，故服务范围与后者相仿。

第四组商业中心共17个，除临青路外，均被有关部门定为区级商业中心。它的商店较多，职能较全，除包括小区商业中心所可能具备的全部职能外，一般增加眼镜、无线电、自行车、家具、饭店、书店等职能。区商业中心一般能满足人们对比较高级的商品的购物需求。第四组商业中心也由两个小组组成，4A组内的

5个商业中心规模较大,4B组内的12个商业中心规模较小。较大的区商业中心除商店更多、职能更全外,主要特点是拥有一家中型综合性百货商店(职工300人左右),经营的商品品种较多,因而它的服务范围大于较小的区商业中心。如徐家汇的主要吸引范围可达10千米^{2}左右,服务人口30万~40万。另外,较大的区商业中心一般位于交通要道,过往的行人流量很高,如徐家汇平均每天客流量达40多万人次,故其营业额有相当一部分来自过往的行人。

第一、二、三组商业中心被上海市有关部门确定为市级商业中心,即其服务范围为全市性的。市级商业中心的特点是商店众多,职能齐全,以经营中高档商品的商店为主,专业性商店、特色店、名店占较大比重,如南京路这一比重为40%。行业的分工更细,如服装店分为一般服装、时装、西服、童装四类。此外还有一些特殊商店,如古玩、珠宝、工艺品商店等。实际上,南京路的规模大大高于另3个商业中心。从行人流量看,南京路上平均每天的行人流量高达100多万人次,大大高于四川北路的50万~60万人次,这也从一个侧面反映了南京路的地位比另3个商业中心要高。南京路不仅为本市居民服务,每天还要接待大量的外地顾客,据统计,要占到50%左右。因此,将南京路定为市级商业中心,而将淮海中路、四川北路、八仙桥定为次市级商业中心比较妥当。

根据以上分析结果,上海市区的商业中心可划分为3个级别5种类型,即市级商业中心,次市级商业中心;较大的区商业中心,较小的区商业中心;小区商业中心,其数目分别为1个、3个、5个、12个、40个。

按照最短距离原则,即人们总是前往距住家最近的商业中心购买自己所需要的货物,可用一次直达公共交通线将市区61个商业中心进行等级连接(图2-4)。连接的结果显示出一个以南京路为顶点的多元金字塔形:位于市中心的南京路连接着几个比它较低一级的商业中心,每个较低一级的商业中心又连接着若干个更低级的商业中心,由此构成上海市区商业中心的等级体系。

4. 影响上海市区商业中心区位的一些因素

从图2-4看,上海市区商业中心的分布有两个主要特点:

其一,商业中心,特别是高级别的商业中心多分布在市区内部。

其二,老的商业中心主要分布在市区内部,中华人民共和国成立后新建的新村商业中心多分布在市区边缘。

这两个特点的形成首先与市区各部分发展的时间与功能有关。首先,市中心地区开发早,商业历来发达,是传统的商业区或商业、居住混合区。市区边缘的

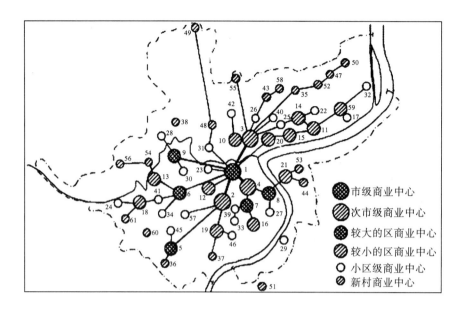

图 2-4 上海市区商业中心的等级结构（用直达公交线路连接，取最短距离）

部分是中华人民共和国成立后发展起来的，主要功能是居住和工业区，商业比较落后。但伴随着在市区边缘新村住宅区的建设，商业由市中心向这些地区扩散，形成了许多新村商业中心。特别是中华人民共和国成立后市区以同心圆形式向外扩展，结果在市区边缘形成一条新村商业中心的环带。其次，受人口密度的影响。市中心几个区的人口密度每平方千米高达 6 万～10 万人，比市区边缘地带的人口密度要高出两倍以上。而且市中心地区的商业中心不仅为本市居民服务，还为郊县和外地来沪的人口服务，因此市中心地区拥有商业中心多、营业额高的特点。

上海市区商业中心的位置形成，除受上述各因素影响之外，还与下列因素有关：

第一，地点的接近性和地价。所谓地点的接近性，可理解为从各地方到达某一地点的便利程度。就一个城市而言，接近性最好的地点往往在市中心，因为城市是从这里向外发展的，从市中心到城市各个部分的交通都比较方便。此外，由市中心放射出去的交通干线和分布在市区各地的交通中心也是接近性比较良好的地点。商店为了争取更多的营业额，多倾向于在这些地点设置，从而形成商业中心。不仅如此，一个地点的接近性越好，所形成的商业中心的级别也越高（表 2-3）。

表 2-3 通过不同级别商业中心的公交线路的平均数

级　别	通过的公交线路平均数
市级商业中心	12
次市级商业中心	8.3
较大的区商业中心	6.8
较小的区商业中心	4.3
小区级商业中心	2.5

目前市区的高级商业中心都是在解放前就形成的，故其特点的形成与地价密切相关。地价高低一般是由地点的接近性所决定的，凡接近性好的地点，其地价也高。20 世纪 30 年代初，上海地价的分布是，现外滩和南京东路带的地价最高，每亩地价平均在 20 万两以上；现南京西路、淮海中路、四川北路次之，每亩地价为 5 万～20 万两，其他地区随着离市中心和上述干道的距离增加，地价渐减，从每亩平均 5 万两降至 5000 两左右。由于高地价只有资本雄厚，或盈利多的商店才有实力支付，故地价对商业中心内商店的规模和性质有重要影响。以上海最重要的 4 条商业街南京东路、南京西路、淮海中路、四川北路为例，南京东路的地价最高，它的商店的平均规模最大，高级职能的商店也最多，四川北路的地价最低，它的商店的平均规模最小。这种现象一直持续到现在，目前这 4 条商业街每百米街道上的商店数分别为 5 个、6.3 个、5.6 个、6.8 个。

第二，消费者的购物行为。在对消费者出门购物的行为分析中，耶茨和加纳认为有三种方式：①单一目的的购物出行，系指为取得一种货物或服务到达一家商店的购物行为；②多目的购物出行，指为购买多种货物而到达几家商店或几个商业中心的购物行为；③联合目的的购物出行，指购物并结合其他目的的出行，如上下班途中的购物、娱乐时的购物，等等。消费者的购物行为对商业中心的形成及其规模、性质有一定影响。例如，上海纺织工厂主要分布在沪西苏州河沿岸和沪东杨树浦地区，纺织厂的工人多为女工，她们大多主持家务，因而在这两个工业区的上下班人流中存在较大的潜在购买力。与此相应，毗邻这两个工业区的大自鸣钟、八埭头、临青路等地方发展为商业中心。又如，居民在买菜时，往往兼买一些粮油、食品、日用杂货等，结果常形成以菜场为中心，结合粮、油、饮食等商店组成的低级商业中心。由于低级商业中心以提供人们日常生活所需的货物为主，所以有数量多、分布比较均匀的特点。

第三，居民收入的分布。不同收入的居民有不同的消费倾向，收入高的居民对中高档商品有较多的需求，收入低的居民则更需要生活必需品。因此，收入水平分布的高低对商业中心级别的形成有较大影响。如原上海西区居民的收入较高，相应形成淮海中路、南京西路、静安寺等高级别的商业中心；而在沪西苏州河沿岸及沪东等工人集聚区，所形成的商业中心的级别就较低。

需要补充的是，中华人民共和国成立后居民收入的差异大大减小，但位于工人集聚区的商业中心的结构变化却较小，促使人们只能前往市中心去购物，这是目前市级商业中心极度拥挤的一个重要原因。

通过以上分析，我们看到，商业中心位置的形成是多种因素综合作用的结果。这就启发我们，在今后商业中心的布局中，一定要考虑各种影响因素，做到既方便居民购物，又提高企业的经济效益。

5. 市区商业中心的建设问题

30 多年来，上海市区的社会商品零售额不断上升，1950 年时为 11.97 亿元，1980 年达到 61.1 亿元，增长了四倍以上。但由于经济建设中"左"的思想干扰，商业建设的规模远远跟不上消费增长的需要，市区主要的商业中心的面貌多年来没有发生很大变化，新建的商业中心数量少、规模小，从而造成市中心的拥挤程度日见增加。为了加强和改善市区商业中心的建设，笔者提出以下两点意见供有关部门参考：

（1）建立国外称之为副都心的次市级商业中心。

人口百万以上的特大城市，尤其是人口密度高的特大城市，如果只有一个传统的市中心，往往不能适应当代经济、社会发展，特别是第三产业迅速发展的需要。在城市边缘地区建立副都心，分散市中心的吸引力，由单一中心的城市向多中心的城市发展，是当前国外一些特大城市的发展趋势。如日本东京建有新宿、池袋、涉谷三个副都心，法国巴黎建有台方斯、克雷泰等副都心。

从上海的情况看，市区人口密度每平方千米高达 4.3 万人，其中市中心几个区的人口密度每平方千米为 6 万人以上，居住的环境质量较差。因此，市中心区人口向外迁移势在必行。为了促进市中心区的人口外迁，有必要结合城市发展在有利地点建立一二个副都心。这种副都心除具备零售职能外，还可拥有金融、外贸、文化、机关等方面的职能。副都心的位置应选择在交通方便，现有商业设施比较落后，有发展前途的地区。通过副都心的建设，带动周围地区的发展。就上海而言，可选择在五角场、新火车站等地。其中五角场的位置更为优越，因为这里交通方便，距市中心较远，其南面有好几个规模较大的新村，根据城市规划，附近还将建设几个大规模的住宅区。另外，五角场位于吴淞与中心城之间，如建设为副都心，可为今后中心城向北翼的发展提供基础，从而有力地减轻市中心的压力。

（2）大力加强区商业中心的建设。

从目前的经济条件看，建设副都心有一定困难，而且副都心的建设时间长，短期内不能取得明显效果。建议把副都心的建设作为上海城市建设的远期目标，近期内大力加强区商业中心的建设，以取得投资少、收效快的效果。

区商业中心的建设可分两方面进行：一是扩大现有区商业中心的规模，二是扩大某些新村商业中心的规模，使之升级为区商业中心。这些商业中心的规模扩大后，将能缩小与市商业中心之间的差距，起到对抗市中心的"反磁力"作用。

扩大区和新村商业中心的规模，应着重专业店、名店、特色店，特别是中型综合性百货商店的建设。目前17个区商业中心中只有6个各有1家中型百货店，其余均只有小型百货店。由于中型百货店经营的商品品种大大超过小百货店，故有中型百货店的商业中心吸引力较大，大多属于较大的区商业中心一类。某些新建的新村商业中心，由于拥有中型百货店，其吸引力也比同类型商业中心大。因此，可把建设中型百货店作为扩大区和新村商业中心规模的一项重要措施。

区商业中心建设的重点地区应放在市区北部和浦东地区，因为目前这两个地区还没有一个较大的区商业中心，商业比较落后。通过扩大那里的区商业中心的规模和使一些新村商业中心升级，将能改变目前区商业中心分布不平衡的状况，从而适应那里居民的购物需要。

第三节　人文主义人文地理学方法论

一、人文主义人文地理学基本内涵

1. 人文主义概述

Humanism 起源于西方，目前关于该词的定义有多种，即便在西方也没有一个公认的定义。该词对应的中文有人道主义、人本主义、任性主义和人文主义等。如果按照唯心论和唯物论的译法，它又被称为唯人论。目前，中国哲学界普遍使用"人文主义"这一译法，而没有使用"人本主义"。这是因为人文主义的出现与文艺复兴时期为反对神本主义而提出的人本主义是有区别的。人文主义地理学的哲学基础是存在主义和现象学。

现象学以人类意识、经历、理解、感知的反应及时空的表现的研究为基础，是以人为中心的知识形式。现象学认为，人类应该集中于理解而不是解释客观世界，客观世界的存在只是一种心理构建。现象学的目标是重建个体的世界和行为，在客观世界中理解行为的现象的意义。科学方法将现象作为客观事物的外部表现，并认为这种事物是可以进行客观研究的，而现象学拒绝实证主义的科学的数量分析方法，认为客观事物必须作为人的主观客体才能被认知。

存在主义以真实世界是由人自己独立的能动作用所产生的自有行动的观念为基础，它通过假定不存在普遍的本质、纯粹的意识或最终的认识而与现象学相区别。现象学主要考虑意义；存在主义更关注价值观，关注个体如何产生和支配他们的世界的意义，以及如何认同客体和其他事物的价值。

2. 人文主义人文地理学

人文主义人文地理学是针对实证主义地理学中的弱点和不足而发展起来的，它的许多宣扬和支持者希望该学派及相关方法能取代空间分析学派及实证主义方法。人文主义人文地理学的主题包括地理知识、领地与地方、群体与个体、生活与经验以及宗教等。这些主题的目标是去理解地理活动和地理现象如何显示人的意识的性质。人文主义人文地理学虽富有哲学意味和独特的研究方法，但却缺乏理论。

它不是一个统一的学派,而是一个"浪推浪"的思想运动,其价值就在于它持续不衰地提出许多其他理论所无法处理的问题,是实证主义地理学派的问题引起新的地理学家的重视的结果。要概括出它的核心内容并不容易,更何况人文主义人文地理学是地理学中永远的"探索者"和"漫游者",其内容在不断的更新和变化。许多地理学家都通过采用概念分析的方式,来表达在实证主义地理学中所忽略或弄错的有关地理概念中的意义和价值等种种问题。概念空间和场所的分析成为人文主义人文地理学的主要内容。

虽然人文主义人文地理学对分析某些问题有其独特的见解,但仍有一些不尽如人意的地方,受到实证主义、结构主义等其他学派的反击和攻击。如实证主义认为,人文主义人文地理学中的主观性具有不科学性,所关心的仅是一些相对琐碎的东西,而不注重用有关的方法来改善现实世界;而结构主义则认为,人文主义人文地理学将重点放在个人的身上,扭曲了现实,没有很好地考虑社会等因素对个人的活动的限制和约束。鉴于人文主义人文地理学的种种局限,恩特里金等人认为,人文主义人文地理学不能完全取代实证主义地理学及其相关方法,而最好将之作为一种批判的思潮约束和补充,作为一种批判思潮,它强调了人文主义人文地理学中意义和价值等主观内容研究的重要性,让有关地理学家深刻地反省他们可能极端的科学解释,加强对社会及文化等的重视。

二、人文主义人文地理学发展历程

1. 人文主义人文地理学的产生背景

人文主义人文地理学在西方兴起有其特殊的历史背景。从社会经济发展的角度看,20世纪60年代西方资本主义世界迅速而激烈的社会变化,如经济增长长期停滞、贫困和不平等现象加剧,越来越多的社会学家和地理学家,表现出强烈的社会责任感,希望找到对资本主义社会问题的解决办法。另外,此时的西方资本主义现代化加深了人的物化,人越来越成为机械的附庸,再加上帝国主义战争的残酷性和破坏性,这些均任意践踏着人类的理性、尊严。在这种形势下,人文主义思潮,譬如存在主义、现象学等十分流行,并且成为一种国际性的、引起社会各阶层强烈反响的哲学思想和生活方式运动。二战后流行于西方世界的这种人文主义哲学思潮和有关地理学思想结合,诞生了人文主义人文地理学。从整个地理学的发展角度看,20世纪50年代伴随计量地理革命,空间分析学派和实证主义占统治地位。60 年代末一些地理学家对空间分析学派和实证主义的研究方式和模型日益不满。以后诞生的人文主义人文地理学,认为空间分析学派和实证主义方法也不完全令人满意,表现在:①空间分析学派降低了人的显著作用,不能对人类问题做出合理的解释,其研究具有很强的机械性。正如伯顿(Burton)所说,"实证主义分析将我们与地理环境决定论拉得越来越近,而忽视了人的主观能动性"。人文主义人文地理学家认为,地理学的研究核心是对"地"的人文主义说明。"一个没有人的地理学,在知识上是不完善的,在理论上也是极为盲目的";②实证主义的空间分析所追求的普遍性、客观性的空间规律过于抽象。实证主义所追求的科学推断,不符合实际或仅涉及事物的个别特征,而忽略了整体的把握。基于以上空间分析学派的种种不足,一些历史地理学家和文化地理学家倡议,地理学中的实证主义应为人文主义替代,以人及其所处的环境为中心,将人作为地理研究的出发点,改变人作为空间奴隶的地位,重视意义、价值、目标和目的等的研究。1976 年,著名地理学家段义孚在美国地理学协会会刊发表的论文中,首次使用了"人文主义人文地理学"这一称法。至此前后,人文主义人文地理学的研究进入了高峰时期。

2. 人文主义人文地理学的历史渊源

人文主义人文地理学的渊源至少可追溯到 1947 年。同年赖特引入"Geosophy"一词,定义为"地理认知科学"。赖特认为,对人的主观意念的研究并不能用严谨的科学准则,对主观意念的研究却能为其他地理工作提供必不可少的背景和准则。"对事物的地理认知普遍存在于整个人类中,并不仅仅是地理学家的专利,这种认知首先从许多观察中获取,其收获,被文化、意识、背景等各种因素的相互作用所限定,几乎任何一种人类从事的活动都被他任意倾向的地理认知所影响。"也就是说,这个世界不是只有一个而是多个的,同一事物在不同人看来也会不同。就地理现象而言,此观点强调了地球表面之异质性及唯一性,而并不强调其共通性。地理学家已经意识到了对"主观"研究的需要,但是赖特的这些思想却一直未得到应有的重视。直到 20 世纪 60 年代,洛温撒尔重新论及"Geosophy",并就"外界世界和人脑画面"做了阐述。他认为个人的经历是非常有限的,许多诸如方向、距离、物质空间等基本要素,都是个人在文化、社会、舆论等各种因素的共同作用下被观察的,这种外部世界及其观察者对它的理解的一致程度如何,都需要人文地理学家对其进行检验。另一位主张采用人文主义方法的英国地理学家柯克的思想则起了更广泛的影响,他认为地理环境不是简单的一个"事物",而是由"形状、内聚力和人类活动附加于其上的意义"等各种因素组成的整体，一旦这个意义形成，就会世代延续下去。另外柯克将"地理环境"划分为相互独立又相互联系的两部分：现象环境和行为环境，前者是地球表面的物质实体，而后者则是那些被人类觉察并再开发的一部分现象环境，所有这些相对较为零星的阐述，可以认为是地理学家从不同角度所做的探讨和研究，虽然其研究方向尚不甚明确，没有哲学基础和方法论的指导，但其逐渐积累起来的成果，或多或少，或直接或间接地为人文主义人文地理学的未来奠定了基础。

3. 人文主义人文地理学的繁荣壮大

当时的人文主义人文地理学萌芽思想与有关的人文主义哲学思潮结合起来，逐渐完善自己。由雷尔夫、段义孚、默塞尔和鲍威尔等，将胡塞尔的现象学哲学引入地理学的研究中，以期用现象学的有关方法来取代实证主义方法。同时，理想主义、存在主义和实证主义等也被人文主义人文地理学家吸收和利用，使人文主义人文地理学的发展有了比较牢固的基础。因此，现象学等哲学和早期人文主义人文地理学萌芽思想的结合，是人文主义人文地理学发展的一个里程碑。

三、人文主义人文地理学研究方法

人文主义人文地理学的研究方法和其哲学基础一样不能定义为一套形式上的程序和技巧。这一点，人文主义人文地理学家在某种程度上保持一致的意见。但如果和实证主义的分析方法相比较，也不难发现人文主义人文地理学研究中有如下的独特视角：

第一，人文主义人文地理学力图进行"创造性的论证"，而实证主义则力图进行"形式论证"。一般人文主义人文地理学看来，实证主义所采用的各种统计技术不仅对人类生活进程解释乏术，而且各种各样的模型有可能将人类生活搞得面目全非，于是对于量化问题上，人文主义人文地理学高度提防。人文主义人文地理学依赖的非形式的程序是对地理学传统认识方法的继承和保留，这种传统的认识通过普通的非形式化的自然语言而获得一种对世界的最初直觉。奥尔森认为，这种创造性的论述，就是人文主义人文地理学家所称的"模糊性和领悟"。因此，人文主义人文地理学的这种方法为什么没有得到令人满意的运用，重要的一点在于与实证主义或结构主义相比，该方法不利于解释事物的本质规律。

第二，人文主义人文地理学家强调了人的主观思想，尤其是将价值降低为人的感觉。实证主义则是仅注重客观性，强调观察者的超然和中立态度。人文主义人文地理学反对两分法：主观—客观的划分与事实—价值的划分，这两个划分将世界看作是可划分的、由事物组成的客观世界和由意识组成的主观世界，而将知识划分为由事实知识组成的客观部分和由情感、价值、意义等组成的主观部分。人文主义人文地理学则是将世界看作是相互联系、不可分割的整体，同样价值与事实之间的界限就变得模糊了。因此一个人的目标、意图和目的，不能和个人的经历及对世界的认知分离开来。人文主义人文地理学重视采用非经验途径，如直觉、移情、内省等获得知识的重视。

第三，"历史思维"的概念得到人文主义人文地理学家的重视。历史这门学科也涉及价值和意义的问题，因为人文主义人文地理学重视价值和意义的研究，1978年哈里斯提出的"历史思维"概念得到了重视和运用。该概念是寻找背景条件，而不是"法则"或"类法则"，具有开放和综合的特点，不用任何形式的研究程序，将事物的认识放入背景中去，高度重视价值和意义，其目标是为了描述"它为什么会发生"，而不是像实证主义那样通过寻找"法则"或"类法则"，预测其他相关事物的结果。

第四，实证主义地理学与人文主义人文地理学研究方法的另一个重要区别在于：人文主义人文地理学强调描述，而实证主义地理学重视解释。但是，人文主义人文地理学和传统地理学在描述方法的不同点是，人文主义人文地理学的描述赋予了存在主义、现象学等现代哲学的思想。其描述致力于纯粹的、直接的感受描述，与实证主义地理学的"描述—解释—预测"模式相比，人文主义人文地理学的描述方法具有一种表达人与人之间、人与地之间更为融洽的流畅感。它并不是再现过去的生活经历过程，描述是述说出来的，而不是生活经历出来的，其中不免渗透着描述者对某一事物的理解。

综上所述，在人文主义人文地理学中的研究方法，可以认为是将现象学、理想主义、存在主义等人文主义哲学的认识视角综合运用到地理学中。其一个共同目标就是对人类的地理感受实事求是地描述出来，包括意义、价值等，而不像实证主义那样进行具体抽象的解释。

四、人文主义人文地理学典型案例

汉长安城遗址乡村社区意义空间构成

赵振斌　褚玉杰　郝　亭　张　铖

1. 引言

随着中国城镇化的加速发展，城市周边乡村聚落的拆迁成为凸显出来的社会现象，由此导致的利益冲突也成为一个重大的社会问题。从乡村社区的角度来考虑，社区居民在拆迁过程中的诉求源自于其付出的成本。拆迁的成本可分为两个方面，一方面是经济成本，即社区居民迁移他处导致的物质层面的损失；另一方面为非经济成本，则主要指由于拆迁导致的居民与居住环境心理联系的隔断及其影响。非经济成本往往难以显化和量化，但会强化居民的补偿心理，并构成冲突形成的重要因素。传统上，学界对城镇化过程中拆迁现象的研究多集中于原因和制度层面，社区居民被简单当成物质利益的追求者，而对于乡村社区复杂环境心理因素的研究相对薄弱，这一定程度上制约了对拆迁社区及其现象的深入理解。在中国政府提出的新型城镇化理念当中，"人"的城镇化成为区别于以往城镇化政策的特征和重点。人的城镇化既需要关注人的物质诉求，更应该关注人的心理活动，将人的幸福感放在首位。因此，对于乡村拆迁社区居民环境心理层面的研究是破解社会问题、实现新型城镇化面临的新课题。

地理学研究人的恋地情结，并形成地方感理论，可以为认识社区居民与环境的复杂心理联系提供途径。按照地方感相关理论，人通过活动和体验对环境空间赋予一定的意义，使其变为地方，反过来又依附于这种意义空间（地方）。对地方的感知影响到人的态度、行为、身份认同乃至生活质量。地方意义是人针对环境的认知和评价，它反映环境对人的价值和重要性，经常被赋予具体或抽象的地方特征之上。地方意义是理解其他地方感概念，如地方依恋、地方认同的基础。

目前，学术界对地方感的研究主要包括地方依恋和地方意义两个方面，所涉及的研究方法和关注点有所不同：前者主要基于心理学量表进行，注重量化分析，揭示特定人群地方依恋的程度；后者采用质性分析手段，寻找地方意义构成和地方感产生的现象学基础。20 世纪 80 年代以来，Williams 等提出地方依恋的概念，并设计了普适性强的度量方法，相关研究不断出现。Bogac 研究了塞浦路斯人对故土的地方依恋及人群差异，发现移民后代的地方依恋特征既有继承性，又有变化性。Mazumdar 等研究了不同类型宗教场所的地方依恋，认为宗教场所、建筑、符号、故事、人物是地方意义形成的要素，教育、朝觐和宗教活动是地方依恋传承的途径。Gross，Kyle 等认为游客由于关注游憩地并经历旅游活动而对游憩地产生依恋，这种依恋状态受到活动涉入程度、活动类型的影响（划船、垂钓等）。Brown 等学者研究了地方依恋对于人的行为及犯罪、心理健康的影响，认为地方依恋是重要的优质社区及邻里建设因素。地方依恋研究揭示了人与地理环境的某种心理联系的程度，注重这种联系的整体评价，但没有能够揭示地方的具体意义构成，因此，不利于对地方依恋现象的深入理解。

地方意义的研究采用质性分析的方法了解地方构成，有利于对地方感细致结构的理解。Hull 通过美国 1989 年 Hugo 飓风灾害后对受灾城市查尔斯顿的调查，揭示了城市社区的地方意义构成，归纳出 6 大类和 40 小类意义类目，涉及功能意义和情感意义等方面。Smaldone 则利用质性分析方法和 Nvivo 软件研究了大提顿国家公园游客的地方意义构成，归纳出了 14 种地方意义；Ryan 等用照片引导方法发现自然环境、家庭朋友、社区事件、个人财产是农村社区主要的地方意义构成。Manzo 对美国纽约市 40 位居民进行深度访谈，采用扎根理论的方法归纳地方意义，区分出居民感知的正面意义如舒适、安全，负面意义如人身与财产损失。居民对地方的情感也分为正面，如爱，负面，如恐惧与憎恨。一种模糊的情感被认为是第三种情感类型。上述研究都是基于人的主体性对地方意义进行的研究，归纳出的地方意义基本上可以归纳为两大类，即功能性意义和情感与心理意义。地方意义的研究可以弥补地方依恋研究的不足，但现有的地方意义研究主要集中于意义类型构成等属性特征的认识上，没有能够揭示意义空间结构特征，这是目前研究的不足之处。

近年来，中国学者开始关注地方感的研究，涉及不同人群地方感的形成、影响及其变化。研究内容包括旅游者地方感的构成与特征，城市外来务工人员的地方感形成，社区居民地方感对开发支持态度的影响，城市化对乡村社会居民地方感的影响，社区空间变化与居民地方感的变迁等。国内学者结合典型案例，进行了地方性理论和方法的深入探索。周尚意教授分析了北京和上海两个艺术区的地方性特征，从人文主义和结构主义两方面寻找地方性营建的机制及其相互联系，对地方性形成从理论上进行了更为全面的认识；朱竑教授关于居民消费空间感知的研究倡导采用质性方法揭示居民日常空间感知，为地方感的研究开辟了新的方向。但总体而言，关于地方意义及其空间结构的研究还没有引起重视，有待探索，地方感的研究还没有涉及乡村拆迁社区居民的环境心理方面，其实践价值有待进一步提升。本研究利用人文主义地理学的地方感理论，采用质性分析与 GIS 分析方法，揭示城市周边拆迁社区的地方意义构成及其空间格局特征，以期丰富地方意义研究的内容，同时为认识社区居民环境心理和乡村社区拆迁冲突机制提供新的视角和方法。

2. 研究区域

汉长安城遗址位于西安城区西北部，总面积 65 千米²，其中城垣内面积约 34.39 千米²（图 2-5）。遗址包括城垣、城门、宫殿、园囿、市场等众多地面或地下遗迹，是中国迄今规模最大、保存最为完整、遗迹最为丰富的都城遗址，于 1961 年被国务院列为第一批重点文物保护单位。2012 年 3 月，国家文物局将汉长安城未央宫遗址为首的 7 处陕西省历史遗迹纳入跨国联合申报"丝绸之路"世界文化遗产项目，并于 2014 年 6 月 25 日通过第 38 届世界遗产大会批准，顺利列入世界文化遗产名录。由于申遗的需要，遗址区域村落于 2012 年 10 月底开始拆迁，第一阶段拆迁范围为未央宫遗址公园周边的 9 个行政村。汉长安城遗址区域历史悠久，自古就有人居住。拆迁工作开始前其城垣区域内分布着 55 个行政村，57600 余人（2013 年统计资料）。中华人民共和国成立以来，由于保护需要而限制开发，遗址区基础设施落后，与外围西安城区快速发展形成鲜明对比。遗址区乡村特征明显，农家乐休闲、房屋租赁、土地出租、经营零售与餐饮业、农业种植成为当地主要经济来源。目前，区内已开辟未央宫遗址公园、汉城湖遗址公园供当地和周边居民休闲观光。当地居民多世代栖息于此，自称为"汉城人"，并将自己当作遗址的守护者。刘姓村民祭祀汉刘先祖，每过数年于未央宫遗址举行刘氏宗亲会，追根溯源。当地人对其长期生活的地方有着特殊的认识，对悠久的历史文化有认同感。本研究的调查范围是申遗工作先期拆迁的周河湾村、天禄村、卢家口村、西马寨村、东南马寨村、大刘寨村、东张村、东叶寨村、西叶寨村共 9 个行政村，分布于遗址城垣区的西南部（图 2-5）。

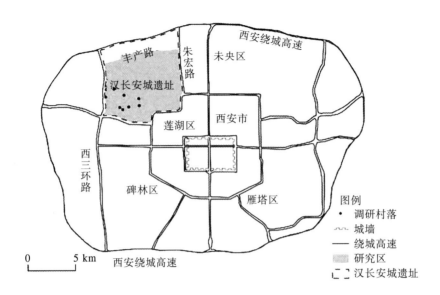

图 2-5　研究区在西安市的位置

3. 研究设计

（1）数据收集。

由于上述 9 个村子于 2012 年 10 月底开始拆迁，所以本研究野外调研于 2012 年 10 月 1 日至 11 月 15 日进行。调研以入户访谈为基本方式，受访人为先期拆迁的 9 个村当地居民和外来常住居民。调查采用复合抽样设计选择访谈对象。首先按照村落规模的大小，分别分配给 9 个村庄 30 个至 40 个抽样指标，然后采用立意抽样获取样本。样本的选取准则为：第一，以长期居住此地的当地居民为主要调查对象，注意人口学特征构成的均衡性；第二，调查样本相对均匀地分布于每个调查村落的不同位置。

调查工具包括半结构访谈与参与式制图两个部分。访谈工作包括调查对象的人口学特征和三个有关地方特征和地方意义的开放式问题：

问题 1：因为申遗工作，马上要搬离这里去其他地方居住，汉长安城遗址区域您最舍不得的东西是什么（地方特征）？在哪里（参与式制图）？

问题 2：为什么舍不得（地方意义）？

问题 3：让您有什么样的感觉（地方意义）？

访谈开始，先用 5 分钟使访谈对象熟悉调查人员，尽量消除戒备，使访谈在一种相对自然的氛围中进行。本文第三作者为当地居民，为这种调查的进行提供了便利条件。为了使访谈过程更加顺利，设计了两个引入性话题：第一，从调查区域的历史和文物遗址引入;第二,从申遗搬迁引入。进入谈话状态后,逐渐将访谈问题渗透进来。每个访谈持续30~40分钟,每天完成5~10个访谈调查。填图工作要求调查对象在回答第一个问题的同时,在一张准备好的当地1:3500地图上用不干胶贴片标注相应的"舍不得的东西"的位置。填图开始前,先让调查对象熟悉地图,并帮助其辨认邓六路、石化大道、遗址公园等代表性地点,并找出自己所属村落的位置,以增强填图的准确性。每个受访者最多可以讨论5个地方特征(即东西),受访者可以指出地方特征对其没有特殊意义。调查过程中笔录访谈内容,并在访谈对象允许的情况下进行录音。

调查期间共有315人接受了访问,251人完成了调查内容,9个村庄的样本从最少24人到最多38人。从样本构成来看,男女性别构成基本均衡,分别占48%和52%;家庭月收入在3000元及其以下的调查对象占78.8%;年龄构成上,30岁以上的调查对象占85.6%,45岁以上的调查对象占56%;73%的调查对象描述自己的职业为务农;受访的当地居民占86%,外来居民仅占14%;受教育程度以初中及其以下为主,占76.4%;居住时间长达20年以上的居民占82.5%。

(2)数据分析。

①质性分析。质性分析方法是基于质性材料,通过归纳和概念化,最终形成理论和知识的一种研究方法。被用于从文字、图片、访谈、影像等多种资料中获得人的行为、体验背后的意义,从而帮助理解社会现象。自然情景的调查,重复阅读和理解材料,归纳与比较形成主题是质性分析方法的基本程序。

本研究中访谈结果分析包括部分访谈内容的编码、意义类目形成和访谈内容整体编码三个主要步骤:第一,录音和记录内容相互补充,形成访谈文本。在访谈文本中区分出表达单独意义的单位,即词、短语或短句(地方特征或舍不得原因)。第二,将具有独立意义的访谈内容进行标记和归类,即开放编码。将开放编码的结果进行对比归纳,形成意义类目。在归纳过程中反复对比分析,并对模糊的地方进行修改。部分乡土词汇被用于类目命名中。大约二分之一的文本用于形成类目,此时达到所谓理论饱和状态。最终形成的类目是研究小组公认的较好地涵盖和表征地方特征和意义的方案。第三,类目确定后,编写一个详细的编码指导文档,包括每一类目的代码、描述和举例(地方意义为二级类目),并对整个访谈文本进行编码。如果相同的词、短语或短句被一个访谈对象陈述多次,则仅编码1次。四个研究人员分成两组,独立对访谈文本进行编码,并对编码结果进行Holsti组间信度检验,信度公式为:

$$信度 = \frac{2 \times M}{N1 + N2}$$

式中：M 是编码过程中两组意见一致的编码数量；N1 和 N2 是两组各自的编码数量。经过两组独立编码计算出本研究的编码信度如下：

$$信度 = \frac{2 \times 2284}{2497 + 2458} = 0.92$$

本研究的信度为 0.92，说明两组编码者对资料编码结果的一致性水平高，达到可接受水平，同时也说明类目构建具有合理性。编码中的偏差最终由两组成员通过协商进行统一。编码结果确定后，基于编码进行统计分析。

②密度制图与 Gi*热点分析。本研究采用核密度估计进行点密度制图，其结果用于感知空间可视化与热点分析。核密度估计依据核密度函数进行，该函数可以在样本点和给定搜索半径的邻域范围内拟合一个平滑的曲面。这种方法比一般的内插方法能够产生更为可靠的密度估计结果。在 ArcGIS 中，密度制图通过栅格数据来运算，本研究中核密度估计的输出栅格为 50 米，搜索半径参照已有研究设定为 500 米。共计 932 个样本点（舍不得的地方）用于密度估计，样本点的权重选取默认值 1。

本研究中，一种空间统计，即 Getis-Ord Gi*（Gi*统计）被用于发现具有统计学意义的高密度感知空间集中区域，即热点。热点是有一定范围的区域，这一区域的密度值高于随机分布的期望值。ArcGIS 的 Getis-Ord Gi*热点分析工具输出结果为 Z 值（Z score），Z 值代表了被 Gi*统计揭示的具有统计意义的聚集或热点。为了确定 Z 值是否统计显著，可将其与某置信水平的 Z 值进行比较。本研究中，栅格的 Z 值大于 2.58 被确定为密度值在 0.01 置信水平上的热点。

4. 结果分析

根据访谈内容进行质性分析，建构出 12 种地方特征（东西）类目，编码 713 个词汇、短语和短句；由访谈内容建构出附载于地方特征上的 7 大类地方意义类目，编码 1781 个词汇、短语和短句；最终共编码出 2494 个码号。地方意义类目形成过程如图 2-6 所示。

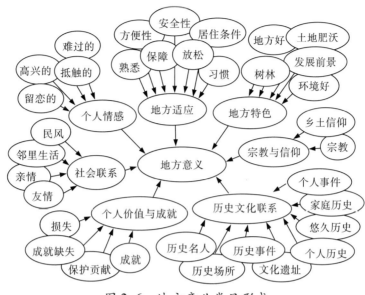

图 2-6 地方意义类目形成

（1）社区地方特征分析。

地方特征是居民感知的对其自身重要的地方环境要素，源自于问题"最舍不得的东西是什么？"，是地方意义的承载体。此处的"东西"一词较为口头化，但能够有效地被调查对象理解，从而表达出对其重要的环境要素。本研究由访谈内容建构出 12 大类地方特征类目：文化遗址、房屋、土地、人、家当、祖坟、村子、树/树林、学校、工作、环境和其他。其频数构成见下表 2-4 所示。

表 2-4 地方特征类目表

序号	类目	举例	频次	百分比（%）
1	文化遗址	未央宫、直城门、古迹、天禄阁、西安门	136	19.1
2	房屋	房、屋、家、院子、住的、老宅	125	17.5
3	土地	土地、地、地皮、粮食、口粮地、宅基地	47	6.6
4	人	邻里乡党、乡亲们、村民、亲戚、社员	118	16.5
5	家当	家当、家具、农具、屋里的东西、店里的衣服	20	2.8
6	祖坟	祖坟、先人、祖先、坟地、坟	13	1.8
7	村子	村子、村庄、地方、乡土、家乡、故土	169	23.7
8	树/树林	柿子树、树、大槐树、杨树林	4	0.6

续表

序号	类目	举例	频次	百分比（%）
9	学校	学校、小学、教育	22	3.1
10	工作	工作、店面、生意、超市、餐馆、生意网络	26	3.6
11	环境	环境、空气、气候	25	3.5
12	其他	医疗、回忆、一切	8	1.2
	编码总数		713	

社区居民感知的地方特征（东西）较为丰富（表 2-4），总体以人文类型为主，也包括树林、空气等自然环境要素类型；既有村民、地皮等具体的类型，又有诸如故土、生意、家乡等相对抽象的类型。虽然构成较复杂，但地方特征的频率分布有相对集中的特点，四种高频地方特征编码频次占到总频次的 76.8%，依次是："村子"（23.7%）、"文化遗址"（19.1%）、"房屋"（17.5%）、"人"（16.5%）。其中频次最高的类目是"村子"，主要包括"村子""村庄""故土""家乡"这些具体和抽象的描述。村子既是生活空间，又具有象征意义，在当地居民心目中具有非常重要的地位。频次居于第二位的是"文化遗址"，高频词汇包括"未央宫""直城门""西安门""天禄阁""汉城湖"等，反映出当地地方构成的独特性。文化遗址既是村落环境的标志物，又见证着社区和居民的成长变化，是居民感知体验的重要成分，用当地人的话来说就是："我们人老几辈都在这里，从小在上面耍大的。"居民对遗址的感知远远超出了一般地方构成要素的范畴。频次居于第三位的是"房屋"，相关的描述也包括具体与抽象两部分，"房""屋""院子"是具体的地方特征，而"家"除过有房屋的含义外，还包含了许多情感与精神因素，表现出以居所为核心的乡村聚落地方构成的特点。频次居于第四位的"人"这一地方特征类目中，"邻里乡党""乡亲们""村民""亲戚""社员"这样的当地词汇频数高，透露出当地居民间相对传统的地缘社会关系。另外，"土地""祖坟"等类目频次相对较低，但依然是两个重要类型，反映了当地处于城市边缘，土地功能的变化和对传统习俗的固守的城中村地方构成特点。

（2）社区地方意义分析。

地方意义来自"为什么舍不得？""让您有什么样的感觉？"两个问题，由编码的 1781 个有关地方意义的词汇、短语和短句建构形成，最终得到地方意义共 7 大类目（包括 34 个二级类目），分别为个人情感、地方适应、地方特色、社会联系、历史文化联系、个人价值与成就、宗教与信仰（表 2-5）。

表 2-5　地方意义类目构成

类目		举例	频次	百分比（%）
个人情感				
1.1	高兴的	高兴、自豪、骄傲、兴奋的	21	1.2
1.2	留恋的	舍不得、留恋、落叶归根、故土难离、难舍难分	170	9.6
1.3	难过的	难过的、痛苦的、空落落的、流眼泪、麻烦、找新店面愁	138	7.7
1.4	抵触的	不愿意走、坚决不走、不欢迎、可惜、遗憾、影响大	79	4.4
	小计		408	22.9
地方适应				
2.1	方便性	离城很近、就在跟前、串门方便、进货方便、孩子上学	200	11.3
2.2	安全性	没有灾害、安全得很、相互照应、不出啥事	24	1.3
2.3	习惯	在这习惯、到其他地方不习惯、搬走附近没人了	118	6.6
2.4	保障	农民靠地生活、生活来源、谋生、生意还行、摊位固定	153	8.6
2.5	熟悉	住的时间长、时间久了、熟地方、经常去	75	4.2
2.6	放松	放松、夏凉、心情不好时去转转就很好、谝闲传、遛鸟、唱曲	44	2.5
2.7	居住条件	居住条件好、宽敞、院子大、又宽敞又大	56	3.1
	小计		670	37.6
地方特色				
3.1	环境好	空气好、安静、风景好、避暑好地方	59	3.3
3.2	地方好	地方好、风水宝地、龙脉、帝王之都、天子脚下	42	2.3
3.3	土地肥沃	这儿地好、以前这地方高产粮食、良田	17	1.0
3.4	树林	现在树林多、80年代植树造林、长寿树、桃树、果木	7	0.4
3.5	发展前景	开发后会很好、未来发展前景、未来繁华、建公园、保护区	8	0.5
	小计		133	7.5
社会联系				
4.1	邻里生活	聊天、一起出行、一个村就是一个家、互相关照、打招呼	61	3.4
4.2	亲情	感情很深、亲情、都在这里、一家人住一块儿、搬走见不着了	16	0.9

续表

类目		举例	频次	百分比(%)
4.3	友情	朋友、友情、朋友在这儿、在一起、朋友帮忙	14	0.8
4.4	民风	这儿人好、朴实、亲切、实在、心好、人朴实厚道	25	1.4
	小计		116	6.5
历史文化联系				
5.1	历史名人	老祖先周西渠、怀远将军、刘邦、张骞、大学者刘向	4	0.2
5.2	历史场所	皇上住的地方、刘邦坐都的地方	8	0.4
5.3	文化遗址	未央宫土疙瘩、历史文化价值、文化遗产、武库、汉长安城	54	3.0
5.4	悠久历史	有历史的村子、明朝就在这儿了、七百多年了、历史久远	31	1.7
5.5	历史事件	韩信在这儿（未央宫）砍的头、张骞出使西域、国家考古发掘	9	0.5
5.6	家庭历史	几辈子都在这儿、祖祖辈辈、好几代人、四辈人	50	2.8
5.7	个人历史	住了五六十年了、二十多年了、自小到老、小的时候	32	1.8
5.8	个人事件	放风筝、挖荠菜、钩槐花、在这里出生恋爱和结婚	49	2.8
	小计		237	13.2
个人价值与成就				
6.1	成就	一砖一瓦盖的、自己的房子、家里的东西劳动的结晶、血汗	52	2.9
6.2	保护贡献	保护古迹这些年了、穷这么多年、守着、保护这里、不让开发	60	3.4
6.3	损失	搬不走、仍舍不得、借钱盖的、卖吧不值钱又带不走、贱卖	66	3.7
6.4	成就缺失	很穷、没自来水、欠的账还没还完、最穷的地方、穷了这些年	13	0.7
	小计		191	10.7
宗教与信仰				
7.1	宗教	信仰基督教、有个集合点做礼拜	2	0.1
7.2	乡土信仰	祖先在这儿埋着呢、土葬、不能挖祖坟、离开先人心不安	24	1.4
	小计		26	1.5
	编码总数		1781	

7大地方意义类目中，"地方适应"频率最高，占37.6%，其次为"个人情感"，占22.9%，"历史文化联系"，占13.2%，"个人价值与成就"占10.7%，"地方特色"

占 7.5%，"社会联系"，占 6.5%，最后是"宗教与信仰"，占 1.5%。频率超过 10% 的 4 个类目总频率达 84.4%，基本上构成了当地地方意义体系的主体。

归纳出的频率最高的意义类目是"地方适应"。在访谈当中，居民提到最多的内容是他们与当地环境间的一种需求与支持关系，如访谈中"进城方便""住的时间长了习惯了""住宅宽敞""有地有一切""去未央宫逛一逛""小孩上学近""人多生意好"等内容。地方适应表现为居民的需求与环境支持间的一致性以及居民对环境的可控性的感知，在这种情况下，居民所感知的环境压力小，满意度高。"方便性""保障"是该类目下频率最高的两个二级类目，其中"方便"频率为所有二级类目最高，反映出了一种对于村落就近生活、生产条件的肯定与依赖，与周围城市大尺度空间距离导致的"不方便"形成对比。"保障"反映了居民对以种植业和商业为主的生计来源的重视和认可。另外，"习惯""熟悉"共同反映了居民对环境的适应和生活的从容状态。地方适应源自居民与环境长期的互动与融合，虽然当地经济条件落后，但地方适应仍然是意义当中比例最高的类目，说明适应与经济水平没有直接联系。

"个人情感"是归纳出的频率位列第二位的类目。这类描述是提到即将搬离居住地时访谈对象表达的心理感受。情感维度始终是环境认知的重要维度，同时也构成地方意义的重要部分。由于访谈调查时，居民正处于搬离故土的情景中，因此，情感的表达更为强烈并成为高频类目。本研究归纳出的 4 个二级类目可划分出积极（高兴）、中性（留恋）和消极（难过的、抵触的）3 种类型，可以看出，居民的情感表达以中性和消极为主。许多访谈对象提到了"落叶归根""故土难离""舍不得"等依恋性词汇，反映出居民与地方的深厚的情感联系。"痛苦""难过""不欢迎""坚决不走"等消极情感反映出居民的抵触心理。这些特点与村落拆迁带来的居民情感变化密切关联。

频率位列第三位的是"历史文化联系"。这类意义可分为两个部分，一部分反映当地的历史文化特征，另一部分是关于个人与家庭历史的描述。访谈中居民较多地提到了与长安城遗址、悠久历史、历史事件相关的内容，如"未央宫""文物""文化价值""刘邦坐都的地方""张骞出使西域"。文物遗址为当地打上了深深的烙印，成为当地居民对居住地的集体文化记忆。居民围绕文物遗址还构建了一些共享的概念，如"汉长安城城墙"称为"杨城"，"西安门"称为"皇门"，当地乡村环境概括为"二十四寨八疙瘩（遗址）"，当地人自称为"汉城人"等，使历史文化成为当地特有的符号。个人与家庭历史的描述是该类目下比例更大的意义类型。访谈对象多提到家族几辈人的长期固守和自己从小到大的成长经历。对个人事件的描述包括一些儿时或青年时期的生活细节的回忆，也包括人生关键节点的回顾。如"未央宫放风筝""城墙钩槐花""麦地里挖荠菜"以及"出生""结婚""生子""破四旧""植树造林"等。一个显著的特征是，居民的个人成长记忆多与文物遗址密切关联起来，使得遗址成为重要的人生经历的参照物。这些回忆表现出地方意义的个人化、具体化特点，并且对访谈对象亲切而又生动。

"个人价值与成就"是本案例中频率位列第四的意义类目。访谈中，居民提到过去辛苦劳作所得家当、财产，祖祖辈辈对文化遗产保护的功劳，以及由于政策限制所造成的贫穷，如"几辈子人守着土疙瘩""老先人留下的东西，我们守着这里""保护古迹这么些年了""不让开发""这里穷得很""辛辛苦苦盖的房子""欠的账还没有还完"等。这类意义中，"成就"和"保护贡献"属于积极层面的意义，是居民对自己长期努力所做出的家庭和社会贡献的肯定和积极评价；"损失"有消极的色彩，是居民对物质损失的考虑，与"成就"一起，反映了居民对于个人劳动成果的重视。"成就缺失"则属于消极类型，虽然频率低，但反映了居民对当地环境与发展状况的不满。

"地方特色""社会联系"与"宗教与信仰"是频率小于10%的3个意义类目。虽然居民谈论相对较少，但也揭示出重要的意义信息。"地方特色"实际上是居民通过比较获得的关于居住地方的独特之处。受访者较多地提到"环境好"和"地方好"意义，分别从自然环境和文化环境角度对当地进行了评价，并表现出一定的自豪心理。少数居民对未来的发展前景表示出了期许。与周围高楼林立的西安市差异显著的当地乡村环境，以及文化遗址是居民形成这种特色感知的主要因素。"社会联系"类目是居民重视当地社区关系和社会支持网络的反映。对日常邻里生活的描述，对民风、亲情、友情的褒扬显示出一个相对传统的村落社区的社会关系特点。访谈中"社会联系"的频率并不高，这一定程度上与集中搬迁安置、旧有社会网络基本保留有关。"宗教与信仰"所占比率很小，除了少数居民信仰基督教等宗教之外，访谈中多次提到"祖先""祖坟在这里""老一辈埋在这里""先人怎么办""祖先保佑着我们这些人"等这些乡土语句，表达了人们的担忧以及对祖先缅怀、敬仰的心情，这可看作是当地村落先祖崇拜这一传统仍然延续的表现。

（3）社区地方特征与地方意义交叉分析。

分析地方特征和意义类目间的交叉对应关系能够帮助了解地方特征承载的意义类型及其组合状况，从而更好地理解地方构成。调查当中，问题"最舍不得的东西是什么？"与问题"为什么舍不得？"被逐条和连续询问，相互关联，因此，归纳出的地方特征类目和意义类目可一一对应起来，为交叉分析提供了可能。本研究将上述两个问题的访谈分析结果用于交叉分析，包含了地方特征编码713个、地方意义编码1497个（表2-6）。

表2-6 地方特征与地方意义交叉分析

地方特征	地方意义编码频次（编码比例%）							
	个人情感	地方适应	地方特色	社会联系	历史文化联系	个人价值与成就	宗教与信仰	合计
遗址	24 (1.6)	71 (4.7)	31 (2.2)	1 (0.1)	68 (4.5)	29 (1.9)	2 (0.1)	226 (15.1)
房屋	32 (2.1)	168 (11.2)	3 (0.2)	15 (1.0)	14 (0.9)	59 (3.9)	0 (0)	291 (19.4)
土地	6 (0.4)	62 (4.1)	14 (0.9)	1 (0.1)	7 (0.5)	5 (0.3)	2 (0.1)	97 (6.5)
人	13 (0.9)	34 (2.3)	1 (0.1)	45 (3.0)	5 (0.3)	3 (0.2)	0 (0)	101 (6.7)
家当	6 (0.4)	10 (0.7)	0 (0)	2 (0.1)	0 (0)	22 (1.5)	0 (0)	40 (2.7)
祖坟	1 (0.1)	2 (0.1)	0 (0)	0 (0)	1 (0.1)	1 (0.1)	15 (1.0)	20 (1.3)
村子	87 (5.8)	206 (13.8)	50 (3.3)	19 (1.3)	130 (8.7)	38 (2.5)	7 (0.5)	537 (35.9)
树/树林	0 (0)	0 (0)	4 (0.3)	0 (0)	1 (0.1)	0 (0)	0 (0)	5 (0.3)
学校	0 (0)	35 (2.3)	0 (0)	0 (0)	0 (0)	0 (0)	0 (0)	35 (2.3)
工作	6 (0.4)	36 (2.4)	2 (0.1)	1 (0.1)	0 (0)	29 (1.9)	0 (0)	74 (4.9)
环境	1 (0.1)	22 (1.5)	26 (1.7)	1 (0.1)	4 (0.3)	1 (0.1)	0 (0)	55 (3.7)
其他	0 (0)	4 (0.3)	0 (0)	5 (0.3)	4 (0.3)	3 (0.2)	0 (0)	16 (1.2)
合计	176 (11.8)	650 (43.4)	131 (8.8)	90 (6.0)	234 (15.6)	190 (12.7)	26 (1.7)	1497 (100)

从地方特征承载意义的角度来看，12种地方特征重要性有所区别。其一，村子是承载意义最多的地方特征，比例占到意义总数的35.9%；其二，是房屋、遗址、人和土地。以上5种地方特征承载了83.6%的意义频数，形成了地方特征的主体结构。从地方特征承载意义的类型构成上看，既有集合性特点，又表现出了明显的选择性，一些特征，如村子、遗址、土地都承载了全部的意义类型。而其他的地方特征则没有涵盖全部意义类型，如房屋、人和环境都缺失宗教与信仰意义类型，家当缺失地方特色、历史文化联系和宗教与信仰3种意义类型。一些特征仅仅承载了个别意义类型，如学校仅具有地方适应意义，树/树林仅有地方特色

和历史文化联系意义。从承载的高频意义类型来看，5种主要地方特征具有主导意义结构。村子主要承载了地方适应、历史文化联系和个人感情；房屋主要承载了地方适应、个人价值与成就和个人情感；遗址主要承载了地方适应、历史文化联系和地方特色；人主要包含了社会联系和地方适应；土地则主要包含了地方适应意义。

从意义与地方特征的关联来看，7种意义类目分别在某些地方特征上有缺失，并在地方特征上总体呈不均衡分布。地方适应意义除过在树/树林特征上缺失外，分布于其他11个特征上，但主要集中于村子、房屋、遗址和土地4类特征；个人价值与成就在5个特征上相对高频分布，分别是房屋、村子、遗址、工作和家当；个人情感意义主要分布于村子、房屋和遗址3种特征上，与人有一定的关联；地方特色集中分布于村子、遗址和环境3个类型上；其他3种意义更为集中地承载于一个或两个特征之上，社会联系主要与人相联系，历史文化联系主要承载在村子和遗址之上，而祖坟成为宗教与信仰集中分布的特征类型。

（4）社区意义空间结构特征。

由于地方本身具有空间结构，因此，地方意义的空间特征的分析是地方研究的重要组成。本调查中要求社区居民标注舍不得的东西的位置（地方特征的位置），共得到932个位置点，这些位置点构成了一种感知空间结构。由于地方意义附载于地方特征之上，因此，这种空间结构也反映了意义空间的结构特征。利用核密度函数对932个位置点的密度分布进行拟合，得到点密度图。将点密度值作为输入数据，利用Gi*热点分析揭示居民感知热点和意义空间的构成特征。

从密度图（图2-7a）可知，研究区域感知位置点密度以未央宫前殿遗址为核心向外大致呈现层状结构。未央宫前殿遗址形成感知的高密度区域；在其外围，环绕9个调查村落位置以及南部的魏家寨、北二环路北部的汉城湖公园形成较高密度区域；在北部的徐家村、窦家寨村和玉丰村，中部的长乐宫遗址博物馆，南部的西安门遗址和汉城墙遗址也形成感知的集中区域，但密度较低。

通过Gi*热点分析生成感知热点分布图（图2-7b），图上Z-Score大于2.58的区域表示在0.01置信水平上具有统计意义的热点区域。对比密度图可知，热点区域包括两种类型：一种是高密度值聚集区域，如未央宫前殿遗址区域；另一种是密度值处于较高水平（不是高值区），但聚集程度高的区域，如周河湾村等9个调查村落区域。从分布位置看，热点区域形成以未央宫前殿遗址公园为核心，9个调查村落环绕的感知空间主体结构，该结构范围内，包括了上面提到的主要地方特征类型。在这一主体结构外围,还有两个热点形成,一个是汉城湖遗址公园,由于其树荫环绕、环境优美,加之有城墙遗址分布而受到关注;另一个是南部魏家寨商贸服务区域,这里的批发市场为当地居民生活提供方便,并提供了重要的就业机会而被重视。其他外围区域的感知密度较低,在给定置信水平上未形成热点。

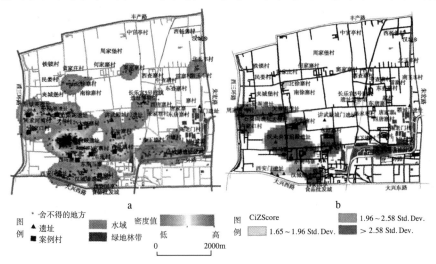

图 2-7 意义空间结构特征(a. 感知密度;b. 感知热点)

5. 讨论

英国社会学家 Zygmunt Bauman 在其著作《流动的现代性》当中描绘了一幅现代社会的多变图景:当下的社会正在全球化和信息技术的推动下变得快速流动,传统的稳定、固态的社会构成面临消解。在流动性的幕布前,中国正在上演快速城镇化的时代剧集,以传统乡村为代表的乡土世界濒临失守。在这宏观和具体的背景下,重提乡土性和地方性,一方面可以从传统中找到用于应对流动性的手段和资源,另一方面帮助我们理解乡土和地方的含义,增强变化中的多群体相互理解和沟通,消除诸多潜在矛盾。

地方意义是了解乡土性和地方性的重要途径。本研究利用质性研究方法,对汉长安城遗址社区地方意义及其空间格局进行了分析。从研究的结果来看,研究区域的地方特征与地方意义构成都颇为丰富,并存在一定主体结构。村子、文化遗址、房屋和人构成了地方特征的主体,而地方适应、个人情感、历史文化联系和个人价值与成就成为主要的意义类型。意义类型基本可分为功能意义和情感与心理意义两种,这与前述文献研究结果一致。然而,本研究揭示的研究区地方意义也有其特殊构成:地方适应意义比例高,反映出社区居民与居住环境联系的紧密性、稳固性和基础性，这是乡村聚落居民与地方联系的特征；个人情感意义表现突出，与长期居住形成的情感联系有关，也是搬迁社区居民感知锐化的心理反应；历史文化联系受到居民重视，与研究区独特的古都遗址分布相关联。地方特征作为意义的承载体，对意义的承载既有集合性特点，也表现出了明显的选择性。众多地方特征承载的意义共同构成意义体系，定义当地的地方性，使其区别于其他地方。另外，地方感知存在空间结构，表现为以遗址为核心，以村落为外围的感知热点格局。这一区域是当地居民的熟知区域和日常体验区域，承载居民主要的地方意义，既反映了居民的功能性和情感需要，也体现了居民的价值追求，被一些学者称作重要结构。感知空间的制图可视化为我们更为直观地理解乡村地方性构成提供了帮助。

地方意义是空间和社会共同建构的结果。从本研究的结果看，不同的地方要素都在意义的产生中起到了作用。第一，地方的物质构成要素的作用，如遗址、乡村环境等。文物遗址在当地人的地方意义产生中起到了重要作用。虽然西安地区遗址分布较多，但本研究区域中村落社区与古代都城遗址重叠分布，还是显示了当地的特殊性，给当地居民的地方感打上了深深的烙印。第二，意义产生于居民的个人经历，调查对象关于个人经历的描述生动具体，都与地方紧密联系，如"未央宫放风筝""城墙钩槐花"。第三，意义产生于社会互动。当地形成的集体记忆和概念，如"二十四寨八疙瘩（遗址）""杨城"等，充分说明意义具有互动和共享特征。居民感知的地方意义反映出了人文主义和结构主义双重机制的影响。居民的地方意义是自下而上的基于个人和群体经历的建构，但同时又受到外部结构性力量的塑造。对于研究区域来说，长期的遗址保护区功能定位，导致了农业生产成为主要的产业形式，这些因素已经内化到居民的日常生活当中，成为地方意义形成的动力。另外，如前所述，地方适应和个人价值多反映的是功能（工具）意义，而居民对于历史遗留的文化遗址的珍视，对于个人美好经历的记忆，对于生于斯长于斯的故土的赞誉应该纳入价值理性的范畴。这种对于价值的追求是地方意义的深层次结构，是影响居民个人价值观的基础力量，是地方性形成的至真、至美的人性因素。

地方意义是人对于环境的认知和评价，它反映环境对人的价值和重要性。Twigger-Ross 和 Uzzell 将 Breakwell 的认同概念用于地方感分析，认为地方意义与个人认同密切相关，可区分出4个维度，即区别、延续性、自我肯定和个人效能。本研究揭示的地方意义基本上可以对应于这些维度：地方特色、社会联系使得当地居民与外部居民有显著区别，尤其是文物遗址使得当地居民获得了历史、文化、保护者等个人身份标记；历史文化联系、宗教与信仰反映连续性，个人和地方的历史记忆使得居民在时间的参照系中能够确定自身身份和状态；地方特色中的正面评价、个人价值与成就帮助居民形成关于自身的正面评价；地方适应反映地方与个人效能的关系，"方便""安全""习惯""熟悉"都反映了居民对环境的适应和正向个人效能感。由此可见，地方意义的重要性在于其参与到居民的个人认同过程当中。由于本研究中，地方适应意义所占比重显著高于其他意义类目，如果将该类目单独列出，则从意义重要性角度可以区分出 3 个主要的维度：情感联系、地方适应和个人认同。这样可以帮助我们理解乡村搬迁居民可能面临的困境，即情感割裂、再适应困难和认同危机，这些方面都会直接影响到搬迁居民的幸福感和主观态度。

现代社会的流动性使得时空的隔离被打破，并出现所谓时空压缩现象，这些特点使得学者们思考地方性理论的发展问题，并试图寻找将流动性与地方性结合的途径，如 Massey 等提出了全球地方感概念，认为地方不是孤立的，而是与外部世界紧密联系。地方独特性不只与自身有关，也受地方与外部联系的特殊性所影响。Gustafson 强调了地方意义中的变化维度，与连续性形成相对，地方意义的构建不是结果，而是一个持续的过程。一些学者还提出了全球地方化概念，强调新形势下全球化与地方化相融合，共同发展的重要性。虽然学界认识到了流动性带来的挑战，但实际上，在现代社会快速流动性面前，我们的社会，尤其是乡土社会尚未找到应对这种流动性的有效手段。如果地方意义有利于形成个人认同，那么在当下还未找到替代地方感的其他资源的状况下，保留一份乡土性和地方性，记住乡愁，应该是帮助现代人应对挑战、维持幸福感的重要手段。

本研究采用质性方法，较量表更加适合乡村社区居民的调查。所揭示的地方意义中包括一些负面意义，如"成就缺失""损失""难过的"情感，更为全面地反映了地方意义构成的状况。本研究揭示的"地方适应"意义类目，强调居民对环境的可控性感知（"方便""熟悉""习惯"），是居民与环境长期相互调适的结果，较量表的"地方依赖"维度更能真实地描述居民与环境的联系。由于地方感知（体验）经常处于一种不自觉的状态，因此，研究这种感知的途径之一是关注地方的突变。本研究参照了 Hull 等关于灾后居民地方意义的调查思路，选择了居民搬迁前夕做调查，这种居民面临失去地方的境况，实际上为调查提供了机会，因为"失去的才觉得珍贵"，居民的感知锐化为意义的表达和深层次探究创造了条件。研究人员中当地居民的加入（第三作者），使得研究者能够利用乡土语言与访谈对象沟通，理解与反思访谈内容，深入体会当地居民的认识和感受。

6. 结论与展望

主要结论为：① 地方特征附载地方意义，且对地方意义的附载有集合性和选择性特点。本研究中"村子""房屋""遗址"是主要的意义附载体；② 地方特征和地方意义都存在主体结构，本研究中，"村子"和"地方适应"分别成为地方特征和地方意义的主要构成类型；③ 地方感知具有其空间特征，并形成地方特征—地方意义—空间分布一体的意义空间，共同定义地方；④ 情感联系、地方适应和个人认同可用于解释意义空间对于居民的重要性，可以帮助我们理解搬迁社区的故土情结。

意义空间的研究使以前未能表达的意义和声音表达出来，由于其揭示出了地方的细微结构，有利于了解传统社区，为决策提供更丰富的信息。从本研究的内容看，对于汉长安城遗址社区居民，文物遗址是居民个人认同的重要因素，因此，在更好地保护文物遗址这一点上，居民与政府的态度是一致的，这可以成为政府与居民沟通，开展社区参与地保护工作的切入点。另外，按照一般的理论，社会联系是乡村社区的重要构成内容，但是本研究中，这一意义比重不大，根据访谈内容，搬迁后集中安置使居民认为旧有社会关系仍然可以维持，因此，对这一意义的表述减少。这说明，合理的安置规划工作可以减少对已有地方意义的影响。长期以来，在强大的来自外部的文化遗产价值表征面前，社区的心理诉求显得微不足道。然而，反过来看，社区居民长期生活于遗址区域，他们为遗址保护所做出的贡献应该得到尊重。汉长安城遗址乡村社区的生活形态随着历史的进程一路发展而来，应该作为遗址区的一种人文景观组成受到重视。在遗址区保留当地乡村的某些地方特征（如居住建筑、农田），既可以体现先进的社区参与文化遗产保护的理念，又可以为搬迁居民保留一份精神寄托，维系一缕乡土情结，是当下保护和开发实践中应该努力尝试的内容。

由于地方意义可以影响态度，因此，后期的研究可以基于意义研究居民的态度倾向，不同人群间的意义差异和态度差别。另外，基于 GIS 技术的分析可以使得意义和态度的空间格局表现出来，更好地辅助社区发展规划。

第四节 结构主义人文地理学方法论

一、结构主义人文地理学基本内涵

1. 结构主义概述

结构主义是发端于19世纪的一种方法论。结构主义不是一种单纯的传统意义上的哲学学说，而是一些人文学科和社会科学家在各自的专业领域里共同应用的一种研究方法，其目的就是试图使人文科学和社会科学也能像自然科学一样达到精确化、科学化的水平。结构概念与系统、功能、元素等紧密联系在一起，是某一系统中各要素的相互关系和相互联系的方式，结构是由各个部分相互依存而构成的一个整体，而部分只能在整体上才有意义。因此，结构主义是根据诸因素之间的关系，而不是根据事物和社会事实来解释现实。它的基本原理是，可观察的事物，只有当把它用一个潜在结构或秩序联系在一起时，才是具有意义的。所以，对现象的解释不可能单凭对现象的经验主义就能完成，这与注重经验、观察的实证主义有很大区别。同时，结构主义认为，人只是复杂关系网络中的一个元素，它本身没有独特性，只是由结构决定的，因而是被动的，这与从唯主体性出发的人文主义有着原则上的分歧。结构主义的方法有两个基本特征：

结构主义方法的第一个基本特征是对整体性的强调。结构主义认为，整体对于部分来说是具有逻辑上优先的重要性。因为任何事物都是一个复杂的统一整体，其中任何一个组成部分的性质都不可能孤立地被理解，而只能把它放在一个整体的关系网络中，即把它与其他部分联系起来才能被理解。正如霍克斯所说："在任何情境里、一种因素的本质就其本身而言是没有意义的，它的意义事实上由它和既定情境中的其他因素之间的关系所决定。"再如索绪尔认为，"语言既是一个系统，它的各项要素都有连带关系，而且其中每项要素的价值都只能是因为有其他各项要素同时存在的结果"。因此，对语言学的研究就应当从整体性、系统性的观点出发，而不应当离开特定的符号系统去研究孤立的词。列维·斯特劳斯也认为，社会生活是由经济、技术、政治、法律、伦理、宗教等各方面因素构成的一个有意义的复杂整体,其中某一方面除非与其他联系起来考虑,否则便不能得到理解。所以,结构主义坚持只有通过存在于部分之间的关系才能适当地解释整体和部分。结构主义方法的本质和首要原则在于,它力图研究联结和结合诸要素的关系的复杂网络,而不是研究一个整体的诸要素。

结构主义方法的另一个基本特征是对共时性的强调。强调共时性的研究方法,是索绪尔对语言学研究的一个有意义的贡献。索绪尔指出,"共时'现象'和历时'现象'毫无共同之处:一个是同时要素间的关系,一个是一个要素在时间上代替另一个要素,是一种事件"。索绪尔认为,既然语言是一个符号系统,系统内部各要素之间的关系是相互联系、同时并存的,因此作为符号系统的语言是共时性的。至于一种语言的历史,也可以看作是在一个相互作用的系统内部诸成分的序列。于是索绪尔提出一种与共时性的语言系统相适应的共时性研究方法,即对系统内同时存在的各成分之间的关系,特别是它们同整个系统的关系进行研究的方法。在索绪尔的语言学中,共时性和整体观与系统性是相一致的,因此共时性的研究方法是整体观和系统观的必然延伸。

2. 结构主义人文地理学

结构主义对人文地理学的影响始于皮亚杰,他注重结构转换过程的知识,获取研究。一个结构具有3种特性:①整体性,整体性同时来自组成结构的要素之间的相互依存关系和全部要素的结构性组合;②转换机制,结构不是静止的,而是一个由若干转换机制形成的系统;③自我调节功能,系统的自我调整主要有3种形式,即节律、调节和运行。这是结构的本质特性,它涉及结构的内在动力,具有守恒性和某种封闭性。一个结构具有的各种转换都不会超越结构的边界而导致结构的解体,而只会产生总是属于这个结构并保存这个结构规律的要素,同时结构能够通过同化和顺应来适应外界环境变化。

结构主义对人文地理学有两点最重要的影响:①从结构的整体性去认识事物,这从地理学家强调研究区域的整体性和人地关系系统中可以看出;②试图超越地理因素寻求深层结构来解释地理现象。千差万别的人文地理现象是表层结构,要真正解释则需要把握人地系统中的深层结构。当前,结构主义人文地理学研究的是人类社会组织的空间形式和本质结构。主要内容集中在对社会问题的关注上,如福利、财富的分配、犯罪、居住分离等,并把财富不均等归因于社会制度等非地理因素,出现了"马克思主义地理学"。

二、结构主义人文地理学发展历程

1. 结构主义各思潮与人文地理学的初步融合

与实证主义、人文主义一样,结构主义思想和方法论是通过其他社会科学引入到地理学中的,并且在20世纪70年代结构主义开始发挥重要作用之前,已经存在了许多结构主义对人文地理学的影响。在70年代,随着"计量革命"的衰落,地理学中的实证主义方法论受到广泛的批判,与此同时,西方社会的经济等状况使人文地理学进入连续不断的多元化发展时期。在这种历史机遇中,结构主义地理学逐渐发展起来。此时,单纯的结构主义对地理学影响非常有限。格里高力对列维-斯特劳斯的著作做了概要的介绍,并将之与人文地理学联系了起来,但却未继续深入下去。而更出乎意料的是,社会人类学中的结构主义对人文地理学未产生过任何影响。对地理学有重要影响的是皮亚杰在作为结构转换过程的知识获取的研究。在这一阶段,几乎所有的研究都很少注意到结构主义的观点,仅仅集中于人们所知道的东西及其他们获得的途径,并且在这些研究中间,具有很强烈的实证主义色彩。

结构主义对人文地理学影响最大的当属结构马克思主义,形成了人文地理学中的激进学派和马克思主义地理学派。代表人物有哈维、邦奇、卡斯特尔等。他们认为地理学应首先对资本主义制度进行抨击,哈维指出形成社会问题的原因非常深刻,只有马克思主义理论才能对其做出合理的解释并提出改革方案。马克思主义地理学及其激进学派对地理学的发展贡献很大,但在西方地理学界得到的评价多是批判、攻击和责难。

这一时期是结构主义各思潮观点和体系与人文地理学的融合阶段,但每个思潮和体系所产生的影响又具有很大的独立性。至20世纪80年代中期,因为其本身所具有的局限性和不足,结构主义地理学派受到一定程度上的冷落,甚至进入低谷,需要寻找新的发展途径。

2. 结构主义人文地理学的发展成熟

结构主义地理学重新成为研究的热点,不过与第一阶段的结构主义学派有着很大的不同:人文地理学不再直接接受来自结构主义哲学思潮的影响,而是这些思潮的共有体,将它们联系在一起的结构主义方法论在人文地理学中扮演很重要的角色。如艾米、格雷厄姆等有国际影响的地理学家,该段时期均是在研究中广泛运用结构主义方法论来分析问题，虽然他们同时又有可能属于不同的学派，如女权主义地理学派、后殖民主义地理学派等，可见这些分化的诸多地理学派，并不是相互封闭，而是在不断的发展当中，在不断地进行交流与对话。女权主义经常运用结构主义的分析方法，强调社会建设中性别作用的重要性，用于解释人的作用及广泛的因果关系，也解释人们的社会和空间经历。女权主义通过性别结构比例的变化来分析城市中的社会结构、经济结构、地域结构的变化，这在西方人文地理学中占有重要的地位。

同时，结构马克思主义、皮亚杰的发生心理学等对地理学的影响并未消失殆尽，仍具有一定的生命力，另外社会人类学中的结构主义也开始对人文地理学产生影响。该阶段的结构主义地理学不再有比较系统的研究内容。

总之，这一阶段结构主义地理学在不断的发展和演化，逐渐走向成熟，结构主义的方法论框架真正渗透到人文地理学的研究当中去，并且在城市与地理的研究中作用日益突出。这是结构主义地理学成熟阶段的一个重要标志。

三、结构主义人文地理学研究方法

1. 强调整体性的研究，反对孤立、局部的研究

结构主义地理学派的研究学者认为，任何地理现象都是由许多元素（部分）构成的，这些元素互相依赖。在地理研究中，他们主张采用结构主义的方法。认为整体对它的部分在逻辑上有优先的重要性，孤立的各个部分本身是没有意义的，部分只能在整体中得到它们的意义，伯蒂曾经说过"意义在于结构"。不能将经验的现象分解为各个成分（部分），对它们孤立地一一加以研究，以此得出结论。20世纪60年代以来，先进的交通运输、远距离通信设备的完善，表面上看来，社会经济和文化活动越来越不受空间地域邻近及大城市集中等条件的束缚，特别是在当今的信息时代，一些技术决定主义者就认为"城市将逐渐走向松散及解体"，然而这些片面的解释，忽视了这样一个事实：城市是一个由多元空间、多元时间及多元关系网络所组成的整体。如多元空间即城市除了有物质空间，还包括社会空间及其现在比较流行的"虚拟空间"等。对有关片面、局部的城市理论的批判中，希尔德认为"我们需要构建一个多维的整体的分析，允许平行或自相矛盾的观点共存，而不是强求单一的联系或者是结论"。城市中虽然某一个结构成分会发生变化，但并不一定会改变其结构本身。脱离了城市整体来谈某一结构成分的变化及其由此得到的结论，对结构主义观点的持有者来说是没有意义的。

2. 强调认识地理事物内部结构，反对单纯认识外部现象

结构主义地理学者认为，研究地理事物不能像实证主义那样，满足于经验现象的罗列和描述，而应把握深藏于这些现象中的结构。他们认为地理现象虽然表面看来杂乱无章，但都由其内部结构统一支配或规定。在此需要指出的是，结构主义往往将结构分为深层结构和表层结构。表层结构是指现象的外部关系，深层结构则是指现象的内部关系，地理学家就应该寻找这种内部关系。

3. 强调内部地理要素研究，忽视或否定外部因素的研究

结构主义地理学认为既然地理事物是由内部结构，而不是由外部因素决定地理事物及其各个成分的性质和意义，因而事物是"封闭"的、"自足"的，本质与外部因素无关。所以许多学者重视的是对地理事物内部因素的分析和内部结构的把握。如城市的文化、社会经济等因素对城市的影响，这与结构主义哲学上皮亚杰做出的"自律性"规定相符。

4. 强调静态（共时态）的研究，忽视或反对历史（历史态）的研究

结构主义地理学者认为，既然事物的性质和意义是由内部的整体性结构所决定的，因而就要把握事物的内部结构，无须也不应该历史地研究事物的变化，而只需观察事物的剖断面，考察稳定不变的东西。这种反对历史地理研究与人文主义地理学重视历史、重视背景条件恰好相反。

5. 强调不以人意志为转移的客观作用，忽视或否定人的主观能动性

这与人文主义地理学相比又是一个显著的不同。结构主义地理学认为，一切社会现象与文化现象的意义和性质都是由其先验的结构所"命定"的，人的一切行为都无意识地受结构的支配，人只能体现结构的作用，是结构的载体，而不能改变结构的作用。

四、结构主义人文地理学典型案例

中国及其周边国家间地缘关系解析

陈小强　袁丽华　沈　石等

1. 引言

随着经济全球化进程的发展，国家间的政治、经济、文化、军事等交往越来越密切，国家间的交往方式也随之发生了巨大的变化。因此从地理视角理解和认识当今世界国家间的关系格局以及中国与周边国家间的地缘关系，对中国长期发展具有重要的意义。回顾国家之间关系研究，经历了不同思维理念，早年拉采尔提出的"国家有机体"和"生存空间"的理论突出强调了周边国家构成的地缘环境是影响一个"国家有机体"的"生存空间"的最直接最紧密因素。由此可以看出一个国家的生存与发展与其所处内、外部条件存在着密切的关系。

中国地理学者近年更加关注地缘关系研究，并结合地理学的思想不断完善地缘环境的概念内涵，将地缘环境界定为地理上相邻近国家或国家之下的部分区域组成的地缘体的地缘关系，以及由地缘关系组成的地缘体的地缘结构、功能和影响地缘体的地缘关系的所有内、外部地理环境条件的总和。从国家尺度上探讨自然、人文多要素的地缘关系研究，事实上，是探讨国家间多元自然和社会要素的结合方式和稳定程度，因而，地缘关系作为地缘环境最重要的组成部分，具有综合性、时代性、全球性和复杂性等特点，包括自然、政治、经济、文化等方面的内容。地缘政治则是地缘关系中的最重要关系之一，陆大道等认为地缘政治，就是国家间、地区间或民族间基于地理区位、地理空间和历史地理等因素而形成的政治军事联合、结盟（政治和军事集团化）或政治对立乃至遏制或者战争的相互关系态势及演变过程。由此可见，无论地缘政治、地缘环境还是地缘关系都在很大程度上强调地理要素的作用，尤其是在技术欠发达时期，地理要素的约束作用显得尤为重要。随着科技水平的提升，空间条件约束不断在弱化，从多元关系的角度研究国家间关联显得更加重要。

已有地缘政治学研究中涉及中国的研究成果颇多，既有定性的格局分析和理论阐述，也不乏定量模型的应用。在定性研究方面，黄仁伟在追溯传统地缘理论的基础上，提出了中国走和平发展道路需要新的地缘理论支撑；毛汉英等对中国周边的地缘政治和地缘经济的历史和现状特点、基本格局以及发展态势进行了阐述和分析，并提出了相应的政策建议；于国政等则从地缘政治理论出发探讨了中国与周边国家海洋地缘关系的空间格局及其影响因素，分析其发展态势并提出了中国周边海洋地缘战略；有学者对地缘政治和地缘经济间的关系也进行了全面的分析阐述；还有许多学者在"一带一路"的背景下提出了中国地缘战略、地缘政治想象、地缘风险等方面的思考。在定量研究方面，许多学者利用国家间的贸易数据定量表征国家间的地缘经济关系，结合计量模型对中国的地缘经济进行研究。如杜德斌等基于国家间相互依存理论，利用双边贸易数据构建敏感性和脆弱性模型分析了中国与世界各国经济依存关系的不对称性，并构建了经济权利评价模型来分析中国崛起过程中经济权利格局的演变；潘峰华等利用贸易数据通过社会网络分析的手段对中国周边地缘环境进行了解析；还有许多学者结合欧氏距离模型、空间探索分析和灰色关联度等计量方法对中国的地缘经济关系分析做出了许多尝试。在地理学领域，相较于地缘经济关系，地缘政治关系的定量研究较为少见。少量研究都是基于国家间政治事件数据来定量表示国家间的地缘政治关系。如王淑芳等利用2000年以来中缅外交事件数据，将2010年以来的中缅地缘关系的演变进程分为平稳发展、快速发展、全面发展和波动调整4个阶段。首先，从已有的研究可以发现，研究国家间关系要素不断在扩展；其次，研究地缘关系的方法在定性的基础上逐渐向定量方法拓展；最后，地缘关系从对应分析逐渐向网络化方向发展。

  开展以中国为中心节点的地缘关系研究具有重要科学实践意义，应以中国的外交宗旨为科学基础。"周边是首要"是中华人民共和国在多年实践中形成的全面外交布局中的重要理念，邻国对中国的安全和发展的重要性不言而喻。中国的邻国众多，加之这些邻国的历史渊源、宗教信仰、社会制度以及发展水平差异巨大，导致中国周边地缘关系极为复杂，为此，选择恰当的问题、适当的方法和可靠的数据支持是破解中国周边国家复杂地缘关系的前提。基于地缘关系研究的复杂性，本文拟利用大数据和复杂性科学的研究方法进行研究。利用覆盖全世界的新闻媒体大数据从全球多视角理解中国与周边国家间的地缘关系，将国家间政治、经济、文化等多方面评价综合解析成中国与周边国家间合作与冲突关系，深化理解政治和经济等多因素共同影响的整体状态与变化过程，避免了以中国为中心的主观片面的认识；基于长时间序列数据，利用一种有序聚类的方法科学识别中国与周边国家合作与冲突关系变化的时间节点和演化阶段，克服人为进行阶段划分的非客观性和不同国家本身政治和经济因素演进的独特进程的影响，更加客观、准确地把握中国及其周边国家间地缘关系的格局演变过程；通过不同阶段中国及周边国家社会网络分析的方法，将中国和周边国家当成一个网络整体，分析网络中国家所处地位和网络整体结构的特点以及随时间的演化，揭示中国周边地缘关系结构的特点和演变；最后着重对各个阶段内突出的双边关系进行对应分析，并以中国为中心进行均衡度分析，更加细致地、具体地刻画中国及其周边国家间地缘关系历史进程，以期从全面、客观的视角了解和把握中国周边环境及其演变，也为国家外交决策和战略制定提供参考。

2. 数据来源与研究方法

（1）数据来源。

研究数据来源于 GDELT（The Global Data on Events, Location and Tone）。GDELT 每时每刻监控着每个国家几乎所有角落的包括印刷、广播和网页等形式的大众媒体，识别和提取发生过或正在发生的事件，包括事件的时间、地点和行为主体等信息。并且 GDELT 按事件性质将其分成 20 大类，每一大类又分成诸多小类，共计 300 多种小类，涵盖了政治、经济、文化等多个领域，并对每一小类事件赋分值，称为 Goldstein scale。对于积极的正面的事件类型赋正分，分数越高表示该类事件的正面影响越大，最高为+10，对消极的负面的事件类型赋负分，最低为-10，分数越低表示该类事件负面影响越大。比如两国间发生交战，则该事件得分为-10，而两国撤军，事件得分为+10。政治学与国际关系学、地理学等领域中应用这一数据库发表许多研究成果，已证明该数据库在科学研究中的适用性与可靠性。

目前 GDELT 事件库有数亿条事件数据，最早可追溯到 1979 年 1 月 1 日。本文以中国及周边 20 个国家为研究对象，选取 1979—2017 年逐年两国间发生的所有正分事件的分数总和，定量表示该年两国间的合作水平，逐年两国间发生的所有负分事件的分数总和定量表示两国间的冲突水平，正分总和与负分总和的算术加和表示综合的关系水平。值得注意的是，GDELT 数据库中没有苏联这一国家代码，关于苏联的事件都具体落在其各个联邦国家上，因此在 1991 年前后研究对象未做变动（研究对象具体涉及俄罗斯、哈萨克斯坦、吉尔吉斯斯坦、塔吉克斯坦四国）。

(2) 分析方法。

①年代约束聚类。

本文采用地层约束聚类方法进行年代约束聚类分析，地层约束聚类分析是一种定量划分地层分带的有序聚类方法，广泛应用于植物生态学等领域。不同于普通的层次聚类，地层约束聚类的过程中只能将相邻的类别合并，保证样本聚类结果的连续性，十分适合地层孢粉数据和时间序列数据等有序样本的分析。其基本思想是首先将每个样本看成独立的一类，然后根据合并后类内方差增量最小的原则和相邻合并的约束条件进行凝聚聚类，直至所有样本聚成一类。根据聚类结果可以进行地层分带划分或时间序列分段。其公式如下：

第 p 类类内离差平方和定义为 D_p：

$$D_p = \sum_{i=1}^{n_p} \sum_{j=1}^{m} (x_{pji} - \bar{x}_{pj})^2 \quad (1)$$

式中：n_p 为第 p 类的样本数量，即年份数量；m 为变量数，即国家的数量；x_{pij} 为第 p 类第 i 个样本的第 j 个变量的观测值，在这里即为 p 阶段内第 i 年 j 国与其他所有国家的合作（冲突）分数总和占该年所有国家间合作（冲突）分数总和比值的 1/2；为 p 类中变量观测值的平均值，也即该比值在 p 阶段内的多年平均值。

将样本划分为 k 类后总的离差平方和为 D：

$$D = \sum_{p=1}^{k} D_p \quad (2)$$

将相邻的 p 类和 q 类合并，组成新的 p_q 类，方差增量为 I_{pq}：

$$I_{pq} = D_{pq} - D_p - D_q \quad (3)$$

每次合并时，选择合并后方差增量 I_{pq} 最小的两类进行合并，直到最后合并成一类。

②社会网络分析。

社会网络分析是由社会学家根据数学方法、图论等发展起来的定量分析方法，在城市网络、世界政治和经济体系、国际贸易等领域广泛应用并发挥重要作用，很多研究将其应用于地缘政治领域中。本文构建加权平均网络 G：

$$G = (N, E) \quad (4)$$

$$w_{ij} = \frac{\sum_p y_{ij}}{n_p} \quad (5)$$

式中：N 为网络中节点数量，E 为边的数量，w_{ij} 为边的权重。网络节点表示国家，节点间的边表示国家间合作（冲突）互动，边的权重为阶段内两国间合作（冲突）分数的多年平均值。在网络可视化分析中，边的宽度表示边的权重；节点的大小表示节点加权度大小,即所有与节点相连的边的权重总和;节点的颜色表示社区探索分析的结果,不同颜色代表不同的社区。

③社区探索分析。

社区探索是帮助理解可视化社会网络内部结构的一种方法。社区是网络中一些节点的集合,同一社区内节点连接紧密,社区间节点连接稀疏。社区划分质量通常用模块化系数进行测度,模块化系数是一个-1到+1间的标量,定义为 Q:

$$Q=\frac{1}{2m}\sum_{i,j}\left[w_{ij}-\frac{A_iA_j}{2m}\right]\delta(c_i,c_j) \tag{6}$$

式中:w_{ij} 表示节点 i 和节点 j 之间边的权重;A_i 表示与节点 i 连接的所有边的权重总和;A_j 表示与节点 j 连接的所有边的权重总和;c_i 和 c_j 分别表示节点 i 和节点 j 所属的社区,当 $c_i=c_j$ 时,否则为0;m 表示整个网络所有边的权重总和的一半。

社区探索分析的算法基于将模块化系数最大化的思想而产生,可以分成两步:

第一步,将网络中每个节点都当成一个独立的社区,选择某一节点 i,将其依次合并入其邻接节点的社区中,并计算每次合并后整个网络模块化系数的增量 ΔQ,最终选择 ΔQ 最大且大于零的邻接节点 j 进行合并,如果 $\Delta Q<0$ 则不进行合并,节点 i 保持在其最初的社区。对网络中所有节点重复以上步骤,直到模块化系数不再增加。将节点 i 并入社区 C 后模块化系数增量 ΔQ,计算如下:

$$\Delta Q=\left[\frac{\Sigma C_{in}+A_{i,in}}{2m}-\left(\frac{\Sigma tot+A_i}{2m}\right)^2\right]-\left[\frac{\Sigma C_{in}}{2m}-\left(\frac{\Sigma tot}{2m}\right)^2-\left(\frac{A_i}{2m}\right)^2\right] \tag{7}$$

式中:C_{in} 表示社区 C 内所有节点间的边的权重总和;Σtot 表示整个网络中与社区 C 内节点相连接的所有边的权重总和;A_i 表示与节点 i 连接的所有边的权重总和;$A_{i,in}$ 表示节点 i 与社区 C 内节点间的边的权重总和;m 表示网络中所有边的权重总和。

第二步,将第一步中得到的新社区当成新的节点,新节点间边的权重是对应的两个社区间边的权重总和。重复上述两步直至模块化系数不再增加就得到了最优的社区探索结果。

④基于香农熵的均衡度计算。

香农熵的提出最早是为了解决对信息的量化度量问题。若用离散型随机变量 X 表示一个不确定性系统的状态特征,X 的取值为 $X=x_1,x_2,\cdots,x_n(n\geq2)$,其对应的概率为 $P=\{p_1,p_2,\cdots,p_n\}$,则香农熵 H 定义为:

$$H=\sum_{i=1}^{n}p_ilog_2P_i \tag{8}$$

其中：

$$\begin{cases} 0 \leq p_i \leq 1 \\ \sum p_i = 1 \end{cases}, \ (i=1, 2, \cdots, n) \quad (9)$$

香农熵具有这样一种性质：当 p_i（$i=1, 2, \cdots, n$）之间差异越小，H 值越大；当 $p_i=1/n$（$i=1, 2, \cdots, n$）时，H 达到最大值 $H_{max}=\log_2 n$。根据这一性质，定义均衡度 J：

$$J = \frac{H}{H_{max}} = \frac{-\sum_{n=1}^{n} p_i \log_2 p_i}{\log_2 n} \quad (10)$$

式中：n 表示中国周边邻国数量；p_i 表示邻国 i 与中国的合作（冲突）分数占中国与所有周边国家合作（冲突）分数总和的比例；J 的取值范围为 $0 \leq J \leq 1$，越接近 1 表示中国与周边国家合作（冲突）分数越均衡。

3. 结果与分析

（1）中国及其周边国家关系阶段划分。

通过有序聚类方法将中国及其周边国家合作水平的时间序列划分为三个阶段：第一阶段 1979—1989 年、第二阶段 1990—2007 年、第三阶段 2008—2017 年（图 2-8）。在第一阶段，合作分数占比高的国家包括中国、俄罗斯、日本、阿富汗和越南等国，并呈现出深幅波动，其他国家的占比很小。在第二阶段，俄罗斯与阿富汗以及巴基斯坦等国的占比逐渐下降，中国、日本两国的占比稳步上升，韩国、朝鲜以及哈萨克斯坦、吉尔吉斯斯坦和塔吉克斯坦等国的占比也显著上升。第三阶段中，中国跃升为合作分数占比最大的国家，占比较大的国家还有俄罗斯、日本等国，总体比例结构较为稳定。

同样，采用有序聚类方法将中国及其周边国家冲突水平划分为三个阶段：第一阶段 1979—1989 年、第二阶段 1990—2006 年、第三阶段 2007—2017 年（图 2-9）。不同于合作水平，中国及其周边国家的冲突水平的比例结构波动明显剧烈。第一阶段内，冲突分数占比大的国家包括俄罗斯、阿富汗、巴基斯坦、中国、越南等国。中国和越南两国的冲突分数占比表现出相似的变化趋势：从 1979 年的极高值波动下降。在第二阶段，俄罗斯、巴基斯坦、阿富汗和越南的冲突分数占比显著降低，而日本、韩国、朝鲜的占比大幅上升，中亚国家和东南亚国家占比逐渐提高。第三阶段，中国逐渐成为冲突分数占比最大的国家，巴基斯坦和阿富汗两国的冲突分数占比再次上升，朝鲜、韩国、菲律宾、印度、马来西亚等国保持着相对较高的占比，而日本和俄罗斯的占比逐年稳步降低。

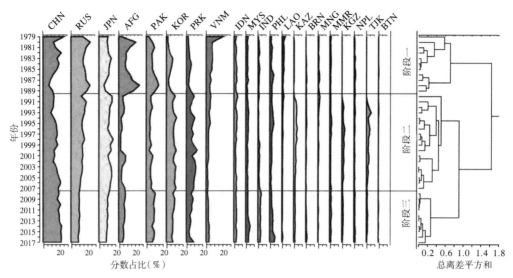

注：CHN（中国）、RUS（俄罗斯）、JPN（日本）、AFG（阿富汗）、PAK（巴基斯坦）、KOR（韩国）、PRK（朝鲜）、VNM（越南）、IDN（印度尼西亚）、MYS（马来西亚）、IND（印度）、PHL（菲律宾）、LAO（老挝）、KAZ（哈萨克斯坦）、BRN（文莱）、MNG（蒙古）、MMR（缅甸）、KGZ（吉尔吉斯斯坦）、NPL（尼泊尔）、TJK（塔吉克斯坦）、BTN（不丹），下文同。

图 2-8　1979—2017 年中国及其周边国家合作水平阶段划分

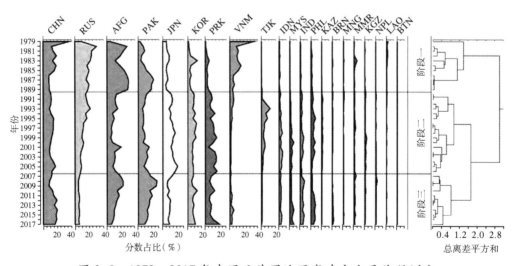

图 2-9　1979—2017 年中国及其周边国家冲突水平阶段划分

合作水平和冲突水平比例结构变化反映出中国及其周边国家地缘关系三个阶段鲜明的时代特点。从宏观国际背景分析发现，第一阶段正是国际冷战即将结束的关键时期，在美苏争霸的背景下，中国周边环境极度动荡，先后发生了阿富汗战争、越柬战争等大规模的武装冲突，美苏两大阵营对抗激烈，涉及的核心国家在GDELT数据上占比明显高于其他国家。第二阶段从冷战结束持续到21世纪初，时间跨度最长，经济合作与和平发展成为中国及其周边国家的主题，在GDELT数据中表现为多数国家受到关注，各国受关注的程度更加均衡。第三阶段至今，中国及其周边国家仍处于一个和平与发展的大环境下，但是大国博弈和恐怖主义等政治主题渐渐凸显，从GDELT数据上可以发现中国更加受到国际的关注。

（2）中国及其周边国家平均网络分析。

①合作平均网络结构分析。基于阶段划分结果进行平均网络分析，反映出各个阶段内中国及其周边国家合作与冲突的整体态势，并通过社区探索工具和可视化手段对国家间关系网络内部结构进行挖掘，把握各阶段中国及其周边国家间的相互合作与彼此冲突的外在表现和内在逻辑。

图2-10显示，第一阶段合作网络中最大的节点是俄罗斯，其次是阿富汗和中国，即表明俄罗斯、阿富汗和中国是这一阶段合作最热的国家。最宽的连线在俄罗斯和阿富汗，以及阿富汗和巴基斯坦之间，被认为是最突出的两对双边合作关系。在这一阶段，GDELT数据的网络分析表明，随着俄罗斯与阿富汗两个国家间互动和联系频繁，在新闻媒体大数据中两个国家的合作事件与冲突事件的数量会同时暴涨。社区探索分析的结果将整个网络划分为两个社区：以俄罗斯、哈萨克斯坦、吉尔吉斯斯坦、塔吉克斯坦和巴基斯坦、阿富汗、印度组成的社区一，以中国、日本等国家组成的社区二。社区探索出的两个社区与冷战后期亲美和亲苏的两个阵营关系密切，同一阵营内部国家间的合作联系强于不同阵营间国家的合作联系。分析这一阶段中国及其周边国家合作态势发现，中国与亲美国家的合作相对较为密切。

第二阶段，合作热点国家为中国、俄罗斯、日本、韩国和朝鲜五国，最突出的双边合作关系也是五国间的相互合作关系。社区探索的结果为三个：以中国、俄罗斯、日本、韩国、朝鲜、蒙古以及中亚三国组成的社区一，以阿富汗、巴基斯坦、印度、尼泊尔和不丹等南亚国家组成的社区二，以菲律宾、越南、马来西亚、印度尼西亚等东南亚国家组成的社区三。第二阶段自冷战结束伊始，美苏争霸的两极格局已经瓦解，和平与发展成为世界的主题，中国、俄罗斯共同进入了传统的亲美国家阵营。中国与周边各国进入了以经济合作为中心的外交时代，大规模的军事冲突已不复存在，特别是中俄日韩朝五个国家间的合作往来尤为紧密。因此这一阶段中国及其周边国家间呈现出中俄日韩朝五国领衔的广泛合作格局。

第三阶段，中国成为合作网络中的核心节点，与日本和俄罗斯的合作最为紧密。与此同时，中国与马来西亚、菲律宾等东南亚国家互动日益频繁，合作往来也更为密切，在社区探索的结果中，中国与东南亚国家并入同一社区，形成了以中国为中心，以俄、日、韩为支撑的广泛合作格局。

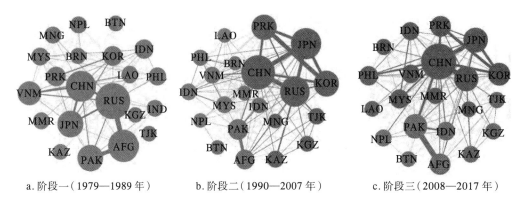

a. 阶段一（1979—1989年）　　b. 阶段二（1990—2007年）　　c. 阶段三（2008—2017年）

图2-10　中国及其周边国家合作平均网络3个阶段演化

②冲突平均网络结构分析。图2-11展示了3个阶段间中国及其周边国家冲突网络。第一阶段内，冲突热点国家是阿富汗和俄罗斯，其次是巴基斯坦、中国和越南。最激烈的冲突发生在俄罗斯和阿富汗、阿富汗和巴基斯坦以及中国和越南之间。这一阶段在中国周边发生了一系列重要事件，1979年苏联入侵阿富汗，开始了长达10年的阿富汗战争。GDELT数据显示，这一阶段冲突态势以阿富汗战争为主题，背后的逻辑仍是美苏两个超级大国在中国周边地区的霸权争夺。

在第二阶段，日本、朝鲜和韩国急剧上升为冲突热点国家，最激烈的冲突发生在巴基斯坦和阿富汗之间。社区探索结果将网络划分为4个社区：中国、日本、韩国、朝鲜等国组成的社区一，俄罗斯、塔吉克斯坦、吉尔吉斯斯坦、哈萨克斯坦和蒙古组成的社区二，阿富汗、巴基斯坦、印度、尼泊尔、不丹组成的社区三，菲律宾、马来西亚、印度尼西亚、缅甸、文莱组成的社区四。从地缘关联上可以发现这4个社区与东北亚、中亚、南亚、东南亚4个区域的划分大致吻合。随着苏联解体导致两极格局瓦解，中国及其周边国家间激烈的武装冲突大大减少，取而代之的是各区域内部间一些历史遗留问题导致的较小摩擦。这一阶段冲突模式由大规模激烈对抗转向小范围局部摩擦。

第三阶段，中国成为冲突网络中的最大节点，与周边国家却并未发生显著的激烈冲突。在和平崛起的背景下，中国与周边国家的冲突水平始终在一个合理可控的范围内，但是中国的快速崛起在周边国家间产生重要影响，同时产生了更大范围的政治摩擦。阶段内最激烈的冲突发生在巴基斯坦和阿富汗之间以及朝鲜和韩国之间。巴基斯坦和阿富汗是恐怖主义的泛滥之地,也是国际反恐斗争的主战场,两国关系始终处于一个极度动荡的状态。自第二次世界大战结束以来,朝韩两国始终处于南北对峙的状态,几十年来双边关系的发展也十分曲折,在半岛核问题和大国干预的背景下,朝韩两国再一次走向紧张的对抗。GDELT 数据分析发现,这一阶段冲突以巴阿关系和朝韩关系为两条主线,分别对应恐怖主义和大国博弈两大国际政治主题,中国虽然是冲突热点国家,在经济合作为主导的大背景下与周边国家摩擦范围扩大,但不存在直接的激烈冲突。

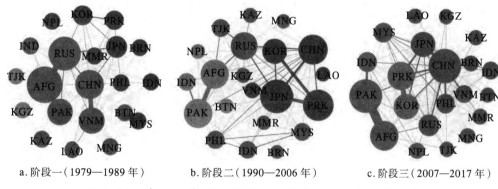

a. 阶段一(1979—1989 年)　　b. 阶段二(1990—2006 年)　　c. 阶段三(2007—2017 年)

图 2-11　中国及其周边国家冲突平均网络 3 个阶段演化

③合作与冲突平均网络指标分析。平均加权度和图密度是社会网络分析中评价网络整体概况的指标:平均加权度表示平均一国与其他国家合作或冲突分数的总和,也反映网络总体的合作分数或冲突分数;图密度衡量网络的相互连接情况,当所有国家间都存在互动,图密度达到最大为 1。模块化系数是社区划分结果的评价指标,模块化系数越大表示社区内部联系越紧密,社区之间联系越稀疏。

从平均加权度来看,合作与冲突网络的平均加权度均在逐阶段上升,尤其从第二阶段到第三阶段存在飞跃式增长,这与进入新世纪以来信息爆炸式增长息息相关(图 2-12)。每一阶段合作平均加权度远高于冲突平均加权度,说明中国及其周边国家总体上合作大于冲突。图密度逐阶段的提升表明中国及其周边国家间的联系越来越广泛,合作网络密度大于冲突网络密度反映出国家间友好合作比彼此冲突摩擦更加普遍,主要体现在一些地理上不邻近的国家之间。由于地理上的空间距离,这些国家间历史以来不存在领土争端、政治摩擦等冲突问题,而在全球化背景下产生了相互合作的需求,增加了国家间的合作往来。图 2-12c 表明冲突网络的模块化系数始终高于合作网络,直接反映了中国及其周边国家间的冲突集中在某几个国家群内部,而合作更加均衡普遍,甚至可以将整个网络视为一个合作的大社区。

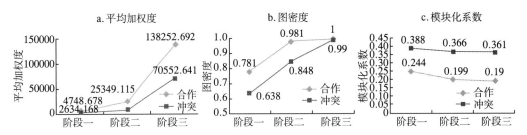

图 2-12　1979—2017 年中国及其周边国家合作与冲突网络 3 个指标

(3) 各阶段突出双边关系对应分析。

在采用社会网络分析把握中国及其周边国家整体的合作与冲突态势的基础上对各阶段内突出的双边关系进行对应分析。将两国间的合作分数与冲突分数相加得到其净分值,表示两国关系所处的水平。当净分值大于 0 时,两国互动以合作交流为主,双边关系较为友好;当净分值在 0 值或 0 值以下时,两国则处于一个严重冲突甚至敌对的状态。

图 2-13a 表示第一阶段内最突出的两对双边关系:俄罗斯和阿富汗、中国和越南。结合历史背景分析,从 1979 年阿富汗战争爆发后,俄罗斯与阿富汗的净分值逐年走低,双边关系持续恶化,至 1985 年陷入了谷底。这段时期正是苏联占领阿富汗、对阿富汗抵抗力量全面打击和重点清剿的时期。然而在旷日持久的战争泥潭中国力不支,苏联寻求从阿富汗脱身。1986 年苏联调整对阿政策,积极推进阿富汗问题的政治解决进程,将战争规模保持在较低水平,因此双边关系渐渐回暖,直至 1988 年苏联接受日内瓦协议,从阿富汗撤军,两国关系逐渐恢复到常规水平。这一阶段的同时,中苏交恶和越南亲苏的背景下中越两国冲突不断,在 1979 年和 1984 年中越两国发生了大规模边境战争,双边关系降至冰点。1986 年越南在亲苏派领导人逝世之后重新确定发展路线和战略方向,中国也调整了对越政策,双边关系逐渐朝着邦交正常化的方向发展。

如图 2-13b 所示,第二阶段内中国及其周边国家间突出的双边关系是中日俄三国间的关系,除美国外,中日俄三国鼎立,主导这一区域合作与竞争的格局,三国间的关系也经历着相似的发展过程。冷战结束后,三国间关系逐渐朝着广泛合作的方向发展,在 1997—2004 年达到一个新的高度,虽然这一时期领土争端、军事威胁、政治博弈等因素导致三国间关系波动，但在经济、能源、安全等方面的合作始终是中日俄关系的压舱石。2005年以后，一方面中日经贸合作迅速发展，另一方面中俄在政治军事领域合作日益密切，中日和中俄关系净分值蹿升，相较之下俄日关系则维持在前期水平。

从图2-13c可以看到，第三阶段内中俄关系的净分值在2011年后持续飙升，除了网络媒体信息量激增的影响，也说明中国与俄罗斯的全面战略协作伙伴关系发展良好。中日间的净分值稳中上升，体现出中日间战略互惠关系得以逐步推进。总体来看，中俄关系比中日关系更为紧密。与此相反，这一阶段朝韩间净分值持续降低，2010年朝韩关系从极度冷淡走向激烈对抗，双方发生严重的军事冲突，半岛局势极度紧张。此后在国际社会多方努力之下朝韩关系有所缓和，而2015年之后朝韩关系再次严重倒退。南北经济发展不对称、政治互信度低和朝核问题等内部因素以及大国干预等外部因素导致了朝韩关系错综复杂，未来发展充满不确定性，成为威胁中国周边安全的重大隐患。

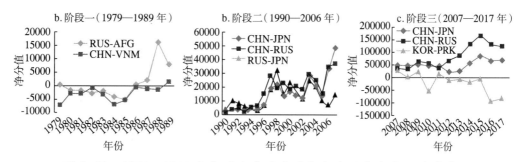

图2-13　1979—2017年中国及其周边国家各阶段内突出双边关系

在中国周边国家中巴基斯坦和阿富汗的关系长期以来极度复杂和不稳定，在3个阶段的合作网络与冲突网络中始终突出。从图2-14中可以看到，巴基斯坦和阿富汗关系历年净分值在2005年之前始终维持在0值附近，宗教问题和领土争端等因素导致双边关系始终紧张，而进入21世纪以来，恐怖主义的泛滥更是加剧了两国关系的动荡。

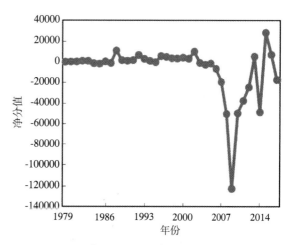

图2-14　巴基斯坦和阿富汗关系历年净分值

（4）中国与周边国家合作与冲突均衡度分析。

对中国及其周边所有国家间的整体合作与冲突关系格局进行分析后，从均衡度的角度以中国为中心探讨其与周边所有国家的关系。均衡度反映中国与20个邻国间合作（冲突）分数的平均状况。当均衡度达到最大值1时，表示中国与各个邻国的合作（冲突）分数没有差异。

第一阶段，合作均衡度远高于冲突均衡度，二者均从较低值快速上升，表明中国与周边国家的合作越来越普遍，与单国的冲突也有所缓和（图2-15）。1979年和1984年冲突均衡度极低，中国与越南发生了大规模的边境战争，占中国与周边国家冲突分数总和的80%以上。冷战结束后，周边国家政治局势渐渐稳定，与中国的外交往来恢复正常，因此第二阶段内，合作均衡度和冲突均衡度总体上在0.7~0.8之间波动。值得注意的是，2005年中日之间爆发了重大的外交冲突，在抗日战争胜利60周年之际，日本首相参拜靖国神社、中国反日游行等一系列事件导致中日关系陷入了谷底，也使冲突均衡度在2005年大幅回落。第三阶段开始至今，合作均衡度保持明显上升趋势，冲突均衡度表现出较大幅度的波动，其背后原因是中国与菲律宾、马来西亚等东南亚国家在南海区域的争端起伏不定，一波三折。这一现象反映出中国和平崛起过程中，中国与周边国家的冲突范围不断扩大的问题。

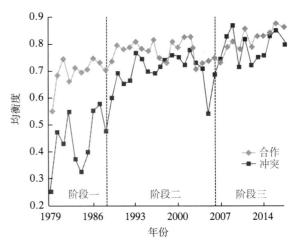

图2-15 中国与周边国家合作和冲突均衡度

4. 结论与讨论

中国及其周边国家间地缘关系在空间格局上错综复杂，在历史变迁中波动曲折，影响着中国不同时期的发展。利用新闻大数据的特点，以时间序列为线索，从全球性的视角，通过社会网络分析等手段对中国及其周边国家的合作与冲突关系定量分析进行尝试。研究发现：

（1）1979—2017年，中国及其周边国家间合作关系与冲突关系均可划分为3个阶段。

合作关系阶段划分：1979—1989 年、1990—2007 年、2008—2017 年。冲突关系阶段划分：1979—1989 年、1990—2006 年、2007—2017 年。基于 GDELT 数据的合作关系与冲突关系阶段划分相差无几，只是在第二阶段末相差一年，因此可以将中国及其周边国家地缘关系综合划分 3 个阶段。从时段分析发现，中国及其周边国家间关系演化的时限一般在 10 年以上。

（2）中国及其周边国家合作与冲突关系网络存在一定的演化规律。

无论在合作网络还是冲突网络中，中国成为网络的中心，逐渐演变成为该地区政治影响力的核心国家；第一阶段合作网络中存在亲苏和亲美两大阵营，中国与亲美国家的合作相对较为密切，第二阶段冷战结束后形成长时期中俄日韩朝五国领衔的广泛合作格局，进入第三阶段中国与东南亚国家联系增强，巩固了以中国为核心、以俄日韩为支撑的广泛合作格局；在冲突网络中第一阶段内阿富汗战争主题突出，美苏争霸的两极格局呈现，苏联解体后的第二阶段社区划分与地域划分大致吻合，冲突模式由激烈对抗转向局部摩擦，进入第三阶段映射恐怖主义和大国博弈两大国际政治主题的巴阿关系和朝韩关系成为焦点，在经济合作为主导的大背景下中国与周边国家摩擦范围扩大，但不存在直接的激烈冲突。平均加权度、图密度和模块化系数 3 个网络指标的变化均反映出中国及其周边国家间交往日益密切，经济、政治、文化多方面合作远比冲突摩擦广泛普遍。

（3）各个时期内都存在不同的受国际关注的双边关系。

第一阶段内突出的俄罗斯与阿富汗和中国与越南的双边关系均从极度对抗逐渐走向缓和与正常化；冷战结束后中日俄三国间的关系突出，朝着高水平广泛合作的方向发展；进入第三阶段中俄全面战略协作伙伴关系和中日战略互惠关系均得以全面推进，中俄关系较中日关系更为紧密，而朝韩关系反复倒退；全阶段巴基斯坦和阿富汗的关系始终紧张，恐怖主义泛滥加剧了局势的动荡；第一、二阶段中国与周边国家的合作均衡度大于冲突均衡度，到第三阶段二者达到同一水平，反映出中国与周边国家间广泛合作的格局比较稳定，而历史问题和领土争端等因素则导致冲突起伏不定。

正如有学者提出地理大数据和复杂性科学相互支撑可能将成为 21 世纪地理学的主流科学方法。本文利用新闻媒体大数据综合解析国家间的地缘关系，通过一种有序聚类的方法划分出历史阶段，在符合现实世界认知的同时补充了以事件节点认识历史进程的方法传统。通过社会网络分析实现国家关系网络化，结合指标工具挖掘关系网络的深度结构并将其以一种更加直观的方式呈现出来，可以很好地解释分析地缘关系的演变。研究结果证明将大数据与复杂性科学纳入地缘政治研究的尝试会带来正面的效果。但是，在地缘政治研究中定量分析也存在着局限性，如采用不同的大数据可能不会得出完全一致的结论；定量分析方法多样，如何选择方法因根据问题而定，网络分析并非适合所有问题；另外，利用大数据进行地缘关系研究应当注重地缘政治理论支撑，注重定量结果与定性结果的对比分析。因此，如何扎根地缘政治相关理论、充分理解数据并结合恰当的数理方法是今后地缘关系研究中值得关注的问题。

GDELT 数据内容丰富，涵盖了政治、经济、文化等各个领域，从细节加以深度挖掘，将合作和冲突数据依照政治、军事、经济、文化等层面进行归类，可以对不同阶段国家之间的地缘关系进行更加细致的梳理分析，这也是笔者今后研究工作的重点。

第五节　后现代主义人文地理学方法论

一、后现代主义人文地理学基本内涵

1. 后现代主义概述

后现代主义最早出现在 20 世纪四五十年代，主要是通过对现代主义的批判和超越来奠定其存在价值和理论基础的，实质是对于现代主义发展过程中的一种反思、批判和超越。因此，后现代主义的界定主要有两个标准：其一是历时态标准，即后现代主义不同于现实主义、现代主义的一个历史时期，将随着历史向后延伸；其二是共时态标准，即认为后现代是一套独立的价值模式。

同时，从观点上看，后现代主义对用理性、逻辑以及依靠客观事实及证据的科学思维方式提出质疑，反对去做具有高度概括性的、一概而论的、以偏概全的定义和言论。强调事物是在某种特定的时间和空间情况下才可能出现和存在，认为在历史演变和社会机制与进程中，事物是多样化的、异质性的、权益性的、非延续性的、随机变化性的以及地方性的，而并非是同一性的、整体性的、中心性的、确定性的。

因此，后现代主义有如下基本特征：

（1）主张多元论，在后现代主义者看来，人类与自然界构成一个有机整体，人类只是整体的一部分，而并非中心，应倡导多元化。它反对任何形式的统一，支持事物的多样化、零散化、多元化和特殊性，主张用知识形式的多样性去超越统一性。

（2）倡导不确定性和差异性，主要表现在三个方面：一是后现代主义注重独一无二的事物；二是后现代主义者不认为存在方法，没有程序规则，强调多元论；三是后现代主义主张一种不确定的主体，如"过程的主体""创造性的主体"。

（3）反对理性主义，推崇非理性，批判、否定、解构理性主义。

（4）强调内在联系，认为人与人、人与世界的关系是本质的、内在的。把人看作是一种关系的存在，每一个人都是关系网中的一个交汇点，不会单独存在，而是处于与各类人、各种事物的关系中，强调人是由本质关系构成的社会存在物。

从表现形式上看，西方学者将各种后现代主义思想概括为两种主要的形式：激进的后现代主义和建设性的后现代主义。激进的后现代主义表现为对现代世界观与价值观体系的彻底批判、解构、反叛和决裂；建设性的后现代主义则主张将"解构"与"重构""现代性"与"后现代性"用新的形式加以联系，对现代性采取扬弃的态度，并加以创造性的重建。作为一种哲学观点和思潮，后现代主义的观点对地理学的研究产生一定影响，为地理学的发展提供了新的视角。

2. 后现代主义人文地理学

后现代主义对人文地理学产生了深刻的影响，一方面，一些后现代主义者关注了与空间有关的问题和空间的作用；另一方面，一些地理学者也用后现代的思想进行地理问题的研究。据此，后现代主义对人文地理学的研究主要通过以下四个视角形成影响：

（1）人文地理学的研究要提倡以整体有机论的思维方式取代现代哲学的二元论和还原论的思维方式。后现代整体有机论是后现代整体论和有机论的集合，后现代主义有机论认为所有的原始个体都是有机体，一切事物都是主体，都存在内在联系。后现代主义整体论不排斥分析，但又超过了分析，它把所研究的对象视为一个有机体和无机体密切相互作用的、永无止境的、复杂的网络。因此，人文地理学作为研究人地关系地域系统的重要学科，后现代主义整体有机论可以有效避免人文地理学的研究陷入以人类为中心主义的理论和实践中。

（2）人文地理学的研究要摆脱旧的理论框架，从多视角、多向度思考和分析问题，采取多元化方法论。后现代主义科学哲学突破了经典和现代科学哲学的传统框架和基础的束缚，为地理学的发展提供了新的科学哲学框架，其中库恩"范式"理论反对直线式的科学发展模式，认为科学发展不是简单地累积知识的过程，而是一种理论代替另一种理论的革命，以及菲耶阿本德提出的科学研究的多元主义方法论原则，强调世界自身的多样性和丰富性，肯定了个体认识的差异性和局限性，对人文地理学的研究，具有重要方法论的指导意义。

（3）人文地理学研究要关注非理性因素，在研究方法上要注重科学主义和人文主义的整合和互补。科学主义方法论只是一种方法，而社会历史现象是动态的、错综复杂的，科学主义方法从固定的界限出发不能把握变化之中的事物，从而无法反映事物的全貌。在人文地理的研究中，非理性因素作为一种重要的地理事象和过程的因素，忽视这些因素会得出不合实际的结果。后现代主义对理性主义和科学主义的批判和解构，并与人文主义方法整合，有利于在人文地理学的研究中突破理性主义的局限。

（4）人文地理学研究应摆脱不切实际的宏大理论和法则的倾向，提倡多元知识形式和微观分析，这为地理事象和过程的多视角研究提供了认识论的支持。在人文地理学的研究中，多数情况下，决定性因素不止一种，而是几种因素综合决定的结果，只强调某一方面和几个方面都是片面的，可以从不同的角度来研究。同时，对于小尺度的像局部地区小气候变化、微观区位选择、个人及家庭行为与地理环境等微观问题、微观视角的深入调查研究对人文地理学的发展也有着重要的意义。

二、后现代主义人文地理学发展历程

1. 后现代主义人文地理学的起源

后现代主义在20世纪60年代首先应用于建筑学领域，以定义独特的建筑风格，打破了传统观念中的完整性、同一性、确定性和中心性的观点。而对人文地理学的最初影响始于1984年杜克大学比较文学教授纪木森在《新左评论》中的一篇论文，强调了在社会和历史变化中，空间位置的重要性。区别于现代主义关注于时间范畴，后现代主义更关注于空间范畴，认为空间左右了人每天的日常生活、心理变化和语言变化，而并非时间。从20世纪80年代起更多人文地理学者开始进入人文地理研究领域的社会科学领域。

2. 后现代主义人文地理学的兴起与发展

后现代主义在与地理学结合后开始关注于空间要素，即将对时间的关注转向对空间的关注，取代了宏大理论的传统，强调无序、非连贯性和去中心性，同时也强调各现象、事件和过程存在的差异。在20世纪80年代，地理学家逐渐开始关注现代社会理论的地理空间和定位，南加州大学的后现代化地理学家迪尔认为，后现代主义促进了一场使理论人文地理学和哲学地理学成为社会科学的主流革命，主要通过文化景观和土地开发、空间和语言的哲学辩论、地理写作和地图学表达、后现代主义政策、女性主义对地理和后殖民主义的影响、自然和环境的建构和保护影响着人文地理学，以及后来的现代化强调非传统和异国地域的研究，均体现出后现代主义的多重属性导致人文地理学研究的分散化。

3. 后现代主义人文地理学实践转变

后现代主义人文地理学的实践转变发生于人文地理学的空间观念与后现代主义哲学相融合后，一方面融入地理学的空间概念，另一方面融入后现代主义的方法论主张，并主要表现于城市与区域规划中。表现为三个特点：一是独特性，强调地方特色。为了保持城市的持久吸引力，城市和区域规划必须铭记历史，深挖历史并将现代性和历史的情感相联系。二是多元化，后现代主义强调复杂性和矛盾性，以清晰的整体性主张混乱和活力，在追求混乱和多样化的过程中体现出城市的叠合性、丰富性、灵活性和开放性。三是人本化，城市和区域规划不仅仅由规划师创造，同时也是一种吸引专业和非专业人士（如城市居民、社区代表等）共同参与的创新活动，在规划师提供的模型之下，社会所有成员以自己的方式理解和解释，让人民群众都可以参与到公共生活的设计。

4. 新区域地理、地方研究的兴起

在后现代主义人文地理学的影响力不断增强的效果下，新区域地理学、地方研究开始兴起。在继承后现代主义方法论后，新区域地理学更加侧重人在区域性质的产生、延续与演变时所起的作用。美国地理学家浦瑞德阐述了"地点"的重要性，指出人与地的不可分割性。在一个地点的人是能起重大作用的主角，影响该地的情况，但也会同时受到当地的自然环境、历史、文化、社会制度及人际关系系统的影响。英国地理学家马瑟认为每个地方都有其当地历史遗留下来的独特性，新区域地理学应该探明及分辨出什么是当地特有的社会经济情况、什么是来自外部大环境而影响当地发展的力量，并探讨着两种宏观及微观力量间的相互关系。这些都强调了后现代主义中地方在社会演变中的重要性，提高了地方研究、多元化研究的地位。

三、后现代主义人文地理学研究方法

1. 现代性的解构与重构

解构是后现代主义人文地理学的基本研究方法，尤其对反结构主义学者，解构的方法实现了对内在结构的否定，突出了个体的主观意识。但由于后现代主义并不是后结构主义思想的简单延续，后现代主义人文地理学旨在运用解构方法实现一种超越时代性的重构，例如，迪尔在当代规划理论发展的解构中，对规划理论的历史阶段划分，揭示了后现代主义规划对现实的复制特征，并以功能—环境、可操作—不可操作、社会控制—公众参与等三重标准为基本语言，重新建构了当代规划理论的叙事体系。通过对人文地理学理论与实践对象的解释与再解释过程，人文地理学研究从传统的单一模式向开放的多元对话模式转变。

2. 社会—空间辩证法

社会—空间辩证法的范畴包括时间、空间和社会存在三个维度。社会的空间性和空间的社会性是社会—空间辩证法的重要前提。空间离不开社会的建构，社会存在也脱离不开社会的建构，空间作为人类实践活动的容器，是社会存在的构成部分，各种社会关系在空间中交织，并不存在时间优于空间、历史创造优于地理创造问题，时间、空间、社会存在相伴而生。后现代主义对在历史和历史唯物主义中的空间意义进行重新定位，充分利用社会—空间辩证法，认为解构的目的不是为了复活地理决定论，而是要建立为政治服务的历史地理学，从空间—时间的角度观察社会和社会生活。这一方法在人文地理学中的运用，使得后现代批判人文地理学得到进一步发展。

3. 多元化、微观分析

后现代主义拒斥权威话语，主张用不确定性和小叙事取代元话语和宏大叙事，应该用多元知识形式，从对象本身的精神世界和知识系统出发，突出事实的微观性和真实性，摒弃现代理性论者笼统的、对于一切事物的总体性描述，使得人文地理学的研究向复杂性、多元性、非线性、地方特色等方向转变。

四、后现代主义人文地理学典型案例

广州拾荒者的身体实践与空间建构

陶 伟　王绍续　朱 竑

1. 前言

20世纪以来，Michel Foucault、Maurice Merleau-Ponty、Pierre Bourdie三大理论家将"身体"从意识哲学的深渊解放出来，有关"身体的研究"开始在人文社会学科中兴起。伴随着现代性过程的加剧和消费社会的到来，身体成为大众自我确证、自我认同的核心载体，也成为众多社会理论学家对科学主义和理性主义双霸权进行解构和批判的有力武器。人类学家Mary Douglas指出，身体是一种有力的象征形式，文化中的主要规则、等级制度都记录在这个表面并通过身体这一具体语言得到强化。因此，身体为身份和权力关系提供了一种"可见性"。同时，身体作为自我主体性之所在，成为身体拥有者或践行或反对现有身份的重要场所。这就为更好地理解边缘群体的自我认同和能动性提供了新的可能性。现有的身体与地方的关系的研究多从以下两个出发点着手：一是权力的身体，即将身体视为嵌套在社会空间权力关系中的话语符号和隐喻；二是体验的身体，即将身体视为能动性的基础和实践的主体。与之相应的，对身体的实证研究不只是考察身体所承载的社会关系、权力政治、情感和文化等多维度的社会意义，还应关注行动者于日常生活中不同情境下、直观的和能动的身体实践，即关注于作为行动者的主体对身体的使用方式。前者深受Foucault的身体谱系学和社会建构流派的影响，后者则多以身体现象学和身体人类学为基础。本文循沿身体现象学的脉络，认为身体不仅仅是占据空间的物质存在，其还是一种行为系统和实践模式。身体的感知和移动是主体行为和体验的核心，其既能表达主体内部情感和认同，又能体验外部世界。据此，本文将身体实践定义为身体在发挥作用过程中一切有意识以及无意识的行为。通过探究身体实践发生的影响因素、表现形式和目的导向，可以更好地理解主体的体验、自我认同以及其对外界的回应。在一定程度上，身体实践体现了主体对自我和外界的接受—反抗的范围。身体研究的两个出发点并非非此即彼，而是相互支撑、相互补充的关系，共同为再认识中国城市空间的他者群体提供了新的视角。

最近，包括女性、同性恋、老人、少数种族和残障人群等城市边缘群体的身体研究在地理学内外吸引了广泛的兴趣。然而，有关城乡流动人口中的拾荒者群体的研究仍然是不足的。尽管拾荒者数量巨大，其关注度已得到了广泛的认同，但拾荒者群体仍多被刻板化为偷窃、不道德、肮脏、病菌的化身，这种符号化已经被社会广大成员所内化，并形成了社会刻板印象。拾荒者对于城市空间的体验，以及其对城市空间的反向作用常被忽视。区别于在室内或在城郊建筑工地务工的城乡流动群体，拾荒者每天奔波于城市的大街小巷并频繁地与城市居民进行交易，其在城市日常生活活动中往往呈现"在场"的状态。他们的身体实践更为鲜明地折射出充满能动性的个体和城市空间的碰撞和协商，同时也代表着"城市群体的差异性和多样性"与"城市空间所代表的客观理性"之间的协商和对话。展开对拾荒者群体的研究，为我们透视快速城市化进程中的其他边缘群体提供了可能性。城市化的过程其实也是身体实践和身份建构的社会过程。在这一过程中，个体深深地嵌入到城市空间生产和再生产过程之中。拾荒者的身体在双方力量的对抗中扮演着复杂的多重角色。它既是统治者漠视或试图改造和规训的对象，同时又是拾荒者得以生存的武器和工具。因此，聚焦于身体在权力空间中的实践是剖析这一动态权力关系的核心所在。研究试图从身体的角度重新认识拾荒者，深入到拾荒者的日常生活实践，借助身体实践的概念解读拾荒者对城市空间的重构。

2. 研究回顾

（1）对身体地理学的研究回顾。

20世纪90年代以前，地理学并未充分认识到身体研究的重要性，有关身体的研究零星地分布在时间地理学、人本主义地理学、马克思主义地理学等研究领域中。20世纪90年代以来，在女性主义地理学家的推动下，关于身体的研究迅速发展。随着女性主义地理学理论的不断完善，Mcdowell等学者从精神分析法、后结构主义、后殖民主义和酷儿理论中吸取精华展开了一系列的相关研究，包括身体和性别研究、身体和他者研究、身体和情感体验研究以及身体和健康研究等。迄今为止，身体已成为包括情感地理学、日常生活地理学和女性主义地理学的核心概念。2006年Barney Warf编著的《人文地理学百科全书》中对"geography of body"这一词条进行了论述，阐释了地理学家对身体和空间关系的理解，即身体是社会空间关系、表征、认同的重要节点。2009年Derek Gregory和Ron Johnston等编著的第五版《人文地理学词典》增加了"body"这一词条，并提出了身体研究的三个主题：身心二元论的解构、身体与地方的关系和他者的身体。与此同时，一些人文地理学学者陆续投入到身体地理学的研究中。其中，对他者的探讨是身体地理学研究的重要主题之一。身体既是识别他者的标志，又是这一群体进行表达自我、与主流社会进行协商的工具和武器。身体研究借鉴了后结构主义和后殖民主义理论，指出在对他者群体进行评判时，身体特征成为主流文化定义某种特定群体为他者的重要依据。不符合主流文化身体特征的群体被刻板化为丑陋的、令人厌恶的、不纯洁的及不正常的群体。身体地理学在关注不同群体的身体特征的同时，还致力于探究文化对不同种族、语言、性别的身体的建构，揭露权力在身体、性别、语言、文化和意识形态等方面对他者实施的管制和规训，探索支配权力的形成和社会空间排异的过程。近些年来，在现象学的影响下，学者们认识到被动的身体观难以全面地揭露和阐释这些问题。对社会文化背景下身体实践的分析和比较随之成为身体研究的核心内容。学者们将身体实践看作在宏观的社会文化和个体的精神共同作用下的，发源于身体的行动和实践。基于此，微观的身体实践被赋予情景化的意义，成为反思宏观社会权力运作方式和个体主体性生成的重要途径。美国的现象地理学大师 David Seamon 在其《生活世界的地理学》一书中充分地探究了身体—空间的情景化关系。他认为身体和空间的互动情景并不是简单的刺激—反应的行为模式。他认为身体实践，比如，人类的安顿和安居与具体的生活情景紧密相连。

自1978年以来，消费文化和科学技术的迅猛发展使中国也呈现出"肉体社会"的某些特征，身体研究在西方崛起的现实因素，在中国已经形成。2000年以来，随着大量西方身体研究著作的相继翻译和出版，身体人类学、身体社会学、身体现象学和身体美学等方面的研究在中国日益繁盛。反观地理学，关于身体的研究仍处在起步阶段，身体作为微观空间尺度的研究意义还未引起地理学家的重视。实际上，身体是包括身体、家、社区、城市、区域、国家，乃至全球尺度等级中的基础，首先并最直接地渗入到了家庭、社区、城市、区域、国家以及全球的生产和再生产过程中。因此，身体地理学作为新文化地理学的一个分支，其研究视角并非局限于身体这一微观尺度，"身体"被辩证地看作一面放大镜，身体研究透视出蕴含于其中和其上的丰富内涵和意义，折射出宏大的社会机制与主体能动性之间的互动关系。

（2）对城市边缘群体拾荒者的研究回顾。

1978年以来，随着城市化的快速发展和中国废品回收系统的改革，城市中逐渐出现了一个队伍庞大的特殊群体。他们每天起早贪黑以街头巷尾或垃圾场为工作地点，以捡拾、收购垃圾为工作内容，靠以此换来的收入生存。关于拾荒者的定义比较多样，例如，把拾荒者群体分为捡拾垃圾者、收购废品者、开废品回收集散地以及做大生意的四种类别。也有一些学者认为"拾荒"分为广义和狭义两种：广义的"拾荒"应该包括"收荒""收购"等在内的废旧物品回收利用的全过程；狭义的"拾荒"主要指从废弃物中"捡拾""分拣出售"的行为。本文采纳广义的拾荒者的定义，即拾荒者是从农村来到城市，将走街串巷收购废品、捡拾垃圾作为谋生手段的群体，既包括单纯以捡拾为生的群体，也包括走街串巷的个体废品回收者。现有的走街串巷收购废品的城乡流动人口大多从捡拾垃圾阶段演变而来，捡拾废品和回收废品是这一群体生活历程中不可分割的生命策略。对拾荒者群体在废品回收过程中所发挥的积极作用的肯定和对拾荒者群体生存境况的关怀是国内外学者共同关注的话题。

最近15年以来，国内外有关拾荒者的研究日益增多。张寒梅最早从城市边缘人的角度对贵阳市的拾荒者的生活状态展开了详细的研究。随后，不同学科中关于拾荒者研究的硕博士论文纷纷面世。陈松2006年揭示了现今都市拾荒者的生存形态以及这个群体在社会生活中产生的实际影响与作用。胡全柱2010年以认同理论和社会认同理论为视角，探讨了拾荒者在社会歧视和偏见的背景中自我身份的建构。张李斌运用社会分层的理论全面考察了城市拾荒者群体的生活状态。冯新转从经济融入、社会融入、文化融入和心理融入等四个维度对南京的拾荒者的社会融入状况进行了详细、深入的研究。刘苏从拾荒者的生计文化、规训与地方认同三个方面深入地探讨了拾荒者群体地方身份认同的建构过程。除此之外，周大鸣等学者从空间政治、社区生活、拾荒者工作状况和社会声望等方面针对拾荒者展开了一系列的研究，分析了城郊垃圾场上的拾荒者的基本状况以及拾荒者都市聚集区的形成机制。楼玮群揭示了香港拾荒老人基本生活图景，并辨识出他们所面对的各种不同形式的社会排斥，包括经济排斥、政治排斥、社会关系排斥和福利排斥。从国内主要的拾荒者研究文献可以看出，相关研究主题越来越丰富，理论也趋向多样化。这些研究试图从不同的视角对拾荒者进行解读，比较全面地诠释了拾荒者在城市空间的生存状态，但是对拾荒者个体的认识仍较为单薄，未能充分认识到作为边缘群体的拾荒者所具有的个体能动性的现实意义。作为城市中的他者，拾荒者群体常常被从"自上而下"的精英视角进行解读，"自下而上"的视角仍较为缺乏。本文借助身体的视角，从拾荒者本体出发，探讨拾荒者个体在城市谋生过程中所展现的身体实践，以此来解读拾荒者主体能动性与其对城市空间的重构过程。

3. 案例设计

根据2012年广州市城市统计年鉴的数据分析，广州市的流动人口在改革开放后快速增多，其中天河区的迁入、迁出人口最多。林和村曾经是广州市天河区的一个城中村，位于林和东路，临近广州市天河区的中心区域和广州火车东站（图2-16）。在快速城市化的大背景下，包括广州市天河区林和村在内的城中村经历了巨大的变化。2010年之前，由于其良好的区位条件，林和村成为天河区乡城流动人口群聚地，从拾荒者到在高楼大厦工作的白领人员，再到一些自由职业者，均偏向于把这里作为他们在广州的起跳板。2010年，为了迎接亚运会，广州开展了形象提升工程，包括林和村的城中村面临着被改造的命运，也意味着居住在林和村的大量城乡流动人口不得不重新寻找住所。改造后的林和村从典型的充满握手楼的城中村，变成了现代化的居住社区，租金在改造后翻了四倍有余。研究选择林和村这一空间节点主要是因为：①林和村在早期就成为广大流动人口的集聚地，历史悠久，曾居住在这里的拾荒者大多是较早来到广州谋生的流动人口，他们来广州时间长，其生命历程与广州市的发展紧密地结合在一起。透过对这一群体的了解，可以更好地透视个体与城市互动的完整过程。②这里的拾荒者与作者来自同一个省份，可进入性较高。拾荒者群体对外界充满了警惕和防备，如若得不到他们的信任，就无法进入到他们的日常生活工作之中。本研究选取的对象均是于这一时期搬离林和村的拾荒者。由于拾荒职业的两个主要特性，即以身体为主要生存资本、身体需深入到城市活动，其从业者的日常生活为研究提供了充足的身体现象和分析素材，这些现象和素材有助于解剖和理解位于社会底

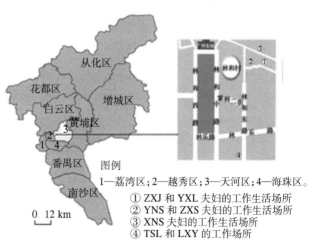

图 2-16 广州研究区域图

层资源匮乏的边缘群体在城市现代化进程中的鲜活的能动性。

调研以一对 46 岁的北方某地 Z 姓夫妇为主，基于逐渐建立起来的研究主客体之间的信任，研究团队深入到他们的日常生活工作活动中，在了解他们的社交网络之后，对其同行和周边居民展开访谈和观察。Z 姓夫妇 2000 年从家乡来到广州拾荒，至今他们的工作从单纯的拾捡垃圾变为以收购废品为主，兼做其他杂活如搬家打扫卫生等。作为较早一批来广州拾荒的人，他们还带领了一批同乡出来拾荒，主要聚集在以林和东路为主线的邻近区域，这些拾荒也是研究所关注的对象。根据姓名拼音进行编码的访谈对象基本信息见表 2-7。

表 2-7 访谈对象基本信息

姓名	性别	年龄（岁）	职业	在广州市工作时间（年）	住址
ZXJ	男	47	回收废品、搬家	17	铁路员工公寓小区车库
YXL	女	46	回收废品、搬家	15	铁路员工公寓小区车库
TSL	男	45	回收废品、装修	18	广州市石碑区
LXY	女	44	回收废品、出售建材	16	广州市石碑区
TL	男	30	回收废品、装修	10	广州市石碑区
WPS	女	29	回收废品、短工	6	广州市石碑区
YNS	女	45	回收废品	15	广州市林和东路超市旁
ZXS	男	47	回收废品	12	广州市林和东路超市旁
XNS	女	60	捡拾垃圾	10	垃圾回收站路旁
HXS	男	39	回收电器	8	广州市黄村
ZJR	男	36	回收泡沫	6	未知

由于拾荒者人数众多，组成结构复杂，难以利用统计学的方法进行抽样以实现其代表性。而且，拾荒者与城市的互动与协商是一个长期的、复杂的实践活动，相较于方法统计或者调查问卷，观察和访谈等方法有利于呈现真实脉络中的事件活动并建立起其间的动态联系和概念。因此，研究采取个案研究的策略，深入位于广州市林和西小规模的拾荒者群体。个案研究实质上是通过对某个或几个案例的研究来达到对某一类现象的认识，而不是达到对一个总体的认识。林和西拾荒

者群体在此地谋生已有17年，并形成了稳定的交易渠道和地盘划分，具有研究的典型性。拾荒者研究的典型性难以反映庞大的拾荒者群体的总体性质，但在一定程度上集中体现了作为个体的拾荒者在城市发展的夹缝中立足的重要特征。

研究主要采取访谈和"作为观察者的参与者"的研究方法来进行资料收集工作。所谓"作为观察者的参与者"是指研究者不但表明研究者的身份，同时可以和被研究对象在调查过程中不断互动，而不需要有任何借口。作者从2014年11月9日开始实地调研。最初采用的是由熟人介绍的方法，在熟人的介绍下深入到一对来自河南某地的拾荒者夫妇家中。调研的第一个月每周周末去他们工作生活的场所，在他们消除戒心后连续两周每天参与到他们的日常生活之中，在密集调研结束后，作者仍保持定期去调研的习惯，在2014年11月—2015年10月的12个月的时间内共计调研30多天。在调研期间，作者和研究对象同吃同工作，借此机会进入到他们的社会生活工作网络之中。在进行观察的同时，配合访谈的调查方法，综合全面地了解他们的日常生活状态。观察内容主要包括日常时间安排、饮食、语言、工作方式、社会交往和工作技能等；访谈内容主要涉及个人基本信息、家庭结构情况、外出谋生的经历、日常娱乐、在广州的生活变迁以及将来的打算、对广州和乡村两个家的情感归属等问题，访谈内容参照但不局限于访谈提纲。

4. 城市政策与拾荒者的身体实践

现代性与城市化是当前中国社会发展的两大主线。在这两大力量驱动下的广州如同北京、上海等世界其他大都市一样，进行了轰轰烈烈的城市区域规划并建造了一大批地标景观。作为现代中国都市的代表，广州的城市化率已达83.8%。经由现代技术打造出充满现代化气息的城市居住工作场所以及四通八达的街道路网，掩盖了其背后的控制与反控制、规训与反规训的双向关系。控制、压制和规训作为打造现代化都市形象的方式较少被提及。为了达到规范化的目的，广州市在推动城市化的过程中，实施了对流浪人员、摊贩、同性恋、性工作者等"他者"的严厉的空间排斥和规训政策。因此，在追求现代性和推动城市化的过程中，空间形态的扩张和人口管理政策，成为影响包括拾荒者在内的广大城乡流动人口的主要力量。1982年开始实施的《城市流浪乞讨人员收容遣送办法》将收容遣送制度的覆盖人群扩大到城市中的流动人口。1984年，在人口管理的压力下，深圳市首先实行了暂住证制度，并随后在全国各地包括广州市推广开来。随着大规模的流动人口在1989年涌入广州市，广东省颁布了"不准招收外省民工"的"六不准"规定。1992年年初，国务院正式出台文件《关于收容遣送工作改革问题的意见》，文件要求居住 3 天以上的非本地户口公民办理暂住证，否则就视为非法居留，须被收容遣返。暂住证和收容遣送制度的实行成为当时控制管理流动人口的主要凭据，究其实质，二者是对流动人口的歧视和排斥。暂住证标志着流动人口的身份，明确标示他们是区别于城市居民的外来人口，是被控制监管的对象。暂住证内容上全是义务性的，对于流动人口而言，暂住证的用途仅仅是为了防止管理部门的检查，并没有享受到应有的国民待遇。为了避免被送到收容所，拾荒者形成了一系列的"游击战"式的身体实践进行应对。"在一起""放哨""跑""躲避"等都是拾荒者在长期与代表城市权力的抗争协商中形成的身体实践。

一群老乡晚上都是在一块休息，带的东西比方说生活用品、衣服都不敢拿出来，都放在车上，省得跑不及。老乡轮着放哨，看到警察过来查暂住证，推着车子就能跑，跑得慢就要被带到收容站去。

（访谈对象：ZXJ，访谈时间：2014 年 9 月）

自 2010 年 1 月 1 日起，《广东省流动人口服务管理条例》开始实施，条例规定：居住证持证人在同一居住地连续居住并依法缴纳社会保险费满 7 年、有固定住所、稳定职业、符合计划生育政策、依法纳税并无犯罪记录的，可以申请常住户口。与暂住证相比，居住证更偏向于公共服务功能，为部分想要在城市落户的流动人口提供选择机会。但是不可否认的是，居住证制度并不能解决城市对于流动人口的社会排斥。实际上，居住证被看作是绿卡制度的借鉴，所面向的对象是流动人口中的技术人员。因此，居住证制度的引入则是对流动人口内部的再一次分层，赋予不同群体不同的身份标签。在实施居住证制度的管理阶段，城市管理者和拾荒者之间的关系日益缓和，拾荒者们得以建立起固定的工作空间和活动范围。但拾荒者仍经常面临着卫生、城管等政府部门的巡视、监管和干预，他们相应地形成"避让但不逃离"的身体实践。首先是知己知彼的出行策略。拾荒者多次强调"观察"的重要性，他们在进入主要交通干道前认真观察附近是否有城市管理工作人员，互相交流管理人员开始工作的时间和地点，以避开他们的检查。通常情况下，拾荒者多以夫妻家庭为单位行动。当势单力薄的拾荒者遭遇城管或者交警执法时，多会采用"阳奉阴违"的策略，表面上会积极地按照城管的要求整理工作空间堆放的垃圾，而等到城管离开以后并不会严格遵守城管对街道卫生管理的要求。除非在所谓"查得严"的阶段，他们会将回收的废品全部放在荫蔽的灌木丛后或移到室内。当其在街道遇到交警查违章车时，也会主动按照交警的命令，将其被视为不利于交通安全的电动三轮车上缴，很少会发生激烈的冲突。

现代都市和边缘群体的相互关系，并不仅仅局限于现代景观的客观特性之上，而是反映在日常生活之中。正如米歇尔·德赛图所讲，空间是由主流秩序所提供，层次井然的建筑，目的是行使权力、施行管制。而城市正是这样的空间形式，用以组织和控制城市内居住人口的生活和活动，以符合掌权者的利益，然而，权力并非聚焦在一点，而是零散不一的，人们可以运用各种方式来生存。如果将城市的拓展更新和管理政策看作是宏观的自上而下的宏观权力，那么散布在日常生活中的身体实践便是积极的自下而上的生存伎俩。包括拾荒者在内的弱势群体运用身体实践，既服从于既定规则，又在规则的空间里寻求个人的生存空间，进而确保自我在城市化洪流中能够建构个人的空间和相应的社会网络。

5. 拾荒者通过身体实践建构的物质空间

（1）以身体实践占据生存空间。

身体实践不仅仅停留在边缘群体对宏观空间决策的反映层面，还表现在边缘群体在日常生活中对空间的反作用上。拾荒者作为城乡流动人口中的一个特殊群体，城市对他们而言是谋生的地方，是临时的容身之所。在快速拓展和更新的城市里寻求家空间和工作空间也就成为拾荒者能够生存于城市的最大考验之一。他们需要具备适宜变通的生活智慧和丰富的身体实践，以便适应快速变化中的城市空间。

①工作空间的建构。

"挪用"是指将原有物品挪作他用。由于工作性质，拾荒者大多在街头巷尾工作的公共空间里工作。拾荒者多通过对公共空间进行挪用的方式，将公共空间占为己用，建立自己的根据地。许多拾荒者都拥有自己固定的根据地，这些根据地分布在大大小小的包括街道旁、公园、垃圾站旁等在内的公共空间，他们会将手推车、三轮车等运输工具停放在这些空间，同时也会将收集回来的废品堆积在此。因此，拾荒者的根据地是拾荒者分类、整理、再加工拾荒物的空间，也是展示其独特的身体实践的空间。

ZXJ夫妇的地盘是在铁路青年公寓小区门口的一片空草地上，是小区出入的必经之地。空草地周边用灌木丛围起来，留出一个入口，旁边挂着一个牌子写着"回收废品"四个大字并附有他们的联系方式。这里便是他们每天回收废品、对废品进行分类和再处理的主要场地。除此之外，这片地方还是他们的厨房和浴室。ZXS家的工作摊子在一个弧形道路的拐弯处的一片高约半米的平台上，大约有十几平方米的区域与一位街头剃头师傅共同分享（图2-17）。

"在这个地方又不耽误干活，又不影响交通，人来人往的生意好一些。离家也近，很方便。来往的街坊邻居也可以坐下来聊聊天。"

（访谈对象：ZXS，访谈时间：2014年11月）

注：图片ZXS的工作空间来源于百度地图。

图 2-17 ZXS 和 ZXJ 的工作空间

如何处理工作空间与其周边空间的关系，是拾荒者成功挪用城市公共空间之后需要考虑的问题之一。占据着公共空间，又不能与公共活动融为一体，拾荒者多会选择将根据地与附近居民、商铺活动进行一定的阻隔。这既是对外界投来的凝视视线的阻隔，又是尽量减少对市民日常生活干扰的生存策略。

"这个地方还是我们自己建的，原本这里什么都没有，只有一片光秃秃的土地，我们来了之后我就花50元钱买了几十棵四季青的树苗，围着这个空地种了一圈，又买了一棵椰子苗种在中间，七八年过去了，现在这棵树已经比旁边的房子还高了。"

（访谈对象：ZXJ，访谈时间：2014年10月）

ZXJ人为地利用绿化带的作用将工作空间与行人道路进行了空间隔离，阻挡了小区进出居民直接看向废品堆积的视线，避免了脏乱差的印象，有利于他们在此地长期工作（图2-18）。和ZXJ家不同，ZXS家工作空间的位置与道路之间虽没有任何阻挡物，但也成功地实现了与马路的空间隔离。ZXS家的地盘位于水果蔬菜超市的大门外侧，因所处空间高出马路将近1米，虽是完全开放的空间，但因高差的原因实际上却是独立于周边社区的日常生活活动空间,既处在人流量大的区域,同时又相对脱离了部分行人的凝视视线。

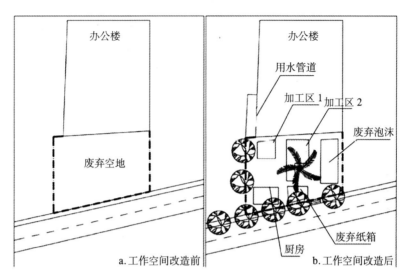

图 2-18　ZXJ 夫妇工作空间改造前后对比示意图

拾荒者主动建立起的隔离屏障是深知自我处境的折射,是对凝视者优越定位的反抗。"凝视"往往被作为一种带有权力意志的观看方式。与看相比,凝视意味更多,它表示一种心理上的权力关系,即凝视者优越于凝视对象。凝视往往以一种窥测的角度赋予观看者对被观看者的占有与控制的权力。拾荒者作为城市的边缘群体,受到社会的"污名化"对待,看与被看的行为建构了主体与对象,自我与他者,塑造了在城市中格格不入的拾荒者处境。在这样话语情景下生存的拾荒者,由于其力单势薄,难以改变现有的被排斥的现状,转而采用日常生活中的身体实践来改变自我的生活空间。物理空间的空间隔离正是社会排斥的具象化表现。

②家空间的建构。

在占据城市空间和使用其个人空间的过程中,拾荒者充分发挥了他们的能动性,依靠城市空间所能提供的一切可能性,改变已有空间和场所的性质。比如在寻找居住场所时,ZXJ 夫妻、YNS 夫妻和 XNS 夫妻都曾以免费的身体劳动与小区、超市或酒店的管理者换取居住空间。拾荒者进入城市之后,身体成为其最大的资本形式,以身体资本换取城市空间是身体资本的理性运作,对于他们是最为经济实惠的途径。

"有一天，小区领导买了一个冰箱送到了楼下，他说给我 10 块钱让我帮他搬上去，我帮他搬上去后没有要他的钱，他看我们勤快、老实，就让我们在这里长住了。到现在已经住有七八年了。主要是我们勤快、干净些，不要把小区弄得又脏又臭，他们就不会撵我们。"

（访谈对象：YXL，访谈时间：2014 年 10 月）

拾荒者每天可以获得很多人们丢弃的物品，把这些物品进行简单的修补变成可用品。电视、床、柜子、桌子、椅子乃至锅碗瓢盆，都是他们对获得的二手物品进行修补和改装之后的成果。简单的修补和改装本是他们从事这一职业的基本身体实践，同时也是他们能动性的体现。除此之外，拾荒者还利用烹饪、声音等其他身体感知方面对其居住场所进行重构，从而生产出具有其原本社会文化背景的家空间。即使条件简陋，拾荒者每天的饮食仍遵循河南菜的传统。ZXJ 夫妇中的女主人经常会边做边说："我们收废品的很少自己买家具，这些锅碗瓢盆、板凳桌子，很多都是收废品的时候收过来的，在这里就是一个穷对付，不像在家里讲究些。做这些面食很费事，做的时间长，经常中间做着做着就有事忙，但是不吃就想得慌，要是连家乡饭都吃不上，才难受哩！"

（访谈对象：YXL，访谈时间：2014 年 10 月）

声音同样是个体认识自我和世界的身体性体验，它能够烘托个体的归属感或疏离感。在访谈过程中，拾荒者 ZXJ 特意展示了他们家买的唯一一件电器，是在河南购买的可以读取移动优盘的收音机，里面储存了大量的豫剧。听河南戏是他们工作之外最重要的娱乐活动。另外，除了在交易和工作过程中，林河西的拾荒者们均采用河南方言交谈，群体内部共有的语言特质营造了强烈的群体归属感，隐藏于城市中间的一个虚拟的乡村地理空间因方言而生成。

通过身体实践，拾荒者就有了"使用但不必拥有的权利"，从而得以完全按照自己所携带的社会文化习惯来布置和使用个人占据的空间，从家具的选择、搭配以及摆放全由自己做主，最大限度地打上自我的标签。对于拾荒者而言，在广州的家空间中充斥着河南饮食、河南戏剧、河南方言等身体感知和实践，而这些身体实践均在营造着拾荒者"在家"的感觉。因此，拾荒者对工作空间和家空间的建构是"避让但不逃离"的进一步延伸和拓展，是更为积极主动的身体实践。

（2）基于社会关系网络形成的松散聚集区。

拾荒者群体在积极建立个人生存空间的同时，还在建构着专属于拾荒者群体的居住空间和"地盘"。这种空间分异的形成，是拾荒者身体实践与社会关系网络共同作用的结果。当拾荒者进入到城市，他们不断借助或强或弱的异己力量，试图将不同的资源要素结合在一起，以此占据在城市立足的社会资本。社会关系既是拾荒者身体实践维系的结果，同时又是其生存的手段。在借助地缘关系的基础上，拾荒者们以家庭为单位聚居在一起。

①基于松散地缘关系的拾荒者聚集区。

地缘关系是拾荒者的初级关系。正如费孝通所说："'地缘关系'作为血缘关系的投影，生于斯，死于斯，把人和地的因缘固定了。世代间人口的繁殖，像一个根上长出的苗，在地域上靠近在一伙。地域上的靠近可以说是血缘上亲疏的一种反应。"基于地域远近的亲疏逻辑，城乡流动人口来到远离家乡的城市后，建立起以"老乡"为主的社会关系网络，"老乡"为拾荒者在城市成功落脚提供了有力支持。老乡聚集在同一片区工作，是出外谋生的首要选择。在广州，拾荒者群体在空间上的分布多以来源地为主要依据。比如骑着自行车走街串巷的专收电器的HXS说："我们是属于村里出来的最早一批，前些年，我们带了很多老乡到广州市拾破烂。那时候来拾破烂的一大半都是X地人。现在东路这一片收废品的也有很多是我们X人，几乎全是Y省人。"

（访谈对象：HXS，访谈时间：2014年10月）

拾荒者在城市内部形成的聚居分布是其地域空间的复制，是地缘关系在拾荒者进城谋生过程中重要性的体现，也是拾荒者群体与城市主流社会相互隔离的空间表现。由于拾荒者工作性质的特殊性决定了其工作空间和居住空间无法相距过远，因此，他们多会在工作地点的附近寻找可以栖身的居住空间。拾荒者聚居隐匿在现代化都市的内部，不易为人发觉，运用自我的街头生存智慧，形成了松散的、边界模糊的、集生活与工作于一体的拾荒者聚集区。一方面，在一定程度上有利于消除拾荒者在城市里的陌生感，有利于互帮互助，交流信息。另一方面，拾荒者的社会网络往往局限于地缘关系，缺乏主动扩大社交网络的动机，并不有利于拾荒者的城市融合。

②基于业缘关系和庇护关系形成的势力范围。

庇护关系是一对角色之间的交换关系，可被界定为彼此之间工具性友谊关系的一种特殊情况，其中占据较高社会经济地位的庇护者利用其影响力和资源向社会经济地位较低的被庇护者提供保护和利益，作为回报，被庇护者则向庇护者提供一般性的支持和帮助，包括个人服务。拾荒者不同于其他城乡流动人口，他们并没有统一管理的工作空间，他们不得不通过自我的生活策略，通过自己的努力来获得。同时，由于依靠地缘和亲缘建立起来的社会网络同质性高，能够带来的资源有限，因此，建立异质性的工具性的次级社会关系就成为他们另外一种获取资源、成功立足城市的重要途径。正如上文 ZXJ 所提到的那样，通过身体劳动的交换，拾荒者得以获得免费工作空间和居住空间。他们的庇护者并不一定是正式组织的成员或者政府官员，庇护者可以是小区的管理人员、超市的收银员、邮局仓库的管理人等职业，他们在社会中并不一定拥有较高的社会地位，但却具有分配拾荒者所需资源的权力。

"邮局仓库里有许多寄丢的快递，每月仓库的工作人员都会把这些快递拆开分类，有用的就回收，没用的书纸和盒子都会找收破烂的回收，那个管仓库的人认识我们之后就每个月只找我们，每次都要干一天才能干完，但是能挣千儿八百块钱，每次干活的时候就干好点，不多管闲事，收的时候价钱给高点，她就只找我们了。"

（访谈对象：YXL，访谈时间：2014 年 10 月）

除了邮局这样的好差事，他们还会和附近多家便利店、水果店的管理人员订立长期的收废品的口头协议。尽管以地缘关系建立的社会网络是他们在城市里的主要关系网，但是他们并不愿意共享彼此的次级社会关系网络，在他们看来，进城后建构的庇护关系是属于私人的谋生资本，是自我身体实践转换的结果。拾荒者在城市之中工作生活的空间是拾荒者与多重社会关系协商的结果，工作空间和居住空间的选择离不开地缘关系的引介，其长期的维系离不开庇护关系和业缘关系的支撑。在多重关系的综合影响下，以夫妻为基础的拾荒者家庭逐渐获得专属于自家的回收废品的势力空间，多个来自同一地域的家庭相互联系形成松散的、边界模糊的隐藏在都市里的地域聚集区。地域聚集区的各个节点分散在城市空间的边缘位置，是城乡差异的另一种体现方式。

6. 结论与讨论

（1）结论。

身体作为为边缘群体发声的武器，有力地挑战了主流社会对包括女性、种族、疾病、肥胖等在内的边缘群体的控制和规训。研究从拾荒者的身体实践出发，全面地揭示了拾荒者的身体实践对建成环境的重构过程，并提出以下结论：

①在追求高楼大厦和整齐划一的现代城市空间形态的过程中，拾荒者作为城市的外来者和边缘群体，常常成为被忽视乃至被驱赶和规训的对象，但是他们通过身体实践占据和重构自我的生存空间。无论被动或主动，拾荒者的身体实践都是对宏观制度和主流文化的默默抵抗。在持续且微观的协商和抵抗中，身体扮演着重要角色。它既是拾荒者体验和感知城市的基础，同时又是拾荒者不断地反作用于城市空间的工具。拾荒者充分发挥其身体实践的作用，借助多重社会关系，巧妙地将公共空间转化为私人空间，由此得以渗入到城市社区的内部。同时，以夫妻为基础的拾荒者家庭逐渐获得专属于自家的回收废品的势力空间，多个来自同一地域的家庭相互联系，形成松散的、边界模糊的隐藏在都市里的"拾荒者聚居区"。这种个体拾荒者的聚居区不同于以往研究所关注的城乡流动人口聚集区。它隐匿在现代化都市的内部，不易为人发觉，是拾荒者运用自我的街头生存智慧，建立起的空间边界相互交错，但收购权力划分明确的工作势力范围。拾荒者对城市空间的挪用，打破了既定的城市秩序，形成了特有的嵌入在城市空间中的属于拾荒者的空间。

②拾荒者聚集区形成不仅仅象征着拾荒者身体实践的成功，同时意味着拾荒者实施并完成了对城市街道、建筑等空间意义的转换与利用。拾荒者聚集区的各个节点分散在城市空间的边缘位置，是城乡关系的另一种体现方式。在拾荒者聚居区碎片状地深入到城市空间之后，城市所代表的现代性、权力、正当的、作为一方主宰的意义被模糊，城市街道和建筑空间中所蕴含的规制和秩序经过拾荒者细微且长久的身体实践而有所削弱。城市规划所定义的城市空间被拾荒者转变成了融合城乡因素的混合空间。基于此，拾荒者得以成功地在现代城市建设的缝隙占据和开拓他们的生存空间。

（2）讨论。

研究立足于中国的城市化情景，从日常生活的身体实践和拾荒者个体的能动性着手，试图详细地阐述身体和城市两个尺度之间的动态关系，丰富了身体地理学的研究内容。与此同时，研究对拾荒者能动性的关注，挑战了已有研究对拾荒者的刻板印象和脸谱化，强调了发源于身体实践的自下而上的对权力的协商和挑战过程。然而，研究仍存在一些缺陷。其一，拾荒者是一个庞大的复杂群体，由于田野调查所限，对整个群体的理解还不够全面，有待在后续工作中继续深化。其二，个体和城市的互动是一个长期复杂的过程，互动因人而异且时刻发生着变化，因此，本文对拾荒者与城市联系过程的研究只提出了一种可能性，对其内部更多的可能性还需在今后继续补充。

身体实践和地方的关系是一个很有意义的话题。首先，身体实践和地方的互动是隐藏于琐碎日常生活中的不易察觉的微观人地关系，其不仅仅是物质空间的碰撞，还直接关系到个体情感和感知与社会、经济以及文化维度之间的互动等议题。关注这一议题有助于我们增强对物质世界多样性的理解。其次，身体实践和建成环境的互动立足于具有群体差异性的身体实践，揭示了多种社会文化群体的独特性，为进一步发掘群体认同和归属感提供新的途径。尤其在现代性和城市化快速发展的当代社会，差异性和流动性的程度不断增强，来自不同背景、具有不同身体特征的弱势群体和亚文化群体等群体的身体实践都具有丰富的现实意义。最后，身体尺度与其他尺度空间的互动，一直是身体地理学研究的重要内容。如何借用身体体验、身体实践的力量，打破微观边缘群体和宏观权力的二元对立以及微观尺度和宏观尺度的二元分离，开展身体、家庭、邻里、社区、城市、区域乃至全球多尺度的互动和融合研究，也将成为后续需继续深入探讨的极其富有意义和意味的话题。

参考文献

[1] 爱德华·W. 苏贾, 王文斌. 后现代地理学[M]. 北京: 商务印书馆, 2004.

[2] 蔡运龙. 地理学的实证主义方法论——评《地理学中的解释》[J]. 地理研究, 1990 (3): 95-104.

[3] 赫特纳. 地理学: 它的历史、性质和方法[M]. 王兰生, 译. 北京: 商务印书馆, 1983.

[4] 胡焕庸. 中国人口之分布[M]. 钟山书局, 1935.

[5] 金其铭, 董新. 人文地理学[M]. 北京: 商务印书馆, 1994.

[6] 刘云刚, 王丰龙. 西方主义与实证主义幻象: 近三十年来中国人文地理学理论研究透视[J]. 人文地理, 2013, 28 (1): 14-19.

[7] 马润潮. 人文主义与后现代化主义之兴起及西方新区域地理学之发展[J]. 地理学报, 1999 (4): 79-86.

[8] 宁越敏. 上海市区商业中心区位的探讨[J]. 地理学报, 1984 (2): 163-172.

[9] 陶伟, 王绍续, 朱竑. 广州拾荒者的身体实践与空间建构[J]. 地理学报,

2017, 72 (12): 2199-2213.

[10] 王岳川, 尚水. 后现代主义文化与美学 [M]. 北京: 北京大学出版社, 1992.

[11] 于涛方. 结构主义地理学——当代西方人文地理学的一个重要流派 [J]. 人文地理, 2000 (1): 66-69.

[12] 张祖林. 当代西方地理学中的人文主义 [J]. 自然辩证法研究, 1995 (4): 31-36.

[13] 章建敏. 现代西方人本主义哲学思潮评析 [J]. 理论建设, 2001 (2): 57-64.

[14] 赵振斌, 褚玉杰, 郝亭, 等. 汉长安城遗址乡村社区意义空间构成 [J]. 地理学报, 2015, 70 (10): 1606-1621.

[15] 周旗. 区位: 地理理论演绎的逻辑起点 [J]. 西北大学学报 (自然科学版), 2003 (4): 470-474.

[16] 朱春奎. 地理学中的人文主义学派评述 [J]. 人文地理, 1992 (4): 6-10.

第三章 人文地理学的野外实习方法

第一节 田野调查概述

田野调查又叫实地调查或现场研究，是一种深入到研究对象的工作生活实地中，以观察、访谈、口述史的方法收集资料，并通过对资料的分析研究来理解、解释现象和社会的社会研究方式。主要用于自然科学和社会科学的研究，如人类学、民族学、民俗学、考古学、生物学、生态学、环境科学、民族音乐学、地理学、地质学、地球物理学、语言学、古生物学、社会学等。人文地理学野外实习就是一种常见的田野调查方式。

一、田野调查基本原则

1. 价值中立

田野调查中的价值中立是指在调查中要避免先入为主地用调查者已有的价值体系去衡量、观察、评价自己的调查对象。价值中立的原则要求调查者以一种冷静、客观的态度去观察和收集资料，避免过多地卷入当地的社会关系中。价值中立原则强调的是这样一种操作原则：在调查中坚决避免用现有的理论框架来有意识地收集符合该框架要求的资料。这既是一种操作原则，也是一种伦理原则。

2. 整体论

整体论把人类及其所赖以生存的社会当作一个整体来研究，它要求将研究对象置于特定的时空条件进行全方位的理解，从而力图避免任何一种单一的视角所可能导致的片面。在田野调查中对于"整体论"的把握，要特别注意研究对象要素间的相互关联性。例如，在集约农耕的文化中，定居生活、家庭园圃业、水资源的管理、父系继嗣、对土地的崇拜及其各种仪式等，是如此紧密地结合在一起，以至于我们忽略掉其中任何细节都不可能获得对这种文化类型的正确理解。

二、田野调查方案设计

调查方案设计是做好田野调查的基础。田野调查复杂而艰辛，是一种生存技能和研究能力的考验，也是一个由多个环节组成的系统性工作。它不仅要有充分的物质、心理方面的准备，而且还要精心做好前期的工作预测和日程协调，掌握大量的跨学科知识和应急知识。田野调查的结构可分为若干环节和步骤，如准备阶段、初始阶段、现场调查阶段、撰写研究报告阶段以及补充调查阶段或后期追踪调查等。只有设计和实践好这一系列环节，才能最大程度地把调查的点与面有机结合起来，从而实现野外实习的目的，进一步拓宽学术视野和考察空间。

1. 设定调查主题

调查主题是整个田野工作的核心与灵魂。主题的确定是否科学合理，在很大程度上决定着田野调查的质量与价值。如陕北黄土高原生态建设与绿色发展的野外实习，调查主题是生态文明及其建设的内涵、绿色发展实践，尤其调研区——陕北黄土高原，可将生态文明和绿色发展的进展及其可能存在的问题作为调研的重点。为此，确定了两个分主题：一是学会运用人文地理学视角分析陕北黄土高原生态建设和绿色发展所面临的具体问题；二是从区域整体和实习地点两个尺度了解陕北黄土高原生态建设和绿色发展的特点和已取得的成效。

2. 选择调查对象

调查对象包括调查地点和被调查人群两个方面。在确定主题之后，一个重要的工作就是选择合适的调查地点。一般来说，选择地点有两个最基本的要求，一是选择的调查点必须有特色，与其他地区相比，具有明显的特点。二是选择的调查点必须具有典型性，如在陕北黄土高原生态建设与绿色发展的野外实习调研中，所谓调查点的典型性就要求该地区在生态文明建设和绿色发展中具有代表性：作为"国家生态文明建设示范县"和"国家级生态示范区"的宜君县，是坚持"生态立县"战略，践行"绿水青山就是金山银山"理念示范县，实习地采用"生态林场＋湿地公园＋美丽乡村"方式进行选择，其中，生态林场展现宜君如何"守护绿色"，湿地公园和美丽乡村展示宜君如何坚持"绿色发展"，因此选择两类实习内容，即守护绿色和绿色发展，设置三处实习地点，以太安国有生态林场作为守护绿色实习地，以福地湖国家湿地公园+美丽乡村示范村（棋盘镇黄埔寨、五里镇孟埔塬村）作为绿色发展实习地。

至于被调查人群，则要考虑被调查者的身份、年龄结构、文化水平、生活状况等。其中，身份主要指被调查者是不是管理者，年龄结构、文化水平、生活状况则可能对调研问题的看法有较大影响。选择好调查对象对保证调查效果至关重要。例如，宜君县福地湖国家湿地公园的调查主要针对前来游玩的游客，美丽乡村示范村的调研主要对象则是农户和乡村干部。

3. 拟定调查大纲

调查提纲包括调查目的，初步的调查内容、步骤和实施措施等内容。这些内容的表述要尽可能做到全面细致，具有可操作性。将工作目标、人员分工、行走路线、工作时间、采访设备、交通联络、保障措施、成果形式等梳理清楚。

三、田野调查的主要方法

"田野"中采用什么方法来收集资料，主要依据研究主题进行选择，有观察法、访谈法等。本节不做详细介绍，只做简要说明。从下节开始对主要方法一一进行介绍。

观察法并不是我们日常理解的到实地参观一下就可以。社会研究中的观察指的是带着明确目的，用自己的感官和辅助工具系统地去直接地、有针对性地了解正在发生、发展和变化着的现象，并根据观察到的事实做出分析和规律性的解释。主要分为非参与式观察、半参与式观察和完全参与观察。非参与式观察，主要是指观察者完全不参与进被调查者中，完全隐蔽起来进行的观察。优点是完全不打扰人的日常生活和事务，能观察到最真实自然的现象，缺点是很难深入。半参与式观察赋予研究者两种可以选择的角色，一种是公开研究者身份参与到被观察者中去，另一种是伪装身份进行参与观察。这两者利弊参半，可以相对深入进行观察，但是往往会打扰到被调查者的正常生活，使其感受到自己正在被观察，从而有可能改变行为方式。真正不打扰被观察者又能深入观察的方法是完全参与观察。在整个观察过程中，被观察群体的成员都相信研究者是群体中的一个普通成员，完全不知道他是一个观察者。采用这种方法的研究者往往是为了搜集正常情况下完全无法了解到的社会现象或群体。比如，民国时期的社会学家严景耀先生，就曾采取这种方法,到监狱中当犯人去研究中国的犯罪问题。这一方法的深度和真实性都是最优的,但其所涉及的伦理道德问题往往令人难以回答,即社会研究者究竟有没有为了研究的目的而操纵和欺骗人的权利?

"田野调查"中的访谈法,分为结构式访谈和无结构式访谈。虽然很多教科书中都认为实地研究中的访谈为无结构式访谈,但并不是说结构式访谈不能在此使用。结构式访谈,简而言之,就是用访谈的形式由调查者帮助被调查者完成一份问卷的填答。因为被调查者的文化程度不高,不熟悉甚至排斥问卷调查,没有办法自己完成一份问卷的填答。这时以一问一答的方式来合作完成问卷调查是相对合适的方法,而且也使得调查资料的数字化、准确化程度大大提高。无结构式访谈,又称作深度访谈或者自由访谈,只根据一个事先准备好的访谈主题或范围进行比较自由的交谈。在深入地互动沟通中,调查者能够"移情理解"被调查者,并且获得丰富生动的定性资料,通过与理论对话,进行深度分析、概括、抽象,得出新的结论。表面上看起来无结构式访谈的工作似乎更为轻松愉快,其实不然,做好一次深度访谈,不仅事前需要大量准备工作,在整个访谈过程中对访谈员的要求也比较高,既要带入感情以达到双方的深层次理解互动;又要客观理性,随时跳出进行逻辑分析,实时引导、拓展话题的深度广度,同时还要小心不要让被调查对象控制主动权,出现跑题现象。那么怎么才能成为一个合格的访谈员呢?一是需要阅读大量关于访谈和口述史方法的理论书籍,了解工作流程,做好充分的准备;二是要有大量访谈实践,一般来讲访谈总时长超过一百小时,是一个质的飞跃点。

最后必须要提的是,无论是观察还是访谈,在正式开始调查前,都必须进行详细充分的准备工作。需要对研究问题目前的研究现状、田野点与调查对象的基本情况等有基本的了解。同时,田野调查也是一种研究方式,是为研究学术问题服务的,如果一个研究者对自己要研究的学术问题完全都不思考,那是无法真正开展科研工作的。所以进入田野前全面了解被调查地和调查对象是非常必要的,做好充分的准备工作也是研究开始的重要环节。

第二节 观察法

观察是人们在日常生活中经常采用的一种用来了解事物的方式,在科学研究中也是如此。可以说,观察法是一切科学研究的基本方法。在科学研究中,观察法指的是带着明确的目的,用观察者的感觉器官或者辅助工具去直接或间接地了解研究对象。观察的过程一般分为三个阶段:准备阶段、实施阶段和资料处理阶段。科学的观察具备以下几个特征:①有一定的研究目的或研究方向;②预先有一定的理论准备和较系统的观察计划;③有较系统的观察或测量记录;④观测结果可以被重复检验;⑤观察者受过一定的专业训练。

一、观察的分类

在科学研究中,许多科研人员都采用观察法收集资料。但是,由于不同的研究目的,采用的观察类型也不一样。一般来说,按照不同的形式与方式,可以将观察法划分为以下几种类型。根据观察地点的不同将观察分为实验室观察和实地观察,也可根据观察方式的结构程度将其区分为结构观察和无结构观察。同样,按照观察中研究者所处的位置或所采取的角色,可以将观察区分为局外观察和参与观察。按照观察的角度不同,观察法可以分为直接观察和间接观察。

1. 实验室观察与实地观察

实验室观察就是在备有各种观察设施的实验室内,对研究对象进行的观察。这种观察方式在心理学研究中经常使用。在社会学研究中,由于受到研究对象的限制,多半局限于对儿童进行的观察研究。如对儿童的交往、模仿等互动行为的测量,等等。在实验室中,研究者一般是借助一种单面镜来进行观察。镜子里面的人看到的是一块不透明的黑板,而镜子外面的人看到的则是一块普通的透明的玻璃。里面的人看不到外面,而外面的人却可以看到里面。这样就使得被观察者意识不到有人在观察他,而观察者却可以看得一清二楚。同时,实验室的各个不同方向都装有隐蔽的摄像头,研究者可以根据需要摄下室内的各种活动内容。由于实验室观察有一定的条件要求，且观察的范围和对象又受到一定的局限，所以社会研究很少采用此法。

实地观察是指在现实生活场景中所进行的观察。实地研究者在研究中采用的主要是这种类型的观察。实地观察与实验室观察的不同之处除了地点或场景的不同外，还体现在它通常是一种直接的、不借助其他工具或仪器的观察。从实际情况看，大部分的实地观察还是一种无结构的观察，尽管它也可以是结构式的。

2. 结构观察和无结构观察

结构观察指的是按照一定的程序、采用明确的观察提纲或观察记录表格对现象进行的观察。它与结构访谈的形式有点相似。通常，结构观察多采取局外观察的方式进行。其观察的内容是固定的，观察记录表也类似于结构式问卷，观察者根据统一的要求，对每一个观察对象进行统一的观察和记录。因而其结果可以用来进行定量分析。下面是一份对书店的人们进行结构观察所用的观察记录表（表 3-1）。有人通过对多个对象的观察发现，女性顾客比男性顾客在书店行为中更具有目的性。

表 3-1　对书店的人们进行结构观察所用的观察记录

```
1）观察开始时间：_____时_____分
2）个人细节：男□    女□
            已婚□  未婚□  不知道□
3）年龄估计：10多岁□  20多岁□
            30多岁□  40多岁□
            50多岁□  60多岁□
4）职业或身份：_____        不知道□
5）单独一个人□      同_____个同伴      同谁_____
6）买了几本书_____本      一本也没买□
7）进书店时的最初行为_____
8）同售货员的接触情况_____        一个也没接触□
9）同其他顾客交谈情况_____        一个也没交谈□
10）翻阅书籍情况：翻阅了几本_____
                 共看了多长时间_____    没有翻阅□
11）其他情况描述_____
12）根据上述观察判断对象的目的性程度，并在下列线段的适当地方标出。
    -3   -2   -1   0   1   2   3
    _____
    有目的的              随便浏览的
```

而无结构观察则指的是没有任何统一的、固定不变的观察内容和观察表格，完全依据现象发生、发展和变化的过程所进行的自然观察。它与无结构访谈的特征相类似。并且，无结构观察多采用参与观察的方式进行，其观察的结果也不具有统一的形式，观察所得资料通常只能进行定性的分析。这种无结构的观察是实地研究中最主要的观察方式。

3. 局外观察和参与观察

所谓局外观察也称为非参与观察，即观察者处在被观察的群体或现象之外，完全不参与其活动，尽可能地不对群体或环境产生影响。最理想的局外观察是观察者隐蔽起来观察，使被观察者一点也意识不到有研究者在场正在观察他们。这种观察方法常用来研究儿童的行为，或用于研究公共场合及公众闲暇活动中人们的行为。如对剧院、书店、图书馆、体育场等处人们的活动进行的观察。

参与观察就是研究者深入到所研究对象的生活背景中，在实际参与研究对象日常社会生活的过程中所进行的观察。它是一种非结构性的观察。这种方法是人类学家研究原始的非本族文化时最常用的一种方法。在参与观察过程中观察者可以扮演两种不同的角色，一种角色是研究者的身份对于所研究的群体来说是公开的，同时，研究者又被这一群体接受，允许参与他们的成员关系和群体活动，使研究者能够进行观察和研究。这种方式的典型例子是美国社会学家怀特所做的"街角社会"的研究。

在这个研究中，他成了当地一个青少年帮派的朋友，但同时又没失掉他研究者的身份，即那个青少年帮派的成员知道他是一个研究人员，但仍然接纳他从事观察和研究。许多研究原始部落的社会人类学家经常同这些部落的成员共同生活一段时间，他们所扮演的往往也是这种角色。另一种角色是隐蔽观察者，即研究者将自己的真实身份隐藏起来，而以所观察社区或群体中一个真实成员的身份去参与其中并进行观察。这是一种要求研究者采取虚伪角色的形式。像罗森汉教授假装病人混入精神病院对医患关系的研究即是这方面的例子。

4. 直接观察和间接观察

直接观察指的是研究者对正在发生的事物所进行的观察。而间接观察则指的是研究者对已发生事件所留下的痕迹进行观察，并进而推测所发生的事件的方法。

二、参与式观察

1. 参与式观察法的来源

参与式观察来源于社会科学，是人类学研究中最常用的研究方法。人类学在发展早期，研究对象多为原始民族或特殊的亚文化群体，由此，参与观察发展出来的主要内容有：①调查者住在调查地区要有一定的时间长度，一般是一年，使他有机会看到当地人们一年内因季节而异的生产活动、宗教仪式和节庆事件；②学习当地语言；③调查者要像当地社会成员一样生活，深入人们的生活之中，才能真正了解他们的文化。这种参与式观察的目的是要全面、深入地描述某一特定的文化现象。

2. 参与式观察的类型

根据研究者在实际的参与观察中所呈现的角色，可以将参与式观察分为两种类型。

（1）研究者"作为观察者参与其中"类型。在这种研究方式中，研究者的身份是被所研究和观察的人们所知道的，他是以这种公开的身份参与到被研究者群体或社区中进行观察的。

（2）研究者"作为非参与者而观察"类型。在这种研究方式中，研究者将自己的真实身份隐藏起来，而以所观察的社区或群体中的一员的身份去参与其中并进行观察。这种方法的最大问题是伦理道德问题，即研究者有没有为了研究的目的而欺骗研究对象的权利。

3. 参与式观察法的特点

（1）参与式观察法的优点。与其他研究技术相比，参与观察导致研究者把他自己的看法和观点强加于他试图理解的那个社会世界的可能性最小，它常常是在"没有先入之见"的情况下进行这种探讨的。因此，它为获得社会现实的真实图像提供了最好的方法。而采用调查研究的方法（结构式访谈或自谈式问卷），都要求研究者事先决定好一组要求访谈者回答的问题，这样做就有可能使研究者把他自己关于所研究现象或行为的特定猜想、判断、看法和观点，强加给社会；在这种特定的注意力和特定的分析框架的指导下得出的很可能是所研究现象变形的和曲解的图像。正因为如此，利博特别担心他所希望观察的现实遭到歪曲。他说，从一开始进行研究，他就"特意不在一些有关的问题中做出明确的假设"，他只是尽量地听和看。当观察者深入实地、完全参与到被观察者的实际生活中,边同他们一起生活,边进行自己的观察时,他往往能够直接地、真切地感受被观察者的思想感情和行为动机,特别有利于研究者"设身处地"地"理解"被观察者。

(2) 参与式观察法的缺点。参与式观察法的缺点就像其批评者所概括的,其所得到的资料往往缺乏信度(即缺乏可靠性):作为一种研究方法,它的程序是不明确的,它的观察是无系统的,它的资料是难以用数量表示的,它的研究结果也是无法重复的。同时,参与观察在很大的程度上依赖于观察者的敏感性、领悟能力和解释技巧。在参与观察的整个过程中,主观因素的作用和影响很大,而很难有比较客观的评价标准。特别是,当研究者在参与观察中参与得越深,体验得越深,其主观情感、看问题的角度、思考的模式等方面受到的影响也就越大;他在看待、分析和解释人们的行为时丧失客观性、中立性的可能性也就越大,程度也就越深。这样就出现了一种新的危险:观察者因陷得太深而失去其观察的超然性和敏锐性,并变得过于地想当然。这是研究者在参与观察过程中所应注意的一个问题。

4. 参与式观察法的应用

首先,采用参与观察方式进行的研究,通常不是要验证某种理论或假设,其目的是对现象发生的过程提供直接的和详细的资料,以便对其有比较深入的理解。因而参与观察不用事先准备特定的假设,其研究的过程也无特别的限制,常常会观察到原先并未期望得到的资料,得到意外的收获。但另外,由于参与观察的方法要求研究者参与到自然的、不经过人工的控制或改变的环境中来进行研究,因而其在可靠性、观察偏差以及结果推论上都存在着一定的局限,所以,在使用上应注意一定要有比较长的时间来从事观察,以便于研究者对某一现象或群体做全面的和综合的了解。

其次,参与观察之初,研究者都需要为自己作为一个陌生人的出现进行某种方式的解释。他的参与观察能否成功也在很大程度上取决于他能否被其所研究的群体所接纳。因此,能否得到所研究的群体中关键人物的支持和帮助,就常常成为研究者获得成功的关键环节。

最后,由于参与观察特定方式的要求,参与观察者往往要经历一个"先融进去""再跳出来"的过程。或者说,参与观察过程中有一个角色转换的问题。在参与和观察之初,研究者要尽快"进入角色"——将自己作为研究者的角色转换为观察对象群体中一员的角色,从语言、行为举止到生活方式,都尽量"同化于"被观察对象及其社区,以达到"移情理解"的目的。而当要对观察到的现象和行为进行判断、分析和解释时，研究者又要能随时"跳出角色"——恢复到研究者客观的、中立的立场上来，从局外人的角度，重新审视被观察对象的行为表现，发掘其所具有的客观含义，以达到"超脱理解"的目的。

5. 延伸阅读

当代地理学方法中，Eric Laurier 给出了参与性观察研究的书籍和文章，提供了参与性观察研究的有用案例：Crang（1994）给我们提供了一个参与性观察的例子，可用于观察一个服务员的工作是如何进行的，其中细致的观察能让我们懂得监督和夸奖在工作场所的意义。Goffman（1961）的著作很经典，为读者所喜爱。它时而发人深省，时而妙趣横生，时而又摄人魂魄。不仅是地理学者认识到了其中的价值，对于社会学、社会心理学、精神病护理与治疗等学科来说，它也是一本很好的教材。Harper（2000）的论文基于两位作者与新式的电话银行以及传统银行的雇员一起工作并建立友谊的情况。这个工作展示了如何在商务环境中进行参与性观察研究。Liberman（1985）的研究使我们认识到塑造原住居民日常生活的真正原因。众所周知，研究"外来"文化的一种方法大概就是参与性观察，在那种文化中我们对日常事物都感觉到陌生。Livingston（1987）介绍了在社会科学研究中大量运用的、令人迷惑并具有特色的参与性观察方法，通俗易懂且有实用价值。Sudnow（1978）的书一上市就很畅销，读者包括科技工作者和音乐家。除此之外，如果你会弹奏钢琴，那么该书可以作为你学习爵士钢琴曲的教学材料。对于那些不熟悉音乐演奏的读者来说，有些章节可能不容易理解，因为需要了解乐谱、和弦等音乐基础知识。Wieder（1974）的著作基于作者在为刑满释放人员设置的过渡教习所进行的蹲点研究，该研究阐明了"罪犯代号"如何被用作一种策略，以便了解和展现教习所里发生的各种事件。该研究为我们认识一个特殊的地方以及它的居民如何组织他们的日常生活奠定了很好的基础。

第三节　问卷调查

问卷调查是指通过制定详细周密的问卷，要求被调查者据此进行回答以收集资料的方法。所谓问卷是一组与研究目标有关的问题，或者说是一份为进行调查而编制的问题表格，又称调查表。它是人们在社会调查研究活动中用来收集资料的一种常用工具。调研人员借助这一工具对社会活动过程进行准确、具体的测定，并应用社会学统计方法进行量的描述和分析，获取所需要的调查资料。

一、问卷设计的原则

1. 有明确的主题

根据调查主题，从实际出发拟题，问题目的明确，重点突出，没有可有可无的问题。

2. 结构合理、逻辑性强

问题的排列应有一定的逻辑顺序，符合应答者的思维程序。一般是先易后难、先简后繁、先具体后抽象。

3. 通俗易懂

问卷应使应答者一目了然，并愿意如实回答。问卷中语气要亲切，符合应答者的理解能力和认识能力，避免使用专业术语。对敏感性问题采取一定的技巧调查，使问卷具有合理性和可答性，避免主观性和暗示性，以免答案失真。

4. 控制问卷的长度

回答问卷的时间控制在 20 分钟左右，问卷中既不浪费一个问句，也不遗漏一个问句。

5. 便于资料的校验、整理和统计

科学地对收到的问卷资料进行校勘、整理与统计。

二、问卷设计的程序

1. 确定主题和资料范围

根据调查目的的要求，对调查内容、所需收集的资料及资料来源、调查范围等进行分析，酝酿问卷的整体构思，将所需要的资料一一列出，分析哪些是主要资料，哪些是次要资料，哪些是可要可不要的资料，淘汰那些不需要的资料，再分析哪些资料需要通过问卷取得、需要向谁调查等，并确定调查地点、时间及对象。

2. 分析样本特征

分析了解各类调查对象的社会阶层、社会环境、行为规范、观念习俗等社会特征；需求动机、潜在欲望等心理特征；理解能力、文化程度、知识水平等学识特征，以便针对其特征来拟题。

3. 拟定并编排问题

首先构想每项资料需要用什么样的句型来提问，尽量详尽地列出问题，然后对问题进行检查、筛选，看它有无多余的问题、有无遗漏的问题、有无不适当的问句，以便进行删、补、换。

4. 进行试问试答

站在调查者的立场上试着提问，看看问题是否清楚明白，是否便于资料的记录、整理；站在应答者的立场上试行回答，看看是否能答和愿答所有的问题，问题的顺序是否符合思维逻辑。估计回答时间是否合乎要求。有必要在小范围进行实地试答，以检查问卷的质量。

5. 修改、复印

根据试答情况，进行修改、再试答、再修改，直到完全合格以后才定稿付印，制成正式问卷。

三、问卷的结构

调查问卷一般可以看成是由三大部分组成：卷首语（开场白）、正文和结尾。

1. 卷首语

问卷的卷首语或开场白，是致被调查者的信或问候语。其内容一般包括下列几个方面：

（1）称呼、问候。如"××先生（女士）：您好"。

（2）调查人员自我说明调查的主办单位和个人的身份。

（3）简要地说明调查的内容、目的、填写方法。

（4）说明作答的意义或重要性。

（5）说明所需时间。

（6）保证作答对被调查者无负面作用，并替他保守秘密。

（7）表示真诚的感谢，或说明将赠送小礼品。

信的语气应该是亲切、诚恳而礼貌的，简明扼要，切忌啰唆。问卷的开头是十分重要的。大量的实践表明，几乎所有拒绝合作的人都是在开始接触的前几秒钟内就表示不愿参与的。如果潜在的调查对象在听取介绍调查来意的一开始就愿意参与的话，那么绝大部分都会合作，而且一旦开始回答，就几乎都会继续并完成，除非在非常特殊的情况下才会中止。

2. 正文

问卷的正文实际上也包含了三大部分。第一部分包括向被调查者了解最一般的问题。这些问题应该是适用于所有的被调查者，并能很快很容易回答的问题。在这一部分不应有任何难答的或敏感的问题，以免吓坏被调查者。第二部分是主要的内容，包括涉及调查的主题的实质和细节的大量的题目。这一部分的结构组织安排要符合逻辑性并对被调查者来说应是有意义的。第三部分一般包括两部分的内容，一是敏感性或复杂的问题，以及测量被调查者的态度或特性的问题；二是人口基本状况、经济状况等。

3. 结尾

问卷的结尾一般可以加上 1~2 道开放式题目，给被调查者一个自由发表意见的机会，然后，对被调查者的合作表示感谢。在问卷的最后，一般应附上一个"调查情况记录"。这个记录一般包括：

（1）调查人员（访问员）姓名、编号。
（2）受访者的姓名、地址、电话号码等。
（3）问卷编号。
（4）访问时间。
（5）其他，如设计分组等。

四、问卷的核心——问题设计

1. 问题的分类

概括来看，问题可分为两类：

（1）开放式问题，又称无结构的问答题。在采用开放式问题时，应答者可以用自己的语言自由地发表意见，在问卷上没有已拟定的答案。

例如，你在乡村经济发展和生态保护协同提升等方面的实践经验有哪些？你们村未来的发展规划及面对的主要问题是什么？

显然，应答者可以自由回答以上的问题，并不需要按照问卷上已拟定的答案加以选择，因此应答者可以充分地表达自己的看法和理由，并且比较深入，有时还可获得研究者始料未及的答案。通常而言，问卷上的第一个问题采用自由式问题，让应答者有机会尽量发表意见，这样可制造有利的调查气氛，缩短调查者与应答者之间的距离。

然而，开放式问题亦有其缺点。例如，调查者的偏见，因记录应答者答案是由调查者执笔，极可能失真，或并非应答者原来的意思。如果调查者按照他自己的理解来记录，就有出现偏见的可能。但这些不足可运用录音机来弥补。开放式问题的第二个主要缺点是资料整理与分析的困难。由于各种应答者的答案可能不同，所用词各异，因此在答案分类时难免出现困难，整个过程相当耗费时间，而且免不了夹杂整理者个人的偏见。因此，开放性问题在探索性调研中是很有帮助的，但在大规模的抽样调查中，它就弊大于利了。

（2）封闭式问题，又称有结构的问答题。封闭式问题与开放式问题相反，它规定了一组可供选择的答案和固定的回答格式。

例如，村庄的自然灾害对人身安全影响不大：

第一，很不同意。

第二，不同意。

第三，中立。

第四，同意。

第五，很同意。

封闭式问题的优点包括以下几个方面：

其一，答案是标准化的，对答案进行编码和分析都比较容易。

其二，回答者易于作答，有利于提高问卷的回收率。

其三，问题的含义比较清楚。因为所提供的答案有助于理解题意，这样就可以避免回答者由于不理解题意而拒绝回答。

封闭式问题也存在一些缺点：

其一，回答者对题目不正确理解的，难以觉察出来。

其二，可能产生"顺序偏差"或"位置偏差"，即被调查者选择答案可能与该答案的排列位置有关。研究表明，对陈述性答案被调查者趋向于选第一个或最后一个答案，特别是第一个答案。而对一组数字（数量或价格）则趋向于取中间位置的。为了减少顺序偏差，可以准备几种形式的问卷，每种形式的问卷答案排列的顺序都不同。

从另一个角度，可将问题细分为以下五类：

第一，事实性问题。它主要是要求应答者回答一些有关事实的问题。例如，您平时生活中，不忙的时候都会有什么活动？

事实性问题的主要目的在于求取事实资料，因此问题中的字眼定义必须清楚，让应答者了解后能正确回答。

市场调查中，许多问题均属"事实性问题"，例如，应答者个人的资料：职业、收入、家庭状况、居住环境、教育程度等。这些问题又称为"分类性问题"，因为可根据所获得的资料而将应答者分类。在问卷之中，通常将事实性问题放在后边，以免应答者在回答有关个人的问题时有所顾忌，因而影响以后的答案。如果抽样方法是采用配额抽样，则分类性问题应置于问卷之首，否则不知道应答者是否符合样本所规定的条件。

第二，意见性问题。在问卷中，往往会询问应答者一些有关意见或态度的问题。

例如，为什么你觉得这类生态系统服务很重要？或者不重要？

意见性问题事实上即态度调查问题。应答者是否愿意表达他真正的态度，固然要考虑，而态度强度亦有不同，如何从答案中衡量其强弱，显然也是一个需要克服的问题。通常而言，应答者会受到问题所用字眼和问题次序的影响，即不同反应，因而答案也有所不同。对于事实性问题，可将答案与已知资料加以比较。但在意见性问题方面则较难做比较工作，因应答者对同样问题所做的反应各不相同。因此意见性问题的设计远较事实性问题困难。这种问题通常有两种处理方法：其一是对意见性问题的答案只用百分比表示，如有的应答者同意某一看法等。另一方法则旨在衡量应答者的态度，故可将答案化成分数。

第三，困窘性问题。它是指应答者不愿在调查员面前作答的某些问题，比如关于私人的问题，或不为一般社会道德所接纳的行为、态度，或属有碍声誉的问题。例如，家庭成员是否患慢性病？你的健康情况如何？

如果一定要想获得困窘性问题的答案，又避免应答做不真实回答，可采用以下方法：

①间接问题法。不直接询问应答者对某事项的观点，而改问他认为其他该事项的看法如何。

例如，用间接问题旨在套取应答者回答认为是旁人的观点。所以在他回答后，应立即再加上问题："你同他们的看法是否一样？"

②卡片整理法。将困窘性问题的答案分为"是"与"否"两类，调查员可暂时走开，让应答者自己取卡片投入箱中，以减低困窘气氛。应答者在无调查员看见的情况下，选取正确答案的可能性会提高不少。

③随机反应法。根据随机反应法,可估计出回答困窘问题的人数。

第四,断定性问题。有些问题是先假定应答者已有该种态度或行为。

例如,你每天抽多少支香烟?事实上该应答者极可能根本不抽烟,这种问题则为断定性问题。正确处理这种问题的方法是在断定性问题之前加一条"过滤"问题。

例如,你抽烟吗?

如果应答者回答"是",用断定性问题继续问下去才有意义,否则在过滤问题后就应停止。

第五,假设性问题。有许多问题是先假定一种情况,然后询问应答者在该种情况下,他会采取什么行动。

例如,如果××晚报涨价至2元,你是否将改看另一种未涨价的晚报?

如果你觉得你们村庄美,请在如下景观中打对钩:

林草地、水域、梯田、窑洞、寺庙、文化广场。

你是否赞成村政府改善生态状况?

以上皆属假设性问题,应答者对这种问题多数会答"是"。这种探测应答者未来行为的问题,应答者的答案事实上没有多大意义,因为多数人都愿意尝试一种新东西,或获得一些新经验。

2. 问题设计的原则

(1) 避免应答者可能不明白的缩写、俗语或生僻的用语。比如,你对本村主要CES存在问题的看法?很可能不是每个人都知道CES代表生态系统文化服务(Cultural Ecosystem Services)。

(2) 要具体。含糊的提问得到含糊的答案。例如,您的家庭收入是多少?当应答者给出此问题的数字答案时,其答案是各式各样的,如1994年的税前收入、1994年的税后收入、1995年税前收入、1995年税后收入。

(3) 不要过头。当问题的要求过多时,人们是不会回答的,他们或者拒绝或者乱猜。例如,您平时交往较多的人主要是谁?请给出一个范围:①家人;②邻居;③亲戚;④朋友。

(4) 确保问题易于回答。要求过高的问题也会导致拒答或猜想。例如,您对这儿哪些景观感情深厚?应让他们在有限的选项中进行挑选,例如,可选项包括林草地、水域、梯田、窑洞、寺庙和文化广场等。

(5) 不要过多假设,这是一个相当普遍的错误。问题撰写者默认了人们的一些知识、态度和行为。例如，您对村政府处理滑坡事件的方式倾向于同意还是反对？这一问题假设了应答者知道村政府对滑坡处理的方式是什么。

（6）注意双重问题和相反观点的问题，将多个问题结合起来或运用相反观点的问题会导致模棱两可的问题和答案。例如，"您赞同在生态脆弱而不在环境良好的区域生态优先吗？"如果此问题精确描述应答者的立场，那么就很容易解释"是"这种回答。但是回答为"不"可能意味着应答者赞同在环境良好区域生态优先而不赞同在生态脆弱区域生态优先，或两者都反对，或两者都赞同。

（7）检查误差。带有误差的问题会引导人们以某一方式回答，但这种方式不能准确反映其立场。有几种使问题存在偏向性的方式。一种方式是暗示应答者本应参与某一行为。例如，"大多数人认为生态系统文化服务非常重要，您认为呢？"为了不显示出"不同"，应答者即使觉得不重要也会说是的。问题应该是"您认为生态系统文化服务重要吗？"

另一种使问题具有误差性的方式是使选择答案不均衡。例如，"近期我国农村生态环境保护方面投入平均××万元。您认为这个数字应：①增加；②减少一点；③增加一点；④大量增加"。这套答案鼓励应答者选择"增加"选项，因为其中有3项"增加"，而只有一项是减少。

（8）预先测试。正式调查之前的试调查，所有的修改和编辑都不能保证成功。事先测试是保证你的问卷研究项目成功且费用最低的方式。事先测试的基本目的是保证问卷提供给应答者以清晰、容易理解的问题，这样的问题将得到清晰、容易理解的回答。

五、问卷调查的案例

1. 确定主题

在乡村地域系统的农业景观中，传统的、以生产为导向的土地利用形式逐渐被满足审美和娱乐价值、自然保护等需求的土地利用形式所取代。新的以需求驱动的如景观维护补贴和生态补偿等激励政策为土地利用满足人类需求提供了动力。然而，目前大多数文化服务评估都集中在娱乐和美学服务供给的量化和空间分布上，对于文化服务需求的评估和空间制图目前关注度不高。因此，将生态系统文化服务纳入 ES 评估，对于全面和准确评估 ES 及加强 ES 概念在实践管理中的应用，具有重要的理论和实践价值。案例通过问卷调查获取当地居民对文化服务的偏好，以此表征他们的文化服务需求。

2. 研究区及样区的选择

米脂县的地理坐标为东经 109°49′~110°29′，北纬 37°39′~38°05′，地处黄土高原腹部，位于陕西省榆林市东南部，地表破碎，土壤贫瘠，水土流失严重，是典型的生态脆弱区（图 3-1）。该县属于中温带半干旱性气候区，气候干燥，年降雨量少，年平均气温 8.5℃，年平均降雨量 451.6 毫米且主要集中于夏季。地貌以峁、梁、沟、川为主，境内 20378 个山峁和 16120 条沟道构成沟壑纵横、梁峁起伏、支离破碎的地貌景观，属于典型的黄土高原丘陵沟壑系统。行政区总面积 1212 千米^2，下辖银州镇、沙家店镇、印斗镇、桃镇、杨家沟镇、石沟镇、龙镇、李站乡、高渠乡、桥河岔乡、姬家岔乡、十里铺乡、郭兴庄乡，共 13 个乡镇，394 个行政村。该县历史悠久，文化底蕴深厚，有"千年古县""文化之乡""小戏之乡"和"梯田之乡"的美誉。自然与文化的融合形成了独特的社会—生态景观，为研究和探索生态脆弱区文化服务提供了良好的平台。

为了调研米脂县文化服务的需求，首先考虑不同的地形地貌和空间分布的均衡性，确保位于川道、沟谷和山地的村庄均包括在内，其次确保不同村庄类型的村庄均包含在内。参考宋世雄等的研究，将米脂县村庄划分为农业型村庄、经济型村庄、生态型村庄、城镇型村庄四大类，从涵盖了整个米脂县的 13 个乡镇中，采用分层抽样的方法共选取了 69 个行政村进行调研（图 3-1）。其中，农业型村庄 25 个，分布于米脂县北部和东西部边缘的山地丘陵地区。经济型村庄 21 个，主要分布在米脂县东部，毗邻银州镇，交通优势明显的乡镇中，以及西北边缘具有主导农业产业的个别村庄，如高渠乡以红葱种植为主的大部分村庄、杨家沟镇以红色旅游为主的村庄、桃镇的养猪专业村牛沟村以及郭兴庄乡以养鸡、养羊等养殖业为主

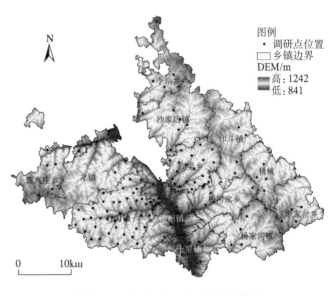

图 3-1 米脂县及典型调研村落

导的李兴庄村、阳石岘村。生态型村庄13个，主要由米脂县西部的石沟镇、东部的典型村庄高西沟及其相邻的沙家店镇的个别村庄组成。城镇型村庄10个，主要位于银州镇和十里铺乡所在的川道地区。

3. 问卷设计

为实现调研的目的，设计的米脂县居民调查问卷如下：

尊敬的女士/先生：

您好！我们是西北大学的学生，正在研究米脂县居民对生态系统文化服务的感知情况，希望得到您的帮助和支持。本调查严格按照《统计法》的要求进行，采用匿名调查，所获取的数据主要用于统计分析，不会因随意泄露信息对您造成任何不便。衷心感谢您的支持和配合！

西北大学城市与环境学院

问卷编号：_____ 调查日期：_____ GPS定位：经度_____ 纬度_____

乡镇名称：_____ 村庄：_____ 调查者姓氏：_____

一、调查者基本情况

性别	家庭总人口	年龄	受教育程度	从业情况
健康状况	居住年限	家庭年收入状况	家庭耕地面积	家庭窑洞面积

（1）受教育程度：1＝文盲；2＝小学；3＝初中；4＝高中及以上。

（2）从业情况：1＝专职务农；2＝务农为主（兼业）；3＝以外出务工为主（兼业务农）；4＝常年外出务工；5＝学生；6＝工资性收入人员（教师、医生、公职人员等）；7＝未参加就业。

（3）健康状况：1＝不健康；2＝较差；3＝一般；4＝良好；5＝非常好。

（4）家庭年收入状况（单位：元）：种植作物_____；养殖_____；务工_____；政府补贴（退耕还林、种地、扶贫、养老、高龄）_____；工资性收入_____；其他收入_____。

（5）家庭耕地面积（单位：亩）：_____。

（6）家庭窑洞面积（单位：米^2）：窑洞面积＝窑洞个数（ ）×24（调研地一孔窑洞面积＝24米^2）。

二、调查者对生态系统文化服务的重要性感知

文化服务	0~5分	哪种景观让您有这种感觉，请打"√"（多选）
1. 你们这儿美不美？（视觉、气味）		林草地/水域/梯田/窑洞/寺庙/文化广场
2. 您对这儿的感情深厚吗？		林草地/水域/梯田/窑洞/寺庙/文化广场
3. 你们这儿有没有教育科研意义？		林草地/水域/梯田/窑洞/寺庙/文化广场
4. 祖辈流传的经验技术重要吗？		林草地/水域/梯田/窑洞/寺庙/文化广场
5. 您觉得休闲娱乐重要吗？		林草地/水域/梯田/窑洞/寺庙/文化广场
6. 您觉得家庭关系重要吗？		林草地/水域/梯田/窑洞/寺庙/文化广场
7. 您觉得邻里关系重要吗？		林草地/水域/梯田/窑洞/寺庙/文化广场
8. 住在这儿对身心健康有益吗？		林草地/水域/梯田/窑洞/寺庙/文化广场
9. 您觉得宗教信仰重要吗？		林草地/水域/梯田/窑洞/寺庙/文化广场
10. 您觉得文化遗产重要吗？		林草地/水域/梯田/窑洞/寺庙/文化广场

第四节 访谈法

一、访谈法的概念与类型

1. 访谈法的概念

访谈法是指以口头形式，根据受访者的答复收集客观的、不带偏见的事实材料，以准确地说明样本所要代表的总体的一种方式。尤其是在研究比较复杂的问题时需要向不同类型的人了解不同类型的材料。访谈法收集信息资料是通过研究者与被调查对象面对面直接交谈方式实现的，具有较好的灵活性和适应性。访谈广泛适用于教育调查、求职、咨询等，既有事实的调查，也有意见的征询，更多用于个性、个别化研究。

2. 访谈法的类型

依据研究问题的性质、目的或对象的不同，访谈法可以划分为不同类型。根据受访人的多少，可分为个人访谈和团体访谈。前者是以一人对一人的访谈，后

者是在集体中进行。根据访谈内容的作用方向，可分为导出访谈（即从受访人那里引导出情况或意见）、注入访谈（即访员把情况和意见告知受访人）以及既有导出又有注入的商讨访谈。按照操作的内容和方式，访谈法可分为结构式访谈、非结构式访谈和半结构式访谈。结构式访谈的特点是按定向的标准程序进行，通常采用问卷或调查表。非结构式访谈指没有定向标准化程序的自由交谈。半结构式访谈指按照一个粗线条式的访谈提纲而进行的非正式的访谈。该方法对访谈对象的条件、所要询问的问题等只有一个粗略的基本要求。访谈者可以根据访谈时的实际情况灵活地做出必要的调整，至于提问的方式和顺序、访谈对象回答的方式、访谈记录的方式和访谈的时间、地点等没有具体的要求，由访谈者根据情况灵活处理。

二、主要访谈法类型介绍

1. 结构式访谈

结构式访谈是一种对访谈过程进行高度控制的访谈形式，其控制形式主要表现在以下4个方面：

（1）选择受访者的标准和方式保持一致。

（2）访谈员提问的内容是受高度控制的。访谈员不能擅自更改、增加或删减访谈所用的调查表或问卷的主要内容。

（3）提问顺序、提问方式以及对受访者回答的记录方式都是相同的，访谈员只能按照问卷上固定的问题序列进行提问，采取相同的记录方式记录受访者提供的信息。

（4）当受访者不清楚问题或答案的含义时，访谈员不能随意进行解释和发挥，而只能重复问题或答案。

结构式访谈的优点如下：

（1）结构式访谈的最大优点是访问结果方便量化，可作统计分析，它是统计调查的一种。与另一种统计调查，即自填问卷相比，结构式访谈的最大特点是能够控制调查结果的可靠程度。

（2）结构式访谈的另一大优点是回收率高，一般的结构式访谈回收率可以达到80%以上，而且回收的问卷其应答率也高。

（3）结构式访谈的应用范围也更广泛，可以自由选择调查物件，也能问一些比较复杂的问题,并可选择性地对某些特定问题做深入调查,因而大大扩展了应用的范围。

(4)结构式访谈能在回答问题之外对被访问者的态度行为进行观察,因此可获得自填问卷无法获得的有关访问物件的许多非语言讯息。

结构式访谈的缺点如下:

(1)与自填式问卷相比,结构式访谈费用高、时间长,因而往往使调查的规模受到限制。

(2)对于敏感性、尖锐性或有关个人隐私的问题,它的效度也不及自填式问卷。

2. 半结构式访谈

半结构式访谈的优缺点介于结构式访谈与非结构式访谈中间,其采访的内容比较集中,不会离题太远,但又能挖掘到深层次的信息,是一种常见的质性资料收集方法。半结构式访谈的特点主要有三点:一是采访具有双向交流性,采访者与被采访者可相互提问,不受限制;二是采访以问题提纲作为指导,具有一定自由性,采访字句不用一一对应,意思相同即可;三是采访的形式多样化,可单独采访,也可集体采访,同时采访的场合与时间也较为灵活,对于访谈记录的方式与被采访者回答的方式不做具体要求。

国外地理学者用半结构式访谈来收集涉及广泛议题的资料。Winchester(1999)用访谈法和问卷调查法收集了澳大利亚纽卡斯尔"单身父亲"们的特征信息以及婚姻破裂、婚后冲突的原因。Valentine(1999)通过与夫妇、同居者、分手者的访谈来进一步了解119个家庭中的性别关系。Johnston(2001)对新西兰奥克兰的"同性恋者游行"参与者(或主体)和游行的观看者(客人)之间的关系很感兴趣。关于参与者(participants)与主体(subjects)之间的相近性质,见McDowell(1992)与组织者进行的访谈(和焦点小组座谈)。Punch(2000)对玻利维亚南部一个农村社区Churquiales的儿童和他们的家庭进行了访谈和参与性观察,她想"记录下孩子们想出的反抗父母压力、主宰自己生活的办法"。

国内地理学者也用半结构式访谈来收集涉及广泛议题的资料:从为地理教学实践收集资料,到为各类地理研究提供数据支撑。前者多见于教学理念的探讨和影响因素的分析,以及相关课程教学的实践等方面的数据收集;后者的主题较为广泛,例如,探讨旅游社区多群体态度差异和冲突倾向的空间特征的研究,分析传统村落文化价值评价及差异化振兴路径,了解临港石化集聚对城镇人居环境影响的居民感知,对历史街区居民地方依恋与制图分析,探索聚落应对山地灾害环境的适应性，探究乡村产业发展对农户生计的影响研究等。该方法已经成为地理学者收集一手数据的常用方法。

3. 非结构式访谈

非结构式访谈亦可翻译为"非定式访谈""无结构式访谈"，亦称"非标准化访谈"，属于访谈的方法之一。指的是对访谈对象的选取、所要询问的问题等只有一个粗略的基本要求，访谈过程中，访谈者可根据访谈时的实际情况灵活调整访谈内容和进程。由访谈者与访谈对象在这一范围内自由交谈，具体问题可在访谈过程中边谈边形成边提出，对于提问的方式和顺序、回答的记录、访谈时的外部环境等，也没有统一要求，可根据访谈过程中的实际情况做各种安排。非结构式访谈的优点是有利于发挥访谈者和被访谈者的主动性和创造性，拓展和加深访谈问题的研究。缺点是访谈结果难以科学量化和对不同被访谈者的问题进行对比分析。

非结构式访谈的类型有重点访谈、深度访谈、客观陈述式访谈等，具体如下：

（1）重点访谈，又称为集中访谈，是集中于某一特定问题的访谈。所谓重点不是指对访谈对象的重点挑选，而是指访谈所侧重的内容。它通常针对的是访谈对象在一定情境中因为受到某种刺激而产生的特殊反应，调查研究者从这些反应中获取信息，再进行分析、解释。调查研究者应事先对情境本身有所研究，即通过深入分析这一情境的主要因素、模式及条件等，得出有关的若干假设，并根据这些假设提出若干侧重点，然后根据这些侧重点进行访谈，收集有关个人的经历或特殊感受的资料。重点访谈实际上是一种半结构式访谈，并不是完全无结构的，即虽然没有事先确定问卷或访谈提纲，但主题和侧重点是预定的。在实际访谈中，访谈者也往往预设一些问题，既有封闭式的，又有开放式的，由访谈对象根据这些问题自由陈述自己的经验和认识。访谈员可以根据情况随时提出新问题，调整预设问题，以获得事先未曾预料的大量新资料。

重点访谈适于调查人们由于某种特殊经验而引起的态度变化。但是，此方法的使用需要高度技巧和想象力，对访谈者的素质要求很高，而且所收集的资料多是不可比较的，分析解释的难度较大，因此不适用于定量分析。

（2）深度访谈，又称为临床式访谈，它是为收集个人特定经验的过程、动机及其情感资料所做的访谈。目前广泛用于对普通个人的生活史及有关个人行为、动机、态度等的深入调查。

深度访谈与重点访谈相似，都是一种半结构式访谈。访谈是灵活机动的、无一定之规的，但事先也选取了问题的某些方面作为访谈重点。在深度访谈中，也经常会出现意外的信息。访谈员可以像重点访谈那样，就这些意外的信息进行充分交流和探讨，使调查研究更加全面和深入。

（3）客观陈述式访谈，又称非引导式访谈，是让访谈对象客观地陈述对自己和周围社会的认识，即访谈者鼓励访谈对象把自己的信仰、价值观、行为以及生活环境客观地加以描述。这一类型常用于了解有关个人、组织、群体的客观事实及访谈对象的主观态度。

在这一类型访谈中，访谈者基本上只是一个听众。访谈一般从中性的简单提问开始，在访谈过程中，访谈者的所有提问几乎完全依赖于尽可能中立的简单插问，以避免访谈员的主观因素对访谈对象的影响，使回答者能自由地谈出其最深层的主观思想，自然流露出甚至连访谈对象自己都不意识或不愿承认的感情。访谈员从访谈对象那里获得客观资料后，再进行加工，形成对这些资料的某种解释。

综上所述，同结构式访谈相比，非结构式访谈的最主要特点是弹性和自由度大，能充分发挥访谈双方的主动性、积极性、灵活性和创造性。但访谈调查的结果不宜用于定量分析。

4. 焦点小组访谈法

焦点小组访谈法，又称小组座谈法，就是采用小型座谈会的形式，挑选一组具有同质性的消费者或客户，由一个经过训练的主持人以一种无结构、自然的形式与一个小组的具有代表性的消费者或客户交谈。从而获得对有关问题的深入了解。

焦点小组访谈主要有两个特殊作用：一是深入探索知之不多的研究问题，团体焦点访谈适合于迅速了解顾客对某一产品、计划、服务等的印象；诊断新计划、服务、产品（如开发、包装）或广告中潜在的问题；收集研究主题的一般背景信息，形成研究假设；了解团体访谈参加人对特定现象或问题的看法和态度，为问卷、调查工具或其他定量化研究采用的研究工具的设计收集资料等。二是为分析大规模、定量调查提供补充。团体焦点访谈可在定量调查之后进一步收集资料，帮助更全面地解释定量研究结果。

焦点小组访谈的调查方法可以被用于以下方面：①揭示对某一问题、现象的群体反应。②通过访谈能够就某一研究形成假说和推论。③改进和完善一些定量研究方法。④解释并阐述其他一些定量研究方法的结果。它的实施步骤主要包括准备焦点小组访谈、选择主持人、编制讨论指南和编写焦点小组访谈报告等。其中，准备环节主要包括选择环节和征选参与者。所谓环境一般是有一个焦点小组测试室，一个小组一般包括 8 名参与者。注意，并不存在理想的参与人数，这应根据小组的类型而定；拥有合格的受访者和一个优秀的主持人是焦点小组访谈法成功的关键因素。焦点小组对主持人的要求是：第一，主持人必须能恰当地组织一个小组。第二，主持人必须具有良好的交谈技巧，以便有效地与参与者进行互动，编制讨论指南一般采用团队协作法。讨论指南要保证按一定顺序逐一讨论所有突出的话题。讨论指南是一份关于小组会中所要涉及的话题概要。主持人编制的讨论指南一般包括三个阶段：第一阶段建立友好关系、解释小组中的规则，并提出讨论的个体。第二阶段是由主持人激发深入的讨论。第三阶段是总结重要的结论，衡量信任和承诺的限度。

国内外的学者利用该方法收集研究资料。例如，Burgoyne C. B.（2005）等通过 6 个焦点小组对其家庭财务行为进行考察，探讨其对慈善捐赠的影响；Andersson N.（2010）等利用该方法调查巴基斯坦遭受家庭暴力的妇女不报警的原因；Nyariki D. M.（2009）等分析了发展中国家农业相关研究数据收集方面面临的挑战，并以肯尼亚为例，探讨了包括焦点小组讨论和问卷调查等方法的收集程序。国内学者利用该方法探讨农户、居民等主体的旅游行为、生活满意度、环境行为、参与意愿等。

三、访谈的主要步骤

访谈法一般步骤包括确定访谈目的和调研区、访谈对象的确定、访谈问题设计、访谈资料的分析、恰当进行提问、准确捕捉信息（及时收集有关资料）、适当地做出回应、及时做好访谈记录（一般还要录音或录像）等环节。下面以生态系统文化服务空间制图为例，说明访谈法的主要步骤。

1. 访谈目的和调研区的确定

近年来，文化服务需求的评估和空间制图逐渐受到关注，将文化服务需求纳入 ES 评估可以为生态保护规划、土地利用规划和景观管理提供决策信息，有助于加强 ES 概念在实践管理中的应用（Honey-Rosés et al., 2013）。通过参与式访谈法获取文化服务需求的分布点数据，并通过 Maxent 模型实现研究区文化服务需求的空间分布。

米脂县作为研究区的原因和调研村庄的选择具体见本章第三节问卷调查案例。

为了实现米脂县文化服务需求的空间化制图，在以上两次调研的所有村庄中继续筛选出 34 个典型村庄进行地图式参与（图 3-2）。共选出农业型村庄 13 个，经济型村庄 10 个，生态型村庄 6 个，城镇型村庄 5 个。其中，这些村庄中 67.65% 的拥有旅游景点，50% 实施了美丽乡村建设，保证了文化服务研究的典型性。

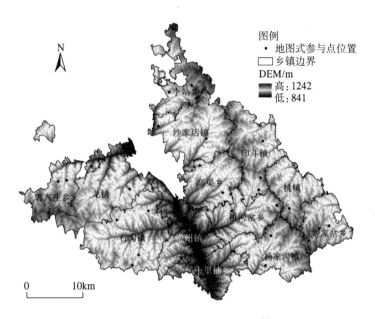

图 3-2　米脂县访谈法调研村庄

2. 访谈对象的确定

为实现研究区生态系统文化服务空间化，从农户和村政府两个尺度对生态系统文化服务进行调查。其中，农户尽可能涵盖所有类型，村政府则通过对各村的村主任、会计员、书记等关键人物进行半结构式访谈，了解村庄的人口、经济、基础设施、文化遗产、传统文化等情况。

3. 访谈问题的设计

农户层面的访谈问题如下：

（1）您平时交往较多的人主要是谁？①家人；②邻居；③亲戚；④朋友。亲戚和朋友最远来自哪儿？＿＿＿＿＿＿。

（2）您觉得您生活的这个地方好不好？好，为什么？哪些地方好？不好，为什么？哪些地方不好？

（3）您平时生活中，不忙的时候都会有什么活动？比如，看电视、串门、闲逛、打牌……您一般在户外待的时间长吗？去户外的次数呢？您喜欢接近大自然吗？一般都去哪些地方？

（4）村里的庙会一般一年几次？每年什么时候有庙会？一般会持续几天？你会去逛庙会吗？都跟谁一起去啊？您能描述一下你们的庙会的场景吗？

（5）您喜欢看戏吗？村里多久唱一次戏？一般在每年的几月会唱戏？唱几天？其间您都会参与什么活动？

（6）您觉得当地哪些风俗习惯/传统文化/民俗节庆比较有特色？可以给我讲讲它们的传说/历史吗？

村政府层面的访谈问题如下：

（1）退耕还林政策实施以来，你们这儿的生态环境发生了哪些变化？谈谈您对当地生态环境保护的计划和看法？

（2）你们村有发展乡村旅游的规划吗？乡村旅游发展对当地生态环境的积极和消极影响分别有什么？谈谈您的看法。

（3）近年来你们村的物质生活水平是否有所提高？精神文明有没有随之提升？平时有没有专门举办文化娱乐等活动提高居民的精神文明？

（4）谈谈对于乡村经济发展和生态保护协同提升的实践经验有哪些。

（5）你们村未来的发展规划及面对的主要问题是什么？

为实现生态系统文化服务的空间化，参考 Plieninger 等（2013b）和 Beichler（2015）的参与式访谈制图方法，对选出的 34 个行政村进行空间参与式制图（图 3-2），每个行政村打印一幅约 120 厘米×90 厘米的地形图。首先，选择各行政村对村庄环境十分熟悉并认识地图的受访者，向他们介绍各类文化服务的概念后（表 3-2），要求受访者使用彩色笔在地图上标注美学、教育、地方感、社会关系、文化遗产和消遣娱乐重要的地方。其次，为方便后续分析，通过设问的方式，记录受访者标注的地物类型、权属及历史变化原因。地图式参与法标注及记录内容如图 3-3 所示。最终，受访者共标注了 417 个点，其中美学（128 个）、教育（27 个）、地方感（28 个）、社会关系（49 个）、文化遗产（106 个）、消遣娱乐（79 个）。采用 ArcGIS 对标注点地图进行地理配准和矢量化，得到文化服务需求的分布点矢量图层，分布点结果如图 3-4 所示。最后，将文化服务需求分布点信息保存为"物种+经度+纬度"的 csv 格式文件以满足 Maxent 要求。

表 3-2 文化服务类型及定义

文化服务类型	定义与例子	定义来源
美学	人们从景观中获得的美感,比如优美的风景、丰富的色彩等	Sherrouse et al. 2011
教育	农耕文明传承、爱国主义、生态保护等的教育意义	Angarita-Baéz et al. 2017
地方感	人们生活环境的独特特征使他们感觉到安全、舒服及有依恋感	Dou Yuehan et al. 2019
社会关系	生态系统对特定文化基础之上的多种社会关系产生影响	MA,2005
文化遗产	具有较高的历史和文化价值的"人文景观"	Plieninger et al. 2013b
消遣娱乐	人们空闲时间去处的选择,如休闲、散步、遛狗、陪孩子玩耍、娱乐活动等地方的选择	Dou Yuehan et al. 2019

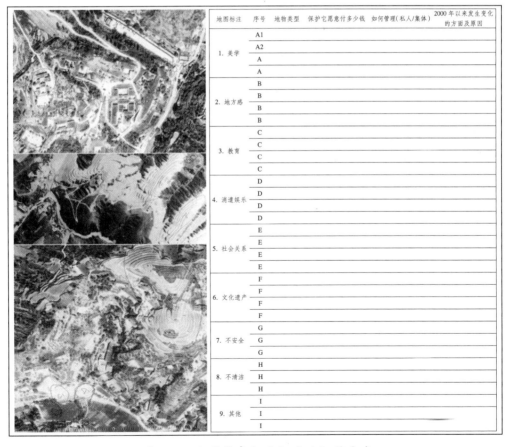

图 3-3　地图式参与法标注及记录内容

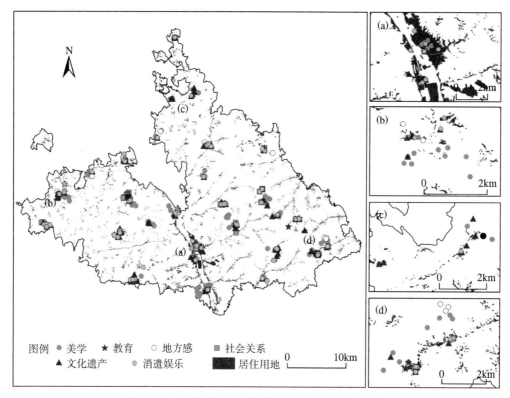

图 3-4　生态系统文化服务需求点的分布图

地图式参与问卷是通过对村庄环境十分熟悉的、认识地图的人进行访问，标注对于生态系统文化服务十分重要的地点，并回答标注地点的相关属性问题。

4. 访谈资料的分析

米脂县文化服务需求的空间制图在软件 Maxent 3.4.1 中进行，将地图式参与者标注的 6 类文化服务需求分布点的位置（经纬度）和与之密切相关的 4 个环境变量图层分别输入物种分布模块和环境变量模块，随机选取 70% 的分布点作为训练数据集用于模型建立，剩余 30% 的分布点作为检验数据集用于模型验证，并在此基础上设置绘制响应曲线评价模型精度、采用刀切法评价变量重要性和阈值选择规则。为保证模型的稳定性，进行 10 次自举法重复，通过运算以 Logistic 格式输出结果，得到米脂县文化服务需求的空间分布结果。

受试者工作特征曲线（ROC）是反映模型敏感性和特异性连续变量的综合指标，其下的面积值（Area under curve，AUC）被用来判断模型的精度。AUC 取值范围在 0 到 1 之间，0.5 表示模型随机，值越大表明预测结果越好，判断标准为：AUC 值为 0.5～0.7 表示模型较为准确，值为 0.7～0.9 表示模型准确，值大于 0.9

表示模型高度准确（Yoshimura and Hiura，2017；He et al.，2019）。

文化服务需求的等级划分。子类文化服务需求的等级划分：参照杨楠等（2020）的研究，分别以 TSS 阈值和 TPT 平衡阈值为断点，将模型结果分为低需求区、中等需求区和高需求区 3 个等级。由于 Maxent 模型输出结果为 ASCII 格式，需要通过 ArcGIS 软件中的转换工具转换为 TIF 格式的栅格数据，并通过重分类工具进行等级划分，为便于分析，利用 ArcGIS10.4 软件中的空间统计功能计算不同等级文化服务需求的面积。文化服务需求综合水平的等级划分：通过将 6 类文化服务需求的空间分布图进行等权重叠加得到文化服务需求综合水平空间分布图，再通过自然断点法分为低水平、较低水平、中等水平、较高水平和高水平 5 类，并同样利用 ArcGIS 10.4 软件统计不同等级文化服务需求综合水平的面积。

（1）米脂县子类文化服务需求的空间分布。

采用 Maxent 模型计算所得的 TSS 阈值和 TPT 平衡阈值为断点，将 6 类文化服务需求的模拟结果分为低需求区、中等需求区和高需求区 3 个等级，6 类文化服务需求的 TSS 阈值和 TPT 平衡阈值如表 3-3 所示，米脂县文化服务需求不同等级面积统计如表 3-4 所示。

表 3-3 文化服务需求的 TSS 阈值和 TPT 平衡阈值

阈值	美学	教育	地方感	社会关系	文化遗产	消遣娱乐
TSS 阈值	0.641	0.761	0.538	0.43	0.611	0.565
TPT 平衡阈值	0.263	0.192	0.275	0.218	0.261	0.237

表 3-4 米脂县文化服务需求不同等级面积统计

文化服务类型	低需求区		中等需求区		高需求区	
	面积（km²）	占比（%）	面积（km²）	占比（%）	面积（km²）	占比（%）
美学	31.98	2.71	902.40	76.57	244.15	20.72
教育	77.31	6.56	1055.21	89.54	45.98	3.90
地方感	25.67	2.18	759.58	64.45	393.30	33.37
社会关系	403.49	34.24	367.98	31.22	407.07	34.54
文化遗产	61.88	5.25	912.81	77.45	203.85	17.30
消遣娱乐	165.29	14.03	796.51	67.58	216.73	18.39

（2）米脂县文化服务需求综合水平空间分布。

通过等权重叠加方法计算米脂县文化服务需求综合水平，采用 ArcGIS 10.4 的自然断点法将米脂县文化服务需求综合水平划分为 5 个等级，分别为低水平（Ⅰ级：0.228~0.349）、较低水平（Ⅱ级：0.350~0.446）、中等水平（Ⅲ级：0.447~0.552）、较高水平（Ⅳ级：0.553~0.721）和高水平（Ⅴ级：0.722~1.000），米脂县文化服务需求综合水平不同等级面积统计结果如表 3-5 所示。米脂县文化服务需求综合水平空间分布如图 3-5 所示。

表 3-5　米脂县文化服务需求综合水平不同等级面积统计

等级	Ⅰ级	Ⅱ级	Ⅲ级	Ⅳ级	Ⅴ级
面积（km²）	353.73	370.42	278.07	129.89	46.44
占比（%）	30.01	31.43	23.59	11.02	3.94

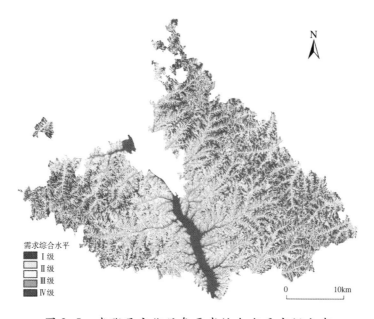

图 3-5　米脂县文化服务需求综合水平空间分布

研究区文化服务需求综合水平空间异质性明显。Ⅰ级文化服务需求综合水平面积为 353.73 千米²，占比为 30.01%，集中分布于米脂县东西两侧的山地丘陵地区。Ⅱ级面积最多，为 370.42 千米²，占比为 31.43%，分布于Ⅰ级内侧。Ⅲ级面积为 278.07 千米²，占比为 23.59%，位于米脂县中部及东西两侧的侵蚀沟道地区。Ⅳ级面积为 129.89 千米²，占比为 11.02%，分布于Ⅲ级内侧。Ⅴ级面积最小为46.44千米²，占比为3.94%，一部分分布于地势低平的米脂县中部河谷地带和东西两侧的侵蚀沟谷地区，一部分位于西部和东北部边缘及东南部的山地丘陵地区。总体来说，尽管米脂县文化服务需求综合水平在外围地势较高的区域出现了个别等级较高的斑块，但整体上呈现由中部及东西两侧地势较低的河谷地区向外围地势较高的区域逐渐降低的空间格局，这说明文化服务需求与人口分布密切相关，文化服务需求的高低与到居民点距离的远近相关，存在距离衰减规律，到居民点距离越近，文化服务需求综合水平越高，反之，文化服务需求综合水平越低。

参考文献

[1] 褚玉杰，赵振斌，张铖，等. 旅游社区多群体态度差异和冲突倾向的空间特征——以西安汤峪镇为例 [J]. 地理学报，2016，71（6）：1045-1058.

[2] 冯士季. 认知诊断视角的地理问题解决能力评价研究 [D]. 华中师范大学，2014.

[3] 郭利京，赵瑾. 农户亲环境行为的影响机制及政策干预 [J]. 农业经济问题，2014（12）：78-84，112.

[4] 何艳冰，张彤，熊冬梅. 传统村落文化价值评价及差异化振兴路径——以河南省焦作市为例 [J]. 2021，40（10）：230-239.

[5] 胡浩. 焦点小组访谈理论及其应用 [J]. 现代商业，2010（26）：282.

[6] 刘晓峰. 农超对接模式下农户参与意愿的实证研究 [J]. 中南财经政法大学学报，2011（5）：116-121.

[7] 马彩虹，袁倩颖，文琦，等. 乡村产业发展对农户生计的影响研究——以宁夏红寺堡区为例 [J]. 地理科学进展，2021，40（5）：784-797.

[8] 马仁锋，王美，张文忠，等. 临港石化集聚对城镇人居环境影响的居民感知——宁波镇海案例 [J]. 地理研究，2015，34（4）：729-739.

[9] 孟令敏，赵振斌，张建荣. 历史街区居民地方依恋与制图分析——以商南西街为例 [J]. 干旱区资源与环境，2018，32（11）：106-113.

[10] 宋世雄，梁小英，陈海，等. 基于多智能体和土地转换模型的耕地撂荒模拟研究——以陕西省米脂县为例 [J]. 自然资源学报，2018，33（3）：515-525.

[11] 宋微曦，第宝锋，左进，等. 聚落应对山地灾害环境的适应性分析——以彭州市银厂沟为例 [J]. 山地学报，2014（2）：212-218.

［12］吴晋峰，李馥利，熊冰. 城市职业女性旅游行为调查研究——以西安市为例［J］. 陕西师范大学学报（自然科学版），2008，36（4）：98-102.

［13］吴燕妮，谢恩奇. 基于迷思概念促进学生深度学习的教学策略研究——以湘教版"天气系统"为例［J］. 地理教学，2020（15）：40-43.

［14］熊跃根. 我国城市居家老年人晚年生活满意程度研究［J］. 人口与经济，1999，20（4）：49-53.

第四章 人文地理学野外实习专题

本章以野外实习专题的形式，按照西北大学城市与环境学院人文地理学专业实习的时间先后顺序，从实习目的、实习设计、实习内容、实习报告和实习结果评价等方面，对人文地理学认知实习、课程实习和野外综合实习分别进行介绍，并力图体现各类实习的特点和内容，全方位展示西北大学人文地理学在野外实习中所进行探索和目前的状态，也为后续各类野外实习的持续改进奠定基础。

第一节 人文地理学认知实习

一、实习目的

（1）加强对人文地理学课堂所学知识的理解和应用，学会运用人文地理学的区域分析、时空分析、综合分析开展人文地理现象的认知与解读。

（2）初步掌握人文地理学野外实习方法，学会使用人文地理学的经验主义方法论开展具体问题的分析，在实践中培养和形成人文地理学的学科思维。

（3）能够针对具体人文地理现象，采用格局、过程、机理的研究范式，开展人文地理学的思考与研究，初步掌握分析具体问题的能力。

二、实习设计

1. 内容设计

根据人文地理学理论知识体系与主要内容，立足于西安城市与区域发展实际，设计了 4 个人文地理学认知实习主题内容，分别是农业发展与布局认知实习、工业发展与布局认知实习、城市发展与规划认知实习、历史与文化景观认知实习，具体内容如下：

（1）农业发展与布局认知实习。

该部分主要对应农业发展与布局的理论内容。通过对秦岭北麓都市现代农业示范区、沣东现代都市农业博览园、上王村、袁家村等地的实地考察，了解现代农业的生产类型和生产方式，加强对休闲农业、生态农业、设施农业等业态的认知，分析现代都市农业的生产布局及其影响因素。

（2）工业发展与布局认知实习。

该部分内容主要对应工业化与经济发展的理论内容。通过对西安市经济技术开发区、高新技术产业开发区和相关工业企业等地的实地考察，了解工业企业的发展及其空间组织方式，分析影响工业企业区位选择的主要因素及其发展变化，强化对工业发展的新趋势和新特征的认知。

（3）城市发展与规划认知实习。

该部分内容主要对应城市化与城市体系的理论内容。通过对西安市区、西咸新区、西安市城市规划展览馆、西咸新区规划展览馆等地的参观，了解关中平原城市群、西安市以及西咸新区的总体情况，梳理城市化和城市体系的发展与演化过程，加强对城市总体规划、人口预测与城市空间结构等内容的认知。

（4）历史与文化景观认知实习。

主要对应文化地理与旅游地理的理论内容。通过对西安市三学街历史文化街区、大明宫国家遗址公园、大雁塔文化街区、北院门历史文化街区等文化景观和旅游景观的实地考察，了解文化区的发展过程和分布特征，分析文化区与城市发展的空间关系，深度认知旅游文化区对城市发展的影响。

2. 路线设计

（1）农业发展与布局认知实习。

秦岭北麓西安都市农业示范区：西安市南部的秦岭北麓环山路沿线及其以北地区，南横线以南大部分地区，东至蓝田县的厚镇，西邻周至与眉县交界处，横跨蓝田县、长安区、鄠邑区、周至县，共涉及 2 区 2 县 37 个镇、街道办和 602 个行政村，规划区总面积 860.6 千米²。包括西安市现代农业科技展示中心、西安现代果业展示中心、西安市葡萄研究所、西安市番茄研究所等多个都市农业科技创新和展示中心。

长安唐村·中国农业公园，位于西安市长安区王曲街道南堡寨村，是在古村落修复保护的基础上，整合出乡村旅游综合体、农业双创园、田园综合体等多种功能于一体的旅游园区。

西安沣东现代都市农业博览园，东临沣泾大道，西至沣河，总规划面积约 5000 亩，其中核心区约为 1100 亩，是集特色农业、精品农业、旅游农业、观光农业、服务业于一体的具有现代都市农业特色的农业综合体。

西安市上王村（农家乐专业村）、清水头村（莲藕、桃专业村）、胡家庄村（葡萄专业村）等：以上专业村、示范村均位于秦岭北麓西安都市农业示范区内，其中，上王村位于西安市长安区滦镇街道、清水头村位于西安市长安区王莽街道、胡家庄村位于西安市鄠邑区玉蝉街道。

（2）工业发展与布局认知实习。

西安经济技术开发区，成立于 1993 年，位于西安市城北，由中心城区、高铁新城、泾渭新城、渭北新城四大区域板块和关中综合保税区、陕西自贸区西安经开功能区两大功能园区组成。全区总规划面积 121.59 千米²（不含渭北新城）。综合实力位列 218 个国家级经开区第 15 位，西部第一。累计入区企业 6 万多家，是西部地区世界 500 强和央企投资最密集的区域之一。

西安高新技术产业开发区，1991 年成立，位于西安市西南部，面积达 1079 千米²，辖区人口超过 110 万。累计注册企业达 16 万家，形成了以半导体、软件信息等为核心的电子信息产业，以新能源汽车、生物医药等为核心的现代制造业，以现代金融、文化创意为核心的现代服务业三大主导产业。2020 年电子信息产业规模达 2732 亿元，跃升中西部第一。

中粮可口可乐饮料（陕西）有限公司，位于西安市经开区凤城二路，该公司成立于 1995 年，是西安经开第一家企业、西安市第一家生产型外资企业及世界 500 强企业、可口可乐在西北地区的第一家装瓶厂，也是全国工业旅游示范点，全程参与和见证了西安外向型经济发展。

（3）城市发展与规划认知实习。

西安市城市规划展览馆，位于西安市未央区凤城八路 189 号，西安市规划馆有效展示面积约 6000 米^2，全面记录了西安这座十三朝古都的发展历史，客观地反映了西安城市发展状况，并描绘出了未来西安发展的宏伟蓝图。城市规划馆内的展示主题包括西安的历史沿革、城垣变迁、规划布局、建设发展、城市文化、建筑特色及民俗民风等。

西咸新区规划展示馆，位于西咸大厦，展厅布展面积约为 1700 米^2。展馆突出"创新城市发展方式，建设现代化大西安新中心"的布展主旨，包括布局序厅、总体规划展厅、历史文化展厅、创新城市展厅、产业聚集展厅、产业示范展厅、支撑体系展厅、智慧西咸展厅等八大主题板块，是了解和认识西咸新区及其规划建设的专业性展馆。

曲江城市规划展览馆，位于唐城墙遗址公园九区，建筑面积约为 3800 米^2，共计 10 个展厅。全面展现了曲江新区各区域、板块的发展面貌，包括西安城墙景区、大明宫遗址区、南门碑林历史文化街区、西安楼观中国道文化展示区、西安㴥陂湖水系生态文化旅游区、小雁塔历史文化片区、CCBD 中央文化商务区等遗址保护区、生态旅游区和发展片区的影视图文资料。

（4）历史与文化景观认知实习。

三学街历史文化街区，位于陕西省西安市碑林区明清城墙永宁门（南门）内东侧，隶属碑林区书院门街道和柏树林街道。因街区中部自东向西布置有咸宁学巷、府学巷和长安学巷三条街巷，而这三条街巷又因明清时期曾是咸宁县学、西安府学和长安县学即所谓"三学"之所在，故得其名。三学街历史文化街区为《西安历史文化名城保护规划》确定的西安市三片历史文化街区之一。

大明宫国家遗址公园，世界文化遗产，全国重点文物保护单位，位于陕西省西安市太华南路。大明宫是唐帝国最宏伟壮丽的宫殿建筑群，是东方园林建筑艺术的杰出代表，被誉为丝绸之路的东方圣殿。大明宫国家遗址保护区规划面积为 19.16 千米^2，它以大明宫遗址公园为核心，周边辐射集中安置区、中央居住区、商贸服务区、文化旅游区、商务核心区。

大雁塔文化休闲景区以大雁塔为中心，是国家 5A 级景区，是一个极富唐风佛韵、现代科技和地方文化特色的休闲旅游地。整个区域包括北广场、南广场、雁塔东苑、雁塔西苑、雁塔南苑、大慈恩寺、步行街和商贸区等，其中，大雁塔广场是亚洲最大的唐文化主题广场；大慈恩寺是世界闻名的佛教寺院，唐代长安的四大译经场之一，也是中国佛教法相宗的祖庭，迄今已历 1350 余年；大唐芙蓉园是在原唐代芙蓉园遗址以北，仿照唐代皇家园林式样建造的中国第一个全方位展示盛唐风貌的大型皇家园林式文化主题公园。

北院门历史文化街区，位于西安市莲湖区西大街东段北侧，南起西大街，北至西华门，2020年4月，入选陕西省第二批历史文化街区名单。以北院门为核心形成的历史文化风情街，包括北院门、西羊市、化觉巷、大学习巷、大皮院、东羊市、北广济街、桥梓口等区域，是西安市著名的历史文化旅游景区。

三、实习内容

1. 农业发展与布局认知实习

（1）实习目标。明晰都市农业的概念及多重功能和价值，了解西安都市农业的发展历程和布局，掌握都市农业发展规划的特点和要点。

提高学生对农业地理学基础理论和知识的掌握程度与应用水平，增强学生学农、知农、爱农素养和在"希望的田野"干事创业的能力。

将实践教学与农业生产实际相结合，激发学生学习兴趣和潜能，增强学生服务"三农"的使命感和责任感，培养学生"三农"情怀。

（2）主要内容。都市农业是指分布在都市内部及边缘区，以满足都市对安全优质农产品和农业多种功能的需求为导向，以一、二、三产业融合和生产、生活、生态空间集成为标志的现代农业新形态，是当代大城市发展的新产业与建设的新空间，形成都市农业价值（图4-1）。都市农业较之其他形态农业的最大区别不在区位特征和产业化、现代化发展水平，而在其城市性和多功能性，即与城市要素、市民需求联系的密切程度和"服务、生态、优质、科技、富民、传承"六大功能的兼具。加快发展都市农业，对于全面优化农业生产力布局、保障大城市农产品有

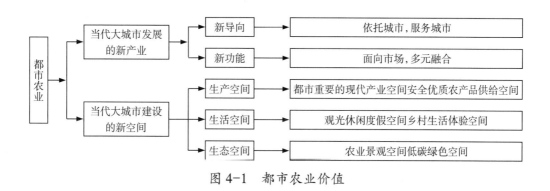

图4-1 都市农业价值

效供给、改善城市生态和人居环境、促进城郊农民就业增收、实现"四化同步"等都有重要意义。但对于我国而言，都市农业发展的重心不在城市建成区内部，而在半城市化地区，主要载体为农业园区，阳台农业、屋顶农业等形态仅是补充。

都市农业与乡村农业、城郊农业的比较（表 4-1），传统的农业区划方法并不完全适用于都市农业。都市农业发展规划是产业发展规划的一类，但也有明显的空间性，且城乡融合的特色鲜明。由于农业的弱质性特征和都市农业的城市性特征，较之其他产业发展规划，都市农业发展规划在空间布局上面临的不确定性更强。因此，首先，该类规划的编制应先以未来可做农业用途的空间范围划定为前提，以期能形成相对稳定的专业化生产基地，避免总体规划和项目选址不当带来的资源浪费；其次，对接城市发展战略，推动规划区都市农业发展融入城市整体空间格局和产业布局，彰显都市农业的多种功能和多重价值；再次，以政府投资项目为抓手，以新型农业经营主体为重点，以各级各类农业园区为载体，规划都市农业发展与布局；最后，在规划编制和实施中强调发挥都市农业重点项目及园区的示范带动功能，突出规划的战略引领而非刚性约束作用。

表 4-1 都市农业与乡村农业、城郊农业的比较

类型	乡村农业	城郊农业	都市农业
分布区位和空间范围	乡村地域	城郊地域	都市圈范围，重点在半城市化地区
城市化水平	较低（一般为30%以下）	中等	较高
功能	偏重自给自足的生产功能	偏重农产品生产的经济功能	生产、生活和生态功能兼具
产品类型	初级大宗农产品	次级农副产品	次级农副产品精神文化产品
经营形态	劳动密集型	劳动—资本密集型	资本—劳动—技术密集型或环境友好型
服务对象	满足本地市场（或自给自足），与城市联系不紧密	满足整个城市市场	满足整个都市圈，是城市经济体系的重要组成部分
生产主体	本地农户	本地农户或外来务工者	无身份和地域限制的生产经营主体（法人、自然人）
效益	面向大市场的分散生产效益低下	经济效益一般，社会效益和生态效益不突出	经济、社会、生态三大效益中至少有一突出
竞争力	弱质产业	盈利能力一般	高值或幸福产业

西安是西北地区唯一的特大城市，具有大都市和大农业共生的鲜明特征。都市农业是农业现代化的西安路径。围绕"服务城市、富裕农民、优化生态"目标，西安市持续推动都市农业健康发展和合理布局。2006年，西安市委、市政府出台了《西安市加快发展都市农业实施方案》，提出按照环城近郊、远郊平原和浅山丘陵圈层规划布局都市农业，发展板块农业、籽种农业、生态农业、加工农业、精品农业和旅游观光农业，建设秦岭北麓30万亩旅游农业、周至20万亩猕猴桃、阎良10万亩无公害瓜菜、临潼10万头奶牛等四大板块和十二条产业带，主要农产品生产迅速向农业板块、产业带和园区集中。2016年，西安市进一步提出调整都市农业区域布局和产业结构，促进特色优势产业集聚，加快构建"一区三带七板块"总体布局。其中，"一区"即秦岭北麓西安都市现代农业示范区；"三带"即沿渭都市农业产业带、渭北工业区农业产业带、南横线都市农业产业带；"七板块"即白鹿原都市农业板块、周至猕猴桃苗木花卉板块、鄠邑长安葡萄板块、临潼石榴板块、临潼奶牛板块、蓝田肉鸡板块、阎良瓜菜板块。2019年，《西安乡村振兴战略实施规划（2018—2022年）》将产业板块调整和明确为白鹿原都市农业、周至猕猴桃、鄠邑长安葡萄、临潼石榴、临潼奶牛、高陵阎良瓜菜和蓝田、阎良、临潼奶山羊等七大板块。

结合理论教学和西安都市农业发展布局变化，不断丰富和拓展实习内容。一是坚持实习对象点、线、面均有，中微观尺度皆具；二是密切关注当前产业融合的趋势，在实习地点的选择上注重其功能的多元性，引导学生探究产城、产镇、产村的互动与融合模式；三是通过对都市农业典型案例的考察和分析，使学生明晰其可能具有的模式意义和可供借鉴的发展经验。

秦岭北麓西安都市现代农业示范区（图4-2）作为产业集聚区，可使学生了解工业化、城镇化发展和交通、能源等基础设施建设对于都市农业发展的制约，明晰大城市郊区农业现代化路径的特殊性和重要性。

西安沣东现代都市农业博览园、长安唐村·中国农业公园等现代农业产业园和综合体等，可使学生了解农业园区特有的功能结构和发展模式，明晰一、二、三产业融合和农业多种功能挖掘的路径，掌握都市农业产业集群的演进趋势。

西安市现代农业科技展示中心、西安现代果业展示中心、西安市葡萄研究所、西安市番茄研究所等都市农业科技创新和展示中心，可使学生了解科技创新尤其是新品种研发和推广对于都市农业发展的重要驱动作用，明晰农业科技园区和科研机构的示范引领功能。

现代农业展示中心　　　　　　　西安鲜花港花卉产业园

设施农业　　　　　　　　　上王村（农家乐专业村）

图 4-2　秦岭北麓西安都市现代农业示范区

西安市上王村、清水头村、胡家庄村等专业村、示范村，可使学生了解市民需求推动下的都市休闲农业和乡村旅游发展过程，认知典型村镇对于实现乡村振兴所具有的模式意义和路径价值。

2. 工业发展与布局认知实习

（1）实习目标。了解工业区位因素和指向的新变化，进一步明晰产业集群、产业生命周期等概念，掌握工业企业和开发区选址与布局的基本原理和方法。

提高学生对工业地理学基础理论和知识的掌握程度与应用水平，增强学生综合分析和解决产业发展与工业布局现实问题的能力。

（2）主要内容。西安是国家在"一五""二五"和"三线建设"时期重点布局建设的工业基地。这里诞生了我国第一枚运载火箭发动机、第一架民用客机、第一个长波授时台、第一块集成电路、第一批电力半导体器件等数十个"中国第一"；这里创造出"黄河"彩电、"蝴蝶"手表、"骆驼"搪瓷、"中华"肥皂、"山丹丹"洗衣粉等代表"西安制造"全国影响力的著名品牌。西安工业门类齐全，拥有41个工业大类行业中的36个；装备制造业基础良好，军工科教资源富集，聚集了国内航天三分之一以上、兵器三分之一以上、航空近四分之一的科研单位、专业人才和生产力，正加速从传统制造模式向数字化、智能化迈进。

西安近现代工业肇始于1869年左宗棠创办的西安机器局，起步于1934年陇海铁路通车后。由于交通条件的改善和全面抗战爆发后沿海民族工业的内迁，西安近代工业企业的数量和类型快速扩充。据不完全统计，在1935—1942年有79户各类工业企业兴办，其中西北地区最大的纺织厂——大华纺织厂和华峰、成丰等规模较大的机械化面粉厂均是在此期间建成投产。但受战乱等因素影响，到解放前西安工业发展已进入停滞状态，多数企业规模小、设备简陋、产品质量低。

"一五""二五"时期，西安被列为国家重点建设城市，获得了苏联援建的"156项工程"中的16项——西安开关整流器厂、西安高压电瓷厂、西安绝缘材料厂、庆安机械厂、西安机械制造厂、惠安化工厂、西安电力电容器厂、庆华电器制造厂、东方机械厂、华山机械厂、西北光学仪器厂、秦川机械厂、黄河机械制造厂、户县热电厂、灞桥热电厂、西安仪表厂，居全国各城市之首。与此同时，西安也开展了大规模的地方工业建设，新建和扩建了西北国棉三、四、五、六厂和西北第一印染厂、西安制药厂等66个较大规模的国营工业企业。西安现代工业基础和布局由此奠定，西郊"电工城"、东郊韩森寨"军工城"和灞桥"纺织城"三大主导产业鲜明的工业区形成（图4-3、图4-4）。到1965年，全市工业总产值较1949年提升了20倍，轻、重工业比达48.3∶51.7。西安已由1953版城市总体规划中确定的"轻型的精密机械制造与纺织工业城市"发展成为以重工业为主的城市。

"文革"时期（1966—1976年），西安一些工厂停产停工，大部分工厂开工不足。但作为"三线"建设的重点区域之一，西安在此期间也得到了国家的大量工业投资和其他省市的支持。一批沿海地区的大中型企业拆分后迁至西安，并与相关工厂进行合并和改扩建，机电工业因此发展成为西安第一大工业；在"靠山、分散、隐蔽"原则下，西安南部秦岭山麓一带的郊县地区也建设了一批机械、兵器、航天、化工等国防工业项目。随着工厂的迁入和新建，西北郊三桥工业区、北郊渭滨工业区、东北郊工业区、东郊洪庆工业点、南郊工业点等新的工业区（点）形成，西安工业总产值从1965年到1978年增长了240%。在计划经济时期，西安集

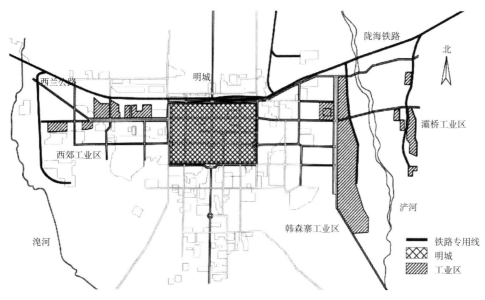

图 4-3 "一五""二五"时期西安市工业区分布

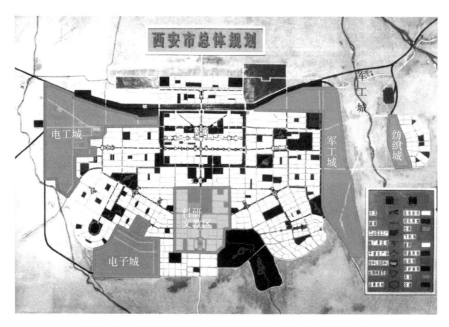

图 4-4 1953 版西安市总体规划确定的功能分区

中建设的工业区（点）大多分布在城市边缘，主要沿陇海铁路等交通轴线布局，反映了这一阶段工业发展对交通的依赖和工业区位选择的导向。同时，工业用地的开发带动了配套居住用地的建设，形塑了西安城市的带状空间结构。

改革开放后，西安工业的所有制结构、部门结构和空间结构均发生了显著变化，但直到1986年，全市第二产业的占比一直在50%以上。然而，随着中国产业环境的变化和城市产业结构的调整，西安工业的优势地位不再，已由经济的支柱产业变为结构性"短板"。2019年全市工业增加值占比仅为20.05%，工业发展面临规模不大、投资不足、布局不优、集群化程度不高、创新能力不强、融合发展不深等一系列问题。为补齐工业短板、壮大实体经济，自2019年起，《西安市装备制造业产业发展规划（2019—2021年）》《西安市关于加快建设先进制造业强市的实施意见》《西安市支持工业园区发展的实施意见》《西安市现代产业布局规划》等一系列规划文件及相关配套政策陆续出台，西安工业经济高质量发展目标、重点和布局进一步明确。截至2020年年底，全市培育形成百亿级工业企业10家、瞪羚企业221家、独角兽企业2家；境内外上市公司达80家，国家高新技术企业突破5000家；建成电子信息制造、汽车、航空航天三大千亿级产业集群，航空产业集群入选国家首批先进制造业集群。总体来看，西安形成了以汽车、电力装备、航空航天、集成电路、新材料等制造业为主导，以智能终端、新能源汽车、生物医药、增材制造等战略性新兴产业为新动力，以高新区、经开区、航空基地、航天基地等一批国家级开发区为引领的发展格局，已成为我国重要的航空航天、电子信息和装备制造业基地。

结合理论教学和西安工业发展布局变化，围绕工业开发区规划与建设、特色产业集群形成与演进、工业企业区位选择与变迁、工业遗产再生与旧工业区改造等主题，合理安排学生实习内容。

西安经济技术开发区、西安高新技术产业开发区等国家级开发区。其中，西安经开区是国家新型工业化产业示范基地和绿色产业示范基地、西北首个国家级出口加工区和产值过千亿的先进制造业基地、全市工业经济的主战场，形成了以汽车为代表的先进制造业产业集群；西安高新区是首批国家级高新区之一、全国首个硬科技创新示范区、国家自主创新示范区、国家先进制造业和现代服务业融合发展试点，形成了完整的半导体产业链和世界级的光电子产业集群。两者作为实践教学基地，具有典型性和代表性，可使学生了解不同类型工业开发区区位规格、目标定位和功能布局的共性与差异，明晰开发区的规划要点、建设模式和发展趋势,掌握产业集群的形成和演进规律。

中粮可口可乐饮料(陕西)有限公司、陕西法士特汽车传动集团公司等企业。其中,前者成立于 1995 年,是西安经开区第一家企业、西安市第一家生产型外资企业及世界 500 强企业、可口可乐在西北地区的第一家装瓶厂,也是全国工业旅游示范点,全程参与和见证了西安外向型经济发展;后者的前身陕西汽车齿轮总厂始建于 1968 年,是国家在宝鸡市蔡家坡镇同峪沟内建设的重点"三线"企业,1985 年在西安市扩建新厂区,已成为中国最大的重型汽车变速器制造基地和齿轮产品出口基地,产品国内市场占有率超过 70%。以上两个实践教学基地作为外企与国企以及轻、重工业的代表,可使学生了解饮料生产工艺流程和汽车传动系统总成及零部件产品的制造过程,明晰不同类型工业企业选址布局及其影响因素的共性与差异。

半坡国际艺术区(图 4-5)、大华·1935(图 4-6)、老钢厂创意设计产业园和叁伍壹壹文创科技园等工业遗产保护利用项目。以上项目所在地分别原为 1935 年投产的大华纺织厂、1961 年建成的西北第一印染厂、1964 年迁至西安东郊的陕西钢厂和 1954 年迁至西郊的西安三五一一毛巾厂,均已由"工业锈带"向"生活秀带"转变,发展为集城市记忆、文化创意、休闲体验、生活服务等功能于一体的工业旅游目的地。通过实地考察和访谈,可使学生了解企业、政府等多主体交互作用下的城市旧工业区(灞桥"纺织城"、韩森寨"军工城"等)改造更新过程,明晰工业遗产活化利用的路径与模式,掌握文化创意产业园区的基本特征和发展趋势。

图 4-5　半坡国际艺术区(原印染厂)　　图 4-6　大华·1935(原大华纺织厂)

3. 城市发展与规划认知实习

（1）实习目标。将城市化与城市空间结构理论和实践相结合，通过对西安城市规划展览馆和西咸新区城市规划展览馆的参观，了解西安城市发展总体情况，了解西咸新区作为新城的发展建设过程，将城市体系、城市空间结构等理论知识应用到西安城市发展实践中。

（2）主要内容。从宏观层面了解西安城市区位、城市起源与发展过程以及关中平原城市群发展情况。

西安地处关中平原中部，是国家明确建设的3个国际化大都市之一、国家中心城市。西安古称长安，位于中国内陆腹地黄河流域中部关中盆地，是中华民族和东方文明的发源地之一。西安有3100多年的建城史和1100多年的国都史，先后有西周、秦、西汉、东汉、新、西晋（愍帝）、前赵、前秦、后秦、西魏、北周、隋、唐13个王朝在此建都。自西汉起，西安就成为中国与世界各国进行经济、文化交流和友好往来的重要城市。"丝绸之路"就是以长安为起点，西至古罗马。西安是闻名世界的历史名城，与罗马、雅典、开罗齐名，也是中国六大古都中建都历史最长的一个，长安文化代表着中华文化的主干。

西安辖境东西长204千米，南北宽116千米。总面积10108千米^2，其中市区面积3582千米^2。西安市下辖11区2县，包括新城、碑林、莲湖、灞桥、未央、雁塔、阎良、长安、蓝田、临潼、周至、鄠邑、高陵，有7个国家级开发区（西安高新技术产业开发区、西安经济技术开发区、西安曲江新区、西安浐灞生态区、西安阎良国家航空高技术产业基地、西安国家民用航天产业基地、西安国际港务区），并代管一个国家级新区，即西咸新区。根据西安市第七次全国人口普查结果，全市常住人口1295.29万人，其中，城镇人口1025.85万人，占常住人口比重（常住人口城镇化率）79.20%；农村人口269.44万人，占20.80%。

了解西安城市性质、城市职能以及西安城镇体系规划，分析西安中心城区与周边中心城镇的空间关系。

西安是陕西省省会，国家重要的科研、教育和现代国防科技工业基地，我国西部地区重要的中心城市，国家历史文化名城，世界著名古都，并将逐步建设成为具有历史文化特色的现代城市。城市职能包括：国际旅游城市；新欧亚大陆桥中国段中心城市之一；国家重要的科研教育、现代制造业、高新技术产业和国防科技工业基地；交通枢纽城市；中国西部经济中心；陕西省政治经济文化中心，"一线两带"的核心城市。

规划在西安市域范围内,构建"一城、一轴、一环、多中心"的市域城镇空间布局,其中:"一城"为主城区;"一轴"为以陇海线为主轴的城镇经济发展轴;"一环"为以关中环线为纽带的城镇经济发展集群带;"多中心"为主城区外围的四个组团、三个新城和四个县城。

主城区布局采取"九宫格局,棋盘路网,轴线突出,一城多心"的布局特色,以二环内区域为核心发展成商贸旅游服务区;东部依托现状发展成国防军工产业区;东南部结合曲江新城和杜陵保护区发展成旅游生态度假区;南部为文教科研区;西南部拓展成高新技术产业区;西部发展成居住和无污染产业的综合新区;西北部为汉长安城遗址保护区;北部形成装备制造业区;东北部结合浐灞河道整治建设成高尚居住、旅游生态区。

了解西咸新区、曲江新区等城市新区的发展过程,以及对西安城市发展可能产生的影响。西咸新区位于西安、咸阳两市建成区之间,西起茂陵及涝河入渭口,东至包茂高速,北至西咸环线,南至京昆高速,涉及西安、咸阳两市7县(区)23个乡镇和街道办事处。规划控制面积882千米^2,其中建设用地272千米^2,现有户籍人口109.5万人,包括空港、沣东、秦汉、沣西、泾河五个组团。

2014年1月6日,国务院正式批复陕西设立西咸新区。西咸新区是经国务院批准设立的首个以创新城市发展方式为主题的国家级新区。2017年1月,陕西省委、省政府发布《关于促进西咸新区进一步加快发展的意见》(陕发〔2017〕3号),做出西咸新区全面托管辖区行政和社会管理职能并交由西安市整体代管的重大决定,新区全面承接了西安、咸阳两市委托的除人大、政协等工作外的所有职权。

西咸新区的规划战略定位为:现代化大西安新中心、西部大开发的新引擎、丝路经济带的重要支点、国家创新城市发展方式试验区。主导产业发展方向:以供给侧结构性改革为主线,以创新驱动、军民融合为动力,以战略性新兴产业和现代服务业为重点方向,打造先进制造、电子信息、临空经济、科技研发、文化旅游、总部经济六大千亿级主导产业集群,通过制度创新、主体培育、平台搭建、产业升级、载体建设和环境营造,推动新区产业实现高质量发展,打造大西安新的经济增长极和产业集聚新高地。

空港新城:依托西安咸阳国际机场,放大"临空+自贸+保税+跨境+口岸"的五大平台功能优势,以建设临空经济示范区为核心,重点布局临空制造、临空服务、临空物流等产业,打造临空产业之城。

沣东新城:依托科教资源和产业基础优势,发挥大西安新中心新轴线核心区的重要作用，重点发展总部经济和商贸服务业，积极发展科技研发、先进制造和文化旅游产业，打造总部经济和现代商贸之城。

秦汉新城：发挥区域文化和生态资源优势，依托现有产业基础，重点布局文化旅游产业，积极发展健康服务和先进制造业，打造文化、健康和智造之城。

沣西新城：依托中国西部科技创新港、西北工业大学翱翔小镇、"硬科技"小镇等科技创新载体，重点布局科技研发和电子信息产业，积极发展先进制造业，打造科创和现代信息之城。

泾河新城：发挥区域生态资源和现有产业基础优势，依托乐华城、茯茶小镇、崇文景区、农业示范园区等产业载体，重点布局文化旅游和都市农业，积极承接制造业转移，组团式发展先进制造业，打造现代田园和先进制造之城。

曲江新区位于西安市东南，是历史上著名的皇家园林所在地，核心区总规划面积约51.5千米^2，全区常住人口约40万人（含大明宫遗址区范围内人口），是陕西省、西安市确立的以文化、旅游为主导产业的开发区，全国首批两个国家级文化产业示范园区之一，先后被评定为国家级生态区，国家级文化和科技融合示范基地，中国（西安）跨境电子商务综合试验区创新示范先行区，国家文化出口基地，全国首个区域性、多景点整体晋级的国家5A级旅游景区。

曲江新区以文化立区、以旅游兴区、以产业强区，探索形成了"文化＋旅游＋城市"的发展新模式，成为全国文旅深度融合发展的先行军和示范者。曲江新区负责管理大明宫国家遗址保护区、西安城墙景区、临潼旅游休闲度假区、楼观生态文化旅游区、渼陂湖水系生态文化旅游区等发展板块，先后打造了大雁塔北广场、大唐芙蓉园、曲江池遗址公园、大唐不夜城步行街、西安城墙南门广场、大明宫国家遗址公园、杜邑遗址公园等一系列享誉国内外的文化新地标，辐射带动了小雁塔、碑林、易俗社、兴庆宫·东市、汉长安城未央宫等历史文化片区，管理面积超430千米^2。

4. 历史与文化景观认知实习

（1）实习目标。将文化区、文化景观、旅游发展等理论知识和实践相结合，通过对相关文化区、文化景观和旅游文化区等地的实地考察，了解文化区的发展和分布，分析旅游文化区的主要特征，识别文化景观。

（2）主要内容。通过网上查询相关资料以及实地考察与调研，带领学生们深入到西安市三学街历史文化街区，让学生们了解三学街历史文化街区的前世今生，总结历史文化街区发展面临的主要矛盾与问题，包括建成环境、交通组织、城市建筑、历史文化、居民生活等。了解城市历史文化街区的重要意义和价值，了解历史文化街区保护与规划的主要内容。

三学街历史文化街区是西安历史文化名城的重要组成部分，是西安城市文脉的重要延续区；是陕西历史时期最著名的文化教育中心和思想文化传承地，是西安古代教育文化的核心延续区；遗存的各级文物保护单位文物价值和社会价值突出，是西安厚重历史的典型代表；清末民国以来街区社会功能结构发生明显演变，是西安近代城市发展的实物例证。

三学街历史文化街区保护规划的基本原则包括真实性、完整性、生活延续性原则，文化传承、民生导向原则，整体保护、分类施策原则，居民参与、渐进实施原则。三学街历史文化街区保护的核心为"一庙三学"，即文庙与西安府学、长安县学、咸宁县学，它们是三学街历史文化街区的地理核心和文化中心。三学街历史文化街区自隋唐至今经各个时期发展演变，形成以明清及民国时期空间格局和建筑风貌为主，围绕重要公共建筑，以文化为主导特征，以文物保护单位为主体，居住与商业共存，传承古代西安哲学思想、书院文化、传统居住模式、传统教育、书画艺术、传统商业文化的综合性历史文化街区，其区域地位、形态特征以及空间肌理都刻有不可磨灭的历史印迹。

主要保护内容按街区保存历史信息构成，可分为物质文化遗产和非物质文化遗产两类，其中物质文化遗产包括文物保护单位 8 处、未定级文物点 5 处、历史建筑 2 处，此外还包括传统风貌建筑、街巷格局、历史环境要素和历史场所等；非物质文化遗产包括传统生活和生产商业习俗、风俗习惯、民间曲艺、思想文化、历史人物、重要历史记忆等。

选择大明宫国家遗址公园、大雁塔文化休闲景区和北院门历史文化街区 3 个西安市极具代表性和典型性的旅游文化区，要求学生们制作针对游客的旅游感知调查问卷，针对上述景区旅游价值、旅游形象、旅游地感知、旅游地环境等内容设计问卷，进行走访调研，掌握社会调查方法，学会整理问卷和数据采集、分析等处理过程，能够开展初步的数据分析，学会归纳和总结相关问题。

四、实习报告与问卷

1. 撰写实习报告

在野外工作结束后，要及时撰写实习报告。实习报告至少要包括实习的目的和意义、实习的任务和要求、实习时间和路线、参加人员、实习内容、实习收获与建议等 6 个方面的内容。

2. 实习报告要求

内容全面。一方面要将实习相关内容反映出来，另一方面要有效地综合与整理，按照实习报告大纲的要求撰写报告。

理论与实践相结合。要求将课本的理论知识和现实的应用有机结合起来，能从地理学视角分析问题和解决问题。

图文并茂。报告要求运用地理学视角来分析人地系统地理现象、特征和规律，要有调研区域的地图，充分利用插图、表格、照片、数据等方式来进行撰写。

3. 问卷与访谈

以班级或小组为单位，以问题为导向，设计"西安市主要旅游景区游客感知"调查问卷，并开展实际调查工作，要求人均发放并回收有效问卷 5 份以上，回收问卷以后进行问卷数据的采集与整理，汇总并分析形成相关反映主要问题的结论，并以小组为单位进行汇报交流。

围绕相关实习主题，有针对性地设计访谈提纲，要求每名同学同访谈对象（如农民、企业工人、相关单位管理人员、游客等）进行深度交流，完成 2～3 次深度访谈，每次访谈不少于 10 分钟，形成访谈记录。

五、实习结果评价

依据认知实习的特点，结合人文地理学野外实习效果评价指标体系（表 4-2），构建具体的认知实习的指标体系。在该体系中，一级指标思想意识占比较高（为 0.4），主要是在大学一年级培养野外实习的思想作风，为后续课程实习和综合实习奠定思想基础。一级指标中，实习过程和实习结果占比一样，均为 0.3，主要是体现实习过程与实习结果均衡重要性，避免仅注重实习结果。思想意识的 5 个指标采用均衡法，均为 0.08；实习过程的二级指标中，实习记录占比较高（0.2），其他指标占比较低（0.05），主要是因为认知实习主要是以教师讲解学生记录为主；实习结果二级指标中实习报告和调研成果占比较高（0.1），其余指标为 0.05，将实习获得调研成果和撰写的报告并列，可提高学生投入的精力。同时，认知实习中教师的作用大，小组的作用其次，因此，在多尺度评价中，结合认知实习不同主体的作用，将教师评价占比定为 0.5，小组评价占比定为 0.3，个人定为 0.2。

表 4-2 人文地理学野外实习效果评价指标体系

指标	一级指标	二级指标	自我评价（0.2）	小组评价（0.3）	教师评价（0.5）
野外实习成绩	思想意识（0.4）	目的态度（0.08）			
		道德品质（0.08）			
		组织纪律（0.08）			
		团队意识（0.08）			
		吃苦耐劳精神（0.08）			
	实习过程（0.3）	实习记录（0.2）			
		获取信息及处理信息的能力（0.05）			
		发现和解决问题的能力（0.05）			
	实习结果（0.3）	数据整理和分析（0.05）			
		实习报告（0.1）			
		调研成果（0.1）			
		实习心得（0.05）			

第二节 人文地理学课程实习

一、区域分析与规划课程实习

1. 实习目的

（1）明晰区域概念及区域分析与规划目标，走出课堂，感受陕西省三大自然片区地级市层面的区域及其规划差异，观察和分析区域的主要构成要素及其相互关联关系，科学认知区域、区域规划概念，并从方法论层面学会对一个区域的综合描述（产业布局条件调查、农业地理调查、工业地理调查、交通运输地理调查、商业地理调查、城市区位的选取、旅游地理调查等）与全面分析。

（2）通过实习，引导学生运用区域分析与规划的基本理论、理念、原则和技术方法等，熟悉和掌握客观实际中编制区域规划的全过程以及区域规划编制要求提供的最终成果。同时，通过实习指导学生了解如何在区域分析与规划全过程中发现问题、提炼总结、分析问题、解决问题、综合构思规划方案、案例安排与组织区域内的各项社会及经济活动，指导学生学会如何初步制定可取的区域发展规划。

（3）通过实习，引导学生进一步掌握区域发展战略规划的主要内容和编制过程。学会在面对具体区域时，能够从战略高度和全局视野分析其优劣势、机遇和挑战，并能就区域未来发展确定其功能定位和目标定位，确定其未来发展重点、战略布局框架和战略措施等，由此培养并提升学生的战略思维、全局观念、总体意识与综合分析能力。

（4）通过实习，引导学生进一步掌握区域城镇体系规划的主要内容和编制程序。学会从某一实际区域出发，深刻审视城镇自身的发育发展过程，以及城镇与城镇、城镇与区域之间的相互关系。科学合理地确定区域城镇体系的等级规模结构、职能类型结构和空间布局结构，培养并提高学生的演绎归纳、统筹兼顾与协调整合能力。

（5）通过实习，了解陕西省不同地级市资源环境、经济社会、技术等方面的发展现状、中省市三级政府出台的各类政策，以及目前区域发展中存在的问题和未来区域发展和规划的方向，继而激发学生爱国热情，培育其树立为国家和区域发展服务的使命感和责任感，强化学生对所在区域的责任担当和"复兴中华"的爱国情怀。

2. 实习设计

（1）内容设计。

根据实习安排，可将区域分析与规划课程实习划分为如下3个阶段：

第一阶段，实习准备期（实习开展前5~7天）。首先，由实习教师讲解本次课程的实习目的与意义、实习内容、实习分组、实习报告撰写及实习期间注意事项；其次，要求学生根据课程实习的要求收集和整理所涉及研究区的自然概况资料、社会经济概况资料以及研究区相关图件；最后，准备外出实习所需的摄像机、录音笔、GPS定位仪等设备用品。

第二阶段，实习期（7~8天）。依据当年实际情况，选取实习线路，确定实习点，实地认知陕西省不同地级市的区位条件、自然条件、资源条件、社会经济特征，深入了解各地级市经济社会发展战略、区域城镇体系规划、区域旅游发展等规划的编制过程及其实施现状。

第三阶段，实习报告撰写期。结合前期资料收集以及实习期间的直观认识，选择实习线路中某一感兴趣地级市，在系统描述实习过程、总结实习体会和感受的基础上自行选择实习地某一感兴趣规划类型，分析该规划编制及其实施过程中可能存在的问题以及相应的解决方案。总体实习内容设计（图4-7）。

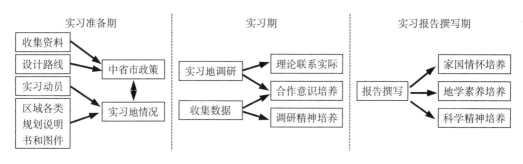

图 4-7　实习内容设计

（2）教学设计。

主要教学过程设计如下：

首先，基于问题导向，质询学生如下问题："城乡融合发展背景下，陕西省发展战略规划、各地级市发展战略规划、各地级市城镇体系规划、各地级市旅游规划等规划的具体内容，以及上述各类规划的实施效果如何？陕西省10个地级市特色产业发展建设过程中，空间各类产业合理集聚及其产业集群形成与发展规划的基本原理是什么？陕西省10个地级市高新技术开发区的成长规律、发展特点及其规划布局原理各是什么？不同地级市区域发展与规划的异同点如何？"

其次，引导学生思考并讨论，回答问题并指出时下"一带一路"倡议以及黄河流域生态环境保护和高质量发展战略推进过程中，陕西省10个地级市发展面临的困境以及10个地级市各类规划实施现状和存在的问题。

再次，将课堂教学延拓至陕西省10个地级市，在选定线路的实习基地现场考察和实习学习过程中，介绍10个地级市区域发展战略规划、城镇体系规划和旅游规划等各类专项规划、重点企业对所在市以及陕西省乃至西北地区城市高质量发展的重要性。

最后，结合所去实习线路城市规划展示馆、高新技术开发区、重点城镇以及特色产业基地等的参观学习，了解区域规划编制的全过程和主要内容。

教学过程中需给学生解释区域分析与规划课程实习所涉及两个主要区域发展战略的提出背景及基本内涵：

"一带一路"是"丝绸之路经济带"和"21世纪海上丝绸之路"的简称，2013年9月和10月由中国国家主席习近平分别提出建设"新丝绸之路经济带"和"21世纪海上丝绸之路"的合作倡议。依靠中国与有关国家既有的双多边机制，借助既有的、行之有效的区域合作平台，搭建新的合作桥梁。"一带一路"旨在借用古代丝绸之路的历史符号，高举和平发展的旗帜，积极发展与沿线国家的经济合作伙伴关系，共同打造政治互信、经济融合、文化包容的利益共同体、命运共同体和责任共同体。截至2021年11月20日，中国已与141个国家和32个国际组织，签署了206份共建"一带一路"合作文件。

2019年9月18日，国家主席习近平在郑州主持召开黄河流域生态保护和高质量发展座谈会并发表重要讲话时首次提出了黄河流域生态环境保护和高质量发展战略。他强调，黄河流域是我国重要的生态屏障和重要的经济地带，是打赢脱贫攻坚战的重要区域，在我国经济社会发展和生态安全方面具有十分重要的地位。保护黄河是事关中华民族伟大复兴和永续发展的千秋大计。治理黄河，重在保护，要在治理。要坚持山水林田湖草沙冰综合治理、系统治理、源头治理，统筹推进各项工作，加强协同配合，推动黄河流域高质量发展。因此，该战略推行过程要注重加强流域生态环境保护、保障黄河长治久安、推进流域水资源节约集约利用、推动黄河流域高质量发展（要从实际出发，宜水则水、宜山则山、宜粮则粮、宜农则农，宜工则工、宜商则商），积极探索富有地域特色的高质量发展新路子。三江源、祁连山等生态功能重要的地区，主要是保护生态，涵养水源，创造更多生态产品。河套灌区、汾渭平原等粮食主产区要发展现代农业，把农产品质量提上去。区域中心城市等经济发展条件好的地区要集约发展，提高经济和人口承载能力。贫困地区要提高基础设施和公共服务水平，全力保障和改善民生。要积极参与共建"一带一路"，提高对外开放水平，以开放促改革、促发展，还要保护、传承、弘扬黄河文化。

（3）路线设计。

陕西省位于中国内陆腹地，黄河中游，东邻山西、河南，西连宁夏、甘肃，南抵四川、重庆、湖北，北接内蒙古，介于东经105°29′~111°15′、北纬31°42′~39°35′之间，总面积$20.56×10^4$千米^2。截至2021年，陕西省下辖10个地级市（其中省会西安为副省级市）。依据陕西省地势地貌以及气候特征，本专业区域分析与规划课程实习路线规划为北线、南线、中线三条,实习路线在空间上总体上呈"土"型布局。实习路线设计及具体实习内容详见表4-3和图4-8。

表4-3 区域分析与规划课程实习路线及其内容

实习路线	实习地点	参观考察内容
北线	榆林市、延安市、铜川市	北线3个地级市的城市规划展示馆、高新技术开发区、重点城镇、专项规划(区域旅游发展规划、交通规划等)、重点工业企业、基础设施(水利工程、防洪工程、污水工程、河道治理及雨水工程、能源工程等)等
中线	宝鸡市、咸阳市、西安市、渭南市	中线4个地级市的城市规划展示馆、高新技术开发区、重点城镇、专项规划(区域旅游发展规划、交通规划等)、重点工业企业、基础设施(水利工程、防洪工程、污水工程、河道治理及雨水工程、能源工程等)等
南线	汉中市、安康市、商洛市	南线3个地级市的城市规划展示馆、高新技术开发区、重点城镇、专项规划(区域旅游发展规划、交通规划等)、重点工业企业、基础设施(水利工程、防洪工程、污水工程、河道治理及雨水工程、能源工程等)等

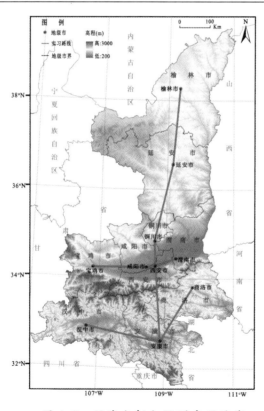

图4-8 区域分析与规划实习路线

表 4-3 中各实习线路中城市规划展示馆的考察和参观可以让学生了解该城市的规模和历史文化、城市的布局结构和形态、城市总体规划、区域城镇体系规划、重点片区规划、河流综合治理、交通规划和基础设施规划等各类专项规划、重点项目以及城市的远景展望等。

各地级市高新技术产业开发区的参观实习，可以让学生充分认识高新技术产业开发区作为现代科技和知识经济时代的产物，其区位选择、企业聚集、生产组织、规划布局等与传统产业有着本质区别，由此进一步掌握高新技术产业开发区的成长规律、发展特点及其规划布局原理。

旅游景区的参观实习，可以使学生进一步了解区域专项规划特别是旅游产业发展规划的重点内容、基本特点与编制过程，深刻认识产业发展规划在区域规划中的重要地位，掌握区域产业布局规划的基本原理、基本程序和基本方法，以及规划的重点、难点和关键环节。

重点工业企业的参观实习可以让学生从生产、消费以及国民经济建设与社会发展的客观需要等多视角出发，进一步掌握工业企业的区位选择和布局原理，并从微观上深入了解一个工业企业内部的布局结构、生产组织、工艺流程、总图设计及内外联系等，进而使学生掌握在区域空间上工业企业合理集聚及其产业集群形成与发展规划的基本原理。

重点城镇的考察实习可以让学生进一步掌握区域城镇体系规划的主要内容和编制程序，并从某一实际区域出发，深刻认识城镇自身的发育发展过程，以及城镇与城镇、城镇与区域之间的相互关系，科学合理地确定区域城镇体系的结构。

城市水利工程、防洪工程、污水工程、河道治理及雨水工程、能源工程等基础设施的考察实习，可以使学生认识区域发展中基础设施的布局及其影响，并了解其在区域中的规划重点与要点。

3. 实习内容

结合前期所学自然地理学、人文地理学、经济地理学课程以及区域分析与规划课程理论教学以及陕西省 10 个地级市发展实际，坚持从下述三方面不断丰富和拓展该课程实习内容：第一，坚持课程实习对象覆盖点、线、面的三类空间结构，考察对象涉及中微观两种尺度；第二，基于陕西省 3 大地形单元以及 10 个地级市区域发展实际，制定涵盖多类型区域规划的实习线路，引导学生了解区域规划的相关理论，学会编制区域规划的程序和技术，从而为后续课程的学习打下坚实的理论和方法基础；第三，结合实习线路中典型区域规划成功案例的考察和分析，在让学生了解其成功经验的基础上,为其未来从事宏观、中观规划与管理等打下坚实基础。

4. 报告撰写与评价

本课程实习可以拓展学生对陕西省区域发展战略规划、城镇体系规划,以及各类专项规划等的认知,加深学生对陕西省情的了解和就业后报效祖国的爱国情怀;促使学生进一步巩固、掌握和灵活运用课堂教学的理论知识与技术方法,结合实际提高学生分析问题、解决问题的能力,也可以帮助其在毕业后从事区域规划等相关工作时尽快适应其实际工作。

(1)实习报告具体要求。

①内容翔实全面。学生应以选定区域感兴趣规划类型为例,汇集整理相关数据资料,按照实习报告提纲认真撰写报告。

②理论与实践相结合。要求借用区域分析与规划课程及相关课程的基本理论和规律,结合实习地实际,有的放矢地解决实习地城市规划、国土整治和区域规划编制及其实施等方面存在的问题。

③图文并茂。结合本课程及相关课程理论和方法,综合运用 ArcGIS、SU、CAD 等软件绘制规划图件和实习成果图件。

(2)实习报告撰写提纲。

实习报告从实习目的与意义、实习任务与要求、实习路线与日程安排、参与人员、实习内容、实习收获与建议等 6 个方面进行撰写。

5. 实习成果评价

依据课程实习的特点,结合人文地理学野外实习效果评价指标体系(表 4-4),具体评价指标体系见下表。

表 4-4 人文地理学野外实习效果评价指标体系

指标	一级指标	二级指标	自我评价(0.2)	小组评价(0.3)	教师评价(0.5)
野外实习成绩	思想意识(0.4)	目的态度(0.08)			
		道德品质(0.08)			
		组织纪律(0.08)			
		团队意识(0.08)			
		吃苦耐劳精神(0.08)			

续表

指标	一级指标	二级指标	自我评价（0.2）	小组评价（0.3）	教师评价（0.5）
野外实习成绩	实习过程（0.3）	实习记录（0.1）			
		获取信息及处理信息的能力（0.1）			
		发现和解决问题的能力（0.1）			
	实习结果（0.3）	数据整理和分析（0.05）			
		实习报告（0.1）			
		调研成果（0.1）			
		实习心得（0.05）			

二、城乡社会调查课程实习

1. 实践目的

通过对城乡地区典型社会问题的调查，加强对城市社会空间和乡村社会空间的理解，了解和关心城乡地区发展，强化年轻一代为国家和地方发展做贡献的责任感。

熟练研究城乡社会问题所必备的调查方法和技巧，科学客观地分析城乡社会问题。

2. 实习设计

（1）内容设计。

根据社会调查的步骤，实习内容划分为4个部分：

第一，选题期。通过新闻、文献等资料收集，了解当前热点的城乡社会现象，找到感兴趣的话题，为具体调研方案确定选择一个有价值的研究问题。

第二，调研准备期。根据确定的研究问题，确定具体的调查方案。具体包括：确定研究假设和分析逻辑，确定调查地点范围、分析单位和抽样方案，对研究问题涉及的抽象概念进行测量和操作化，形成具体的调查问卷或访谈问题，安排实地调研人员、交通、时间等相关事项。

第三，实践期。根据确定的抽样方案进行实地调研、收集数据。

第四，报告撰写期。将前期实践调查的资料数字化并进行基本的数据梳理，采用合适的统计分析方法分析调查数据，验证前期提出的研究假设，得出结果，给相关社会问题提出可能的对策和建议。

（2）路线设计。

根据选择的研究话题，确定研究对象是城市社会问题还是乡村社会问题。城市相关社会问题的调查地点以西安市的市区为范围，乡村相关社会问题的调查地点以西安市及周边市县的乡村为范围。全班按照调研地点分为城市组和乡村组，两组分别在各自的调查地点进行社会调查实践活动。

例如，以"教育领域内的社会极化与空间隔离"为社会调查课题的城市组以西安市碑林区为研究区，采用分层抽样的方法，先将碑林区中学按照教育质量的高低分成好与差（也称第一等级与第二等级）两类，在每类中抽取一所具有代表性的学校，然后在所抽取学校的各年级学生中发放调查问卷。调查抽取的第一等级学校为西北工业大学附属中学，第二等级为西安市第八中学。调查共发放问卷100份，回收问卷99份，其中有效问卷82份，有效率82.83%。

另例，以"乡村振兴背景下农村旅游扶贫效应与农户感知"为社会调查课题的乡村组以安康市胜利村和明星村为研究案例，采用自填式调查和访问式调查两种方式进行调查。实际发放问卷68份，回收得到有效问卷65份，其中胜利村32份、明星村33份，有效率达到96%。深度访谈对象包括明星村村干部2名、胜利村村干部1名以及旅游公司管理人员等。

3. 调查实践内容

（1）城市组。

针对"教育领域内的社会极化与空间隔离"这一课题，城市调查小组重点调查了不同教育背景和教育观念下不同等级学校的学生受教育水平差异程度，以家庭背景和教育观念测度教育领域内的社会极化程度，以受教育的质量测度教育极化程度，以调查对象家庭住房的位置和房价测度空间隔离程度。通过对社会极化程度的空间分析测度社会极化的空间表现，对教育极化程度的空间分析测度教育极化的空间表现，对比分析二者是否具有一致性，验证社会极化在教育领域是否也导致空间上的进一步分化和隔离。家庭背景评价指标体系、教育观念得分评判表、教育质量调查问卷及调查结果评分具体如下表4-5、表4-6、表4-7所示。

表 4-5　家庭背景评价指标体系

家庭收入水平		家长的学历水平		家长所在行业或部门		家长职业状态		家长教养方式	
家庭月总收入所在区间	得分	家长的学历	得分	行业或部门类别	得分	家长在单位中的地位	得分	教育行为总特征	得分
5000 元以下	1	初中及以下	1	农业	1	失业及半失业	1	全盘否定/溺爱	1
5000~10000 元	2	高中、中专或职高	2	竞争性行业	2	底层	2	过度保护/漠不关心	2
10000~20000 元	3	大专	3	具有一定垄断性行业	3	普通	3	顺其自然	3
20000~30000 元	4	大学本科	4	事业单位	4	中层	4	宽容理解	4
30000 元以上	5	研究生及以上	5	党政机关	5	高层	5	平等尊重	5

表 4-6　教育观念得分评判表

家长教养方式		权重	按照问题描述与您实际情况的契合程度,由低至高选择合适得分(1 代表完全不符合实际,5 代表完全符合实际)				
教育行为特征	相关问卷问题		问题得分				
			1	2	3	4	5
全盘否定/溺爱	我的父母从不赞美我	1/14					
	我的父母经常在别人面前指责我,令我感到很难堪	1/14					
	我的父母总是全力满足我提出的所有要求	1/14					
	当我与他人有矛盾或冲突时,我的父母总认为我没有任何责任	1/14					
过度保护/漠不关心	我的父母经常以"我们担心你出事"或"出了事怎么办"为理由拒绝我的一些要求	1/14					
	我的父母经常向我说"我们这么做都是为了你好"	1/14					

续表

家长教养方式		权重	按照问题描述与您实际情况的契合程度,由低至高选择合适得分(1代表完全不符合实际,5代表完全符合实际)				
教育行为特征	相关问卷问题		问题得分				
			1	2	3	4	5
过度保护/漠不关心	我的父母跟我基本没有沟通	1/14					
	我的父母从没在语言上表达过对我的关心,从不嘘寒问暖	1/14					
顺其自然	我的父母对我的成绩从没有强制性的要求	1/14					
	我的父母从不强迫我详细汇报自己在做的所有事情	1/14					
宽容理解	我的父母从不无缘无故地责怪我	1/14					
	我的父母可以接受我与他们的观点和想法存在较大差异	1/14					
平等尊重	当进行重大家庭决策时,我的父母总会征求我的意见	1/14					
	我的父母总是很尊重我的决定	1/14					

表4-7 教育质量调查问卷及调查结果评分

指标	得分	各科辅导班总时长	每学期辅导班花费(元)	老师的教学水平	课外活动丰富程度	班级的学习氛围
A	1	2小时以下	1000以下	低	非常单调	基本没有努力学习的同学
B	2	2~4小时	1000~3000	较低	比较单调	只有很少一部分同学努力学习
C	3	4~8小时	3000~5000	适中	适中	努力学习和不努力学习的同学数量接近
D	4	8~12小时	5000~10000	较高	比较丰富	周围大部分同学都在努力刻苦学习
E	5	12小时及以上	10000以上	高	非常丰富	周围同学都在努力刻苦学习

（2）乡村组。

针对"乡村振兴背景下农村旅游扶贫效应与农户感知"为社会调查课题的乡村组抽样调查主要对象是两个样本村的全体村民，问卷涉及三方面的内容：第一部分是样本村居民家庭基本信息，诸如性别、年龄、受教育经历、人口、家庭年收入、旅游开发前后的职业等；第二部分是乡村振兴背景下旅游开发情况，包括生态环境、乡风文明、社会建设、农户生计四个方面，对应乡村振兴方针中的生态宜居、乡风文明、治理有效、生活富裕四部分；第三部分是乡村旅游开发农户感知情况，包括参与意愿、居民需求、满意度三个方面。同时针对参与旅游扶贫事业的村干部、旅游公司管理人员等开展深入访谈，了解样本村基本情况、旅游扶贫机制、旅游开发现状、参与者收益等情况，旨在了解乡村振兴背景下旅游开发对于乡村产业兴旺的促进作用。具体调查问卷如下：

农村旅游开发效益调查问卷

亲爱的住户：

你好！我们是西北大学的学生，正在进行一项关于农村旅游开发效益的问卷调查。我们希望通过这一调查对乡村振兴背景下旅游开发给农村带来的影响有一定的了解，从而分析农村旅游开发的现实效益。

本项调查主要针对农村住户，请认真阅读和回答每个问题。调查问卷无须填写姓名，请根据实际情况回答每一个问题。问卷结果只用于调查者学业研究，我们保证调查的隐私性，请您放心填写。

调查时间_____ 调查地点_____

西北大学城市与环境学院

一、家庭基本信息

1. 您的性别（　　）。

    a. 男　　　　　b. 女

2. 您的年龄：（　　）岁（填空）。

3. 您的婚姻状况是（　　）。

    a. 已婚　　　　b. 未婚

4. 您的受教育经历（　　）。

    a. 小学　　　　b. 初中　　　　c. 高中及以上　　　d. 其他

5. 您的家庭人口数：（　　）人（填空）。

6. 您的家庭年收入：（　　）万（填空）。

7. 调查家庭是否贫困（　　）。

　　a. 是　　　　　b. 否

8. 您认为导致您家庭经济较为困难的原因是（　　）。

　　a. 疾病　　　　b. 无经济来源

　　c. 身体残疾　　d. 其他（请注明：　　　）

9. 您现在的主要职业（　　）（选 a、b、d 跳过第 10 题、第 11 题）。

　　a. 务农　　　　b. 务工

　　c. 旅游经营　　d. 其他（请注明：　　　）

10. 您参加旅游行业的情况（　　）（多选）。

　　a. 无　　　　b. 开农家乐　　c. 自主经营商店

　　d. 景区工作人员　　　　　　e. 售卖特色农产品

11. 您在旅游开发前从事的行业（　　）。

　　a. 务农　　　　b. 外出务工

　　c. 经商　　　　d. 其他（填空）

二、旅游开发情况

1. 生态环境情况：

您认为：	非常不认同				非常认同
乡村旅游开发造成了大气污染	1	2	3	4	5
乡村旅游开发造成了水污染	1	2	3	4	5
乡村旅游开发造成了噪声污染	1	2	3	4	5
乡村旅游开发造成了植被破坏	1	2	3	4	5
乡村旅游开发改善了农村环境卫生	1	2	3	4	5
旅游开发有效开发和保护了本地自然环境	1	2	3	4	5

2. 乡风文明情况：

您认为：	非常不认同				非常认同
乡村旅游开发改善了本地的教育条件	1	2	3	4	5
乡村旅游开发增强了文化自信心	1	2	3	4	5
乡村旅游开发加剧了邻里矛盾	1	2	3	4	5
乡村旅游开发改变了原有的生活模式	1	2	3	4	5

3. 社会建设情况:

您认为:	非常不认同				非常认同
乡村旅游开发改善了本村基础设施条件	1	2	3	4	5
乡村旅游开发改善了医疗条件	1	2	3	4	5
乡村旅游开发提高了交通便捷程度	1	2	3	4	5
乡村旅游开发改善了居住条件（供水、电、住房）	1	2	3	4	5

4. 农户生计情况:

1）农户收入、就业等情况:

您同意:	非常不同意				非常同意
乡村旅游开发增加了个人收入	1	2	3	4	5
乡村旅游开发增加了居民就业机会	1	2	3	4	5
乡村旅游开发提高了当地的生活成本	1	2	3	4	5
乡村旅游开发加大了家庭间的贫富差距	1	2	3	4	5

2）乡村旅游开发后您是否接受过相关培训（　　）。

  a. 是　　　　b. 否

三、乡村旅游开发农户感知情况

1. 乡村旅游开发农户感知情况:

您愿意:	非常不愿意				非常愿意
愿意参与制定乡村旅游发展的有关决策	1	2	3	4	5
愿意在乡村旅游中自主经营	1	2	3	4	5
愿意成为乡村旅游相关从业人员	1	2	3	4	5
愿意接受乡村旅游的培训	1	2	3	4	5

您认为:	非常不认同				非常认同
政府是否需要加大资金投入	1	2	3	4	5
政府是否需要加大旅游宣传力度	1	2	3	4	5
是否需要加大旅游技能培训力度	1	2	3	4	5
发展农村旅游帮助农民脱贫了	1	2	3	4	5

您对乡村旅游开发满意?	非常不满意				非常满意
您对乡村旅游开发的满意程度是	1	2	3	4	5

2. 您对乡村旅游开发工作还有什么建议?

4. 调查报告撰写

在实地调查结束后,各组学生分头汇总调查问卷和访谈资料,规范地进行信息数字化处理,形成调查数据库进行共享,之后进行相应的数据清理和统计分析,验证调研课题的理论假设并分析结果,完成调查报告的撰写。

调查报告的要求:第一,调查方案和分析全面,逻辑清晰。要求将调查前期的研究假设、测量和操作化过程、问卷设计、抽样方案以及后续数据处理、统计分析全部详细陈述,调查过程中遇到的问题和调查照片等资料作为附件一并提供。第二,图文并茂。综合运用社会调查和统计方法、地理学空间分析方法详细探究城乡发展的社会问题,调查区域的地图、数据分析的图表和相关的文字分析要充分结合,详略得当。

调查报告的提纲主要包括 7 个方面的内容:背景和问题的提出,测量和操作化方案,调查区概况,抽样方案和分析方法,调查结果分析,结论和建议,实习过程中的问题和相关资料附件。

5. 实习成果评价

依据课程实习的特点,结合人文地理学野外实习效果评价指标体系,构建城乡社会调查课程实习的指标体系。具体如下表 4-8。

表 4-8　人文地理学野外实习效果评价指标体系

指标	一级指标	二级指标	自我评价(0.2)	小组评价(0.3)	教师评价(0.5)
野外实习成绩	思想意识(0.3)	目的态度(0.06)			
		道德品质(0.06)			
		组织纪律(0.06)			
		团队意识(0.06)			
		吃苦耐劳精神(0.06)			
	实习过程(0.5)	实习记录(0.2)			
		获取信息及处理信息的能力(0.2)			
		发现和解决问题的能力(0.1)			

续表

指标	一级指标	二级指标	自我评价（0.2）	小组评价（0.3）	教师评价（0.5）
野外实习成绩	实习结果（0.2）	数据整理和分析（0.05）			
		实习报告（0.1）			
		调研成果（0.1）			
		实习心得（0.05）			

第三节　人文地理学综合实习

一、陕北黄土高原生态建设与绿色发展

1. 实习目的

（1）深刻理解生态文明的内涵，理解绿色发展理念和区域生态文明建设的研究价值，学会运用人文地理学视角分析陕北黄土高原生态建设和绿色发展所面临的具体问题。

（2）多尺度认识陕北黄土高原生态建设和绿色发展的特点和成效。通过收集资料和样点实习，从区域整体和实习地点两个尺度了解陕北黄土高原生态建设和绿色发展的特点和已取得的成效。

（3）自发地认识和总结实习地在生态建设和绿色发展中的问题，给出可能的解决对策与措施。

2. 实习设计

（1）内容设计（图4-9）。

依据实习的安排，将实习内容划分为3个有机联系的部分：实习准备期，收集和整理生态文明、绿色发展理念，以及陕北黄土高原在生态建设和绿色发展方面的资料，为后续野外实习奠定理论和实践的基础；实习期，选取不同生态建设和绿色发展方式的实习地，直观认识样区的生态建设和绿色发展的特点和成效；实习报告撰写期，依据前期收集和实践获取的直观认识，系统总结实习地在生态建设和绿色发展中的问题，给出可能的解决对策与措施。

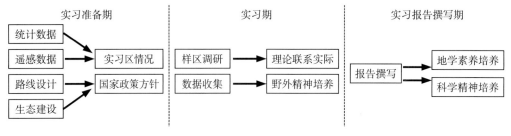

图 4-9　实习内容设计图

（2）路线设计。

依据生态建设和绿色发展方式的差异，选取宜君县、洛川县和宝塔区 3 个实习地（图 4-10）。

作为"国家生态文明建设示范县"和"国家级生态示范区"的宜君县，是坚持"生态立县"战略，践行"绿水青山就是金山银山"理念示范县，实习地采用"生态林场+湿地公园+美丽乡村"方式进行选择，其中，生态林场展现宜君如何"守护绿色"，湿地公园和美丽乡村展示宜君如何坚持"绿色发展"。

依据得天独厚的自然条件，洛川以苹果为依托，在苹果产业转型升级上下功夫，做好前生产和后整理，不断推动洛川苹果产业向高质量发展，是"生态产业化，产业生态化"鲜活案例。实习地采用"种植模式与理念+科技融入+产业后整理"方式进行选择。其中，种植模式与理念展现新型栽培模式如何助力洛川苹果产业提质增效，科技融入展示基地建设如何为洛川苹果插上科技的"翅膀"，产业后整理展示不断提升苹果附加值。

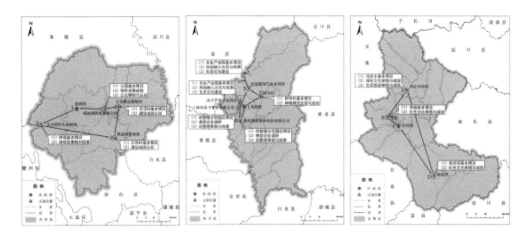

图 4-10　宜君县、洛川县和宝塔区实习路线

作为革命历史文化和民间文化的典型代表，宝塔区培育成了具有地方特色的红色文化，成为宝塔区文化事业的亮点和重点，加之20年的退耕还林，使其成为理解区域生态文明与地方文化，以及区域生态文明建设与地方文化发展的典型案例地。实习地采用"红色文化+绿色文化+黄土风情"方式进行选择。其中，红色文化展示宝塔区革命历史与红色精神，绿色文化展现生态文明建设成果，黄土风情展示陕北民俗民情。

3. 实习内容

（1）宜君县实习内容。

宜君县位于陕北南缘，古称"长安北门管钥"。东濒洛河，与洛川县为界，南靠白水和铜川郊区，西面北面和延安市黄陵县毗连。介于东经 108°54′37″～109°28′46″、北纬 35°07′34″～35°34′58″之间，东西长 51.9 千米，南北宽 50.3 千米，总面积 1531 千米^2。该县既因宜君水而得名，又因适宜君王避暑而称谓。

近年来，宜君坚持"生态立县"战略，践行"绿水青山就是金山银山"理念，系统化构建生态文明建设体系，绘就了宜君"绿色"发展底色，布局了"生态+"发展格局，形成了环保与发展、生态与经济"琴瑟和鸣"的新气象。为了展示宜君县在生态保护方面所做的工作，设置了2类实习内容，即守护绿色和绿色发展，设置3处实习地点，具体如下：

①守护绿色实习地：太安国有生态林场。

该生态林场位于宜君县西部子午岭东南坡，连接关中和陕北的咽喉地段，总经营面积219.67千米^2，森林覆盖率86.14%，是铜川天然油松林面积最大的林场，也是抵御毛乌素沙漠风沙南侵、维护关中平原生态安全的"绿色长城"。多年来，林场坚持"在发展中保护，在保护中发展"，不断加大资源保护力度，积极开展森林抚育，不断优化森林群落结构，森林涵养水源、保持水土、净化空气等生态功能不断增强，为黄河中上游生态功能区高质量发展贡献了自己的一份力量。该地实习的内容主要围绕林场基本情况调研、影响林场可持续发展的主要因素两个方面展开，试图回答从林场到生态林场，林场经营和管理理念发生了怎样的转变。该林场守护绿色的具体举措及其效果，以及实现生态林场在保护中发展的举措及其效果。

林场基本情况调研，主要包括林场自然情况、管理情况、生产经营情况、基础设施状况等4个方面。设计调研表格如下表4-9所示：

表 4-9 林场基本情况调研表

调研项目	调研内容
林场自然情况	林场位置、面积、森林结构
管理情况	管理人员与职工人数、教育程度、管护站设置及人员安排
生产经营情况	资源管护、森林培育、森林抚育、森林防火及资源开发
基础设施状况	办公、生活设施、道路、娱乐设施、网络设施

影响林场可持续发展主要因素的调研。通过对人力资源状况、森林资源状况、森林资源的管护状况、林场的基础保障条件、林场的社会经济状况等 5 种因素的打分排列，从管理者和职工两个层次调研影响林场发展的主要制约因素。设计的调研表如下表 4-10 所示：

表 4-10 制约国有生态林场可持续发展的主要因素

1. 和国有林场的人力资源状况（包括职工年龄、学历结构、培训等）相比，您认为国有林场的森林资源状况（包括质量、数量、生物多样性、系统稳定性等）对国有林场的持续发展是否更重要？
 ○是　　○否　　○重要性程度一样
2. 如果国有林场人力资源状况的重要性程度用 1 表示，您认为国有林场森林资源状况的重要性程度用下列哪个数字表示比较合适？（数字越大表示越重要）
 ○3　　○5　　○7　　○9
3. 如果国有林场人力资源状况的重要性程度用 1 表示，您认为国有林场森林资源状况的重要性程度用下列哪个数字表示比较合适？（数字越小表示重要性程度越小）
 ○1/3　　○1/5　　○1/7　　○1/9
4. 和国有林场的人力资源状况相比，您认为林场的森林管护状况（包括森林完好程度、瞭望监控情况、造林保存、凭证采伐等）对国有林场的持续发展是否更重要？
 ○是　　○否　　○重要性程度一样
5. 如果国有林场人力资源状况的重要性程度用 1 表示，您认为林场森林管护状况的重要性程度用下列哪个数字表示比较合适？（数字越大表示越重要）
 ○3　　○5　　○7　　○9
6. 如果国有林场人力资源状况的重要性程度用 1 表示，您认为林场森林管护状况的重要性程度用下列哪个数字表示比较合适？（数字越小表示重要性程度越小）
 ○1/3　　○1/5　　○1/7　　○1/9

续表

7. 和国有林场的人力资源状况相比，您认为林场的基础保障条件（包括林道、通水通电通信、消防设施等）对国有林场的持续发展是否更重要？

　　○是　　○否　　○重要性程度一样

8. 如果国有林场人力资源状况的重要性程度用 1 表示，您认为林场基础保障条件的重要性程度用下列哪个数字表示比较合适？（数字越大表示越重要）

　　○3　　○5　　○7　　○9

9. 如果国有林场人力资源状况的重要性程度用 1 表示，您认为林场基础保障条件的重要性程度用下列哪个数字表示比较合适？（数字越小表示重要性程度越小）

　　○1/3　　○1/5　　○1/7　　○1/9

10. 和国有林场的森林资源状况相比，您认为林场的森林管护状况对国有林场的持续发展是否更重要？

　　○是　　○否　　○重要性程度一样

11. 如果国有林场森林资源状况的重要性程度用 1 表示，您认为林场森林管护状况的重要性程度用下列哪个数字表示比较合适？（数字越大表示越重要）

　　○3　　○5　　○7　　○9

12. 如果国有林场森林资源状况的重要性程度用 1 表示，您认为林场森林管护状况的重要性程度用下列哪个数字表示比较合适？（数字越小表示重要性程度越小）

　　○1/3　　○1/5　　○1/7　　○1/9

13. 和国有林场的森林资源状况相比，您认为林场的基础保障条件对国有林场的持续发展是否更重要？

　　○是　　○否　　○重要性程度一样

14. 如果国有林场森林资源状况的重要性程度用 1 表示，您认为林场基础保障条件的重要性程度用下列哪个数字表示比较合适？（数字越大表示越重要）

　　○3　　○5　　○7　　○9

15. 如果国有林场森林资源状况的重要性程度用 1 表示，您认为林场基础保障条件的重要性程度用下列哪个数字表示比较合适？（数字越小表示重要性程度越小）

　　○1/3　　○1/5　　○1/7　　○1/9

16. 和国有林场的森林资源状况相比，您认为林场的社会经济状况对国有林场的持续发展是否更重要？

　　○是　　○否　　○重要性程度一样

17. 如果国有林场森林资源状况的重要性程度用 1 表示，您认为林场社会经济状况的重要性程度用下列哪个数字表示比较合适？（数字越大表示越重要）

　　○3　　○5　　○7　　○9

18. 如果国有林场森林资源状况的重要性程度用 1 表示，您认为林场社会经济状况的重要性程度用下列哪个数字表示比较合适？（数字越小表示重要性程度越小）

　　○1/3　　○1/5　　○1/7　　○1/9

续表

19. 和国有林场的森林管护状况相比，您认为林场的基础保障条件对国有林场的持续发展是否更重要？
    ○是　　○否　　○重要性程度一样
20. 如果国有林场森林管护状况的重要性程度用 1 表示，您认为林场基础保障条件的重要性程度用下列哪个数字表示比较合适？（数字越大表示越重要）
    ○3　　○5　　○7　　○9
21. 如果国有林场森林管护状况的重要性程度用 1 表示，您认为林场基础保障条件的重要性程度用下列哪个数字表示比较合适？（数字越小表示重要性程度越小）
    ○1/3　　○1/5　　○1/7　　○1/9
22. 和国有林场的森林管护状况相比，您认为国有林场的社会经济状况对国有林场的持续发展是否更重要？
    ○是　　○否　　○重要性程度一样
23. 如果国有林场森林管护状况的重要性程度用 1 表示，您认为国有林场社会经济状况的重要性程度用下列哪个数字表示比较合适？（数字越大表示越重要）
    ○3　　○5　　○7　　○9
24. 如果国有林场森林管护状况的重要性程度用 1 表示，您认为国有林场社会经济状况的重要性程度用下列哪个数字表示比较合适？（数字越小表示重要性程度越小）
    ○1/3　　○1/5　　○1/7　　○1/9
25. 和国有林场的基础保障条件相比，您认为国有林场的社会经济状况对国有林场的持续发展是否更重要？
    ○是　　○否　　○重要性程度一样
26. 如果国有林场基础保障条件的重要性程度用 1 表示，您认为国有林场社会经济状况的重要性程度用下列哪个数字表示比较合适？（数字越大表示越重要）
    ○3　　○5　　○7　　○9
27. 如果国有林场基础保障条件的重要性程度用 1 表示，您认为国有林场社会经济状况的重要性程度用下列哪个数字表示比较合适？（数字越小表示重要性程度越小）
    ○1/3　　○1/5　　○1/7　　○1/9
28. 你认为你所在林场森林资源的整体状况如何？
    ○很好　　○一般　　○不好
29. 你认为当前森林资源管理的主要问题在哪些方面？
    ○资源培育　　○资源保护与采伐利用　　○资源的整体功能价值实现　　○其他
30. 你认为当前林场的森林资源最重要的功能作用是
    ○生态功能　　○社会功能　　○经济功能
31. 你认为林场的发展与当地社会经济发展有关系吗？
    ○有　　○有部分关系　　○关系不大
32. 你所在林场有没有采取改革措施
    ○有　　○没有

续表

33. 你觉得林场的改革措施的效果体现在哪些方面？ 　　○森林资源变化　　　　○职工收入变化　　　　○林场整体建设 　　○林场的未来发展方面　○林场在当地的社会地位　○其他 34. 你认为林场现有森林资源管理方式需要改革吗？ 　　○需要　　○不需要 35. 你认为林场森林资源管理在哪些方面急需改革管理机构和人员？ 　　○上下级的管理方式　　○各部门之间的权责利关系及分工 36. 你认为如何提高林场森林资源管理的效率？ 　　○明确权责利，按照权责利大小设定考核方式　　○引入市场化的奖惩机制 　　○采用企业化的绩效考核方法　　○事业单位的岗位考核制　　○其他 37. 你认为林场的森林资源管理采取哪种方式更好？ 　　○中央政府统一管理　　○中央政府与省级政府共同管理　　○省级政府管理 　　○县级政府管理　　○维持现有管理方式　　○其他 38. 你认为如何保障林场森林资源管理目标的实现？ 　　○严格的奖惩考核制度　　○透明的权责利　　○健全的法律法规 　　○清晰明确的上下级以及与地方政府的关系　　○其他 39. 你认为林场现在最需要什么类型的人才？ 　　○营林人才　　○管理人才　　○销售人才　　○投资融资人才 　　○多技能人才　　○其他 40. 你认为林场现在人员素质如何？ 　　○很高　　○高　　○一般　　○很差 41. 你认为目前制约林场发展的主要因素是 　　○事业单位的性质定位　○历史原因形成的债务负担过重　○国家政策的边缘化 　　○惠农政策没有涉及林场　○公益林补偿机制不完善　○领导能力不够 　　○人才方面原因　　○员工激励不够、人心不稳　　○其他

②绿色发展实习地：福地湖国家湿地公园（图 4-11）+美丽乡村示范村（棋盘镇黄埔寨、五里镇孟埔塬村）。

福地湖国家湿地公园位于陕西省宜君县东部，距县城 15 千米。公园范围为北至五里镇榆舍村，东邻五里镇张河村，南至哭雷公路，西邻 G210 国道，地理坐标位于北纬 35°16′50″~35°24′1″、东经 109°5′14″~109°13′55″之间，公园总面积约 7.94 千米²。景区内还存有丰厚的历史文化遗迹，有河东新石器遗址、榆舍仰韶文化遗址和榆舍戏楼，还有享誉中外的佛道同龛石窟——福地石窟和牛家庄石窟。该地实习主要围绕福地湖国家湿地公园基本情况（表 4-11）、公园的建设效果与公众对国家湿地公园的期待两个部分，试图回答该湿地公园在绿色发展方面的成效及公众

图 4-11　福地湖国家湿地公园

对此的认知。公园的建设效果和公众对国家湿地公园的期待调研表如下表 4-12 所示。

表 4-11　福地湖国家湿地公园基本情况调研表

调研项目	调研内容
湿地资源情况	自然风景、文化底蕴、历史建筑物、自然保护区
管理情况	管理人员与职工人数、教育程度，管护站设置及人员安排
功能区状况	湿地保育区、恢复重建区、宣教展示区、合理利用区、管理服务区

表 4-12　公园的建设效果和公众对国家湿地公园的期待调研表

1. 湿地生态系统类型典型性、代表性、独特性如何？
　　○好　　○中　　○差　　○不清楚
2. 湿地生物物种多样性如何？
　　○很丰富　　○丰富　　○不丰富　　○不清楚
3. 保育区保持自然状态如何？
　　○自然　　○近自然　　○不自然　　○不清楚
4. 生态系统和动植物栖息环境保护情况如何？
　　○好　　○中　　○差　　○不清楚
5. 您对水岸及景观自然状态的满意程度如何？
　　○很满意　　○满意　　○不满意　　○不清楚
6. 湿地恢复的效果如何？
　　○好　　○中　　○差　　○不清楚
7. 公园规划范围土地所有权、使用权及管理权属是否有利于湿地保护，管理工作的开展如何？
　　○好　　○中　　○差　　○不清楚

续表

> 8. 管理机构、人员、专业、工作经费、规章制度是否满足保护的需要?
>   ○满足　　　　　　　○不满足
> 9. 保护管理设施建设是否符合总体规划和保护管理工作要求?
>   ○符合　　　　　　　○不符合
> 10. 您认为公园的监测工作情况怎样?
>   ○好　　○中　　○差　　○不清楚
> 11. 科普宣教效果如何?
>   ○知名度很高　　○有一定知名度　　○知名度不高　　○不清楚
> 12. 科学研究工作开展情况如何?
>   ○很好　　○一般　　○较差　　○不清楚
> 13. 湿地公园合理利用情况如何?
>   ○合理利用　　○一般利用　　○没有利用　　○不参与
> 14. 社区积极参与湿地保护情况如何?
>   ○积极参与　　○一般参与　　○很少参与　　○不清楚
> 15. 湿地美学价值和人文遗产价值的保护、挖掘工作情况怎样?
>   ○好　　○中　　○差　　○不清楚
> 16. 湿地公园的服务接待设施设备如何?
>   ○设备完善　　○有比较少的设备　　○设备不够　　○不清楚
> 17. 道路、给排水、环保、供电、路标、消防等基础设施如何?
>   ○完善　　○有比较少的设施　　○设施不够　　○不清楚
> 18. 服务设施、基础设施是否符合湿地生态保护基本要求?
>   ○符合　　　　　　　○不符合
> 19. 建设风格是否具有较突出个性特征?
>   ○突出　　　　　　　○不突出
> 20. 湿地公园建设是否具有较好示范作用?
>   ○很好　　○一般　　○不好　　○不清楚
> 21. 有几项具有示范意义或实际效果表现得特别突出的经验?
>   ○10项以上　　○9~5项　　○4~1项　　○没有
> 22. 您对国家湿地公园今后的建设和发展有什么建议?

注：参考广东孔江国家湿地公园建设效果调查问卷。

美丽乡村的调研涉及两个典型村落，即棋盘镇黄埔寨（图 4-12）和五里镇孟埔塬村（图 4-13）。

黄埔寨村位于宜君县棋盘镇以东约 10 千米处，紧邻哭雷公路，全村 123 户 429 人，下辖 8 个村民小组，耕地面积 4294 亩，核桃园 2450 亩。主导产业以玉米、核桃种植为主。近年来，黄埔寨村紧抓实施乡村振兴战略的有利机遇，深入挖掘历史文化底蕴，巩固提升美丽乡村创建成果。大力发展村域经济，推广密植高产玉米种植及矮化核桃种植，壮大传统主导产业。成立村集体经济股份合作社1个，发展农民专业合作社2个。完成村内巷道硬化、人畜饮水、标准化卫生室、玉米晾晒场、文化广场、标准化厕所、污水处理设施、弃旧宅基地复垦、庭院改造、护坡修建等基础设施建设工程，实现了村庄整洁、道路通达、生态优美，村容村貌焕然一新。先后被评为"市级美丽乡村示范村""市级乡村旅游示范村""市级先进基层党组织""省级'三变改革'示范村"。

图 4-12 棋盘镇黄埔寨

宜君县五里镇孟埠塬村位于县城东北37千米处，辖3个村民小组，67户267人。全村耕地面积1780亩，人均6.6亩。主导产业以玉米、苹果为主。近年来，孟埠塬村抢抓美丽乡村建设的有利契机，以基础设施建设、产业发展提升、环境综合整治、精神文明建设为抓手，在果园标准化管理、村水泥路、排水渠、硬化村组巷道、墙体粉饰、群众饮水、文化广场、路灯、行道树等方面下大力气改善农村人居环境。

图 4-13 五里镇孟埠塬村

实习内容包括典型村落基本情况调查和农户对美丽乡村建设的认知。其中,典型村落基本情况调查涉及自然条件、公共服务设施、文化、产业和基础设施等情况(表 4-13)。农户对美丽乡村建设的认知如表 4-14 所示。

表 4-13　美丽乡村示范村基本情况调研表

调研项目	调研内容
自然条件	地形、地貌、水文、气候
社会经济状况	社会经济条件：人口(包括户数、人数,人口结构,耕地面积等);经济发展状况(村庄总体收入状况、人均收入状况、村镇及个人的主要收入来源)
公共服务设施	村庄行政办公设施,广场个数及其设施(娱乐、文化、健身)状况,学校(幼儿园、小学、中学等)设施状况,可容纳师生数量等;卫生所或医疗点设施,医疗人员配置
文化相关资料	村庄内是否有古迹遗址、寺庙、古树名木,如果有请提供相关资料(包括地点、规模、现状等);村内存留的民间习俗及村民经常参与的文化形式(如戏曲)
产业	村庄的支柱产业及其他产业,村内及周边企业,居民住宅民居风格、格局,以及民居的现状
基础设施状况	道路、给排水、电力电信、环卫等设施状况

表 4-14　农户对美丽乡村建设的认知表

一、基本情况

1. 您的文化程度是
   ○小学以下　○小学　○初中　○高中　○大专以上　○无
2. 您的家庭每年收入多少?
   ○1 万元以下　○1 万~3 万元　○3 万~5 万元　○5 万元以上　○无
3. 您的家庭收入来源是
   ○务农收入　○本地打工　○外地打工　○个体经营　○集体分红　○其他

二、居住情况

1. 您的房屋是什么时候建的?
   ○1979 年之前　○1980—1989 年　○1990—1999 年
   ○2000—2009 年　○2010 年以后　○无
2. 您的住房建筑面积有多少平方米?
   ○59 以下　○60~79　○80~99　○100~119　○120 以上　○无
3. 您的院落总面积有多少平方米?
   ○199 以下　○200~299　○300~399　○400 以上　○无

续表

4. 您希望您的住宅是什么风格呢?
○中国传统民居　　○现代简洁风格　　○欧式风格
○根据现在的稍加改动　　○其他　　○无

5. 您希望您的住宅外墙是什么颜色呢?
○浅青灰色　　○白色/暖色加点缀　　○红砖色　　○浅黄色　　○其他　　○无

6. 您希望您的围墙形式是什么样的?
○乔灌木等垂直绿化分隔　　○栅栏　　○不围合　　○砖墙　　○其他　　○无

三、产业发展

1. 您希望在咱们村建设什么类型的乡镇企业?
○粮食深加工　　○副产品加工业　　○机械加工
○特色餐饮　　○其他　　○无

2. 您是否愿意发展特色养殖业?
○愿意　　○不愿意　　○无

3. 您是否同意农业机械化生产?
○同意　　○不同意　　○无

四、公共设施

1. 您希望在村里增加什么商业设施?
○集市　　○超市　　○综合商业中心　　○小型仓买　　○其他　　○无

2. 您觉得目前哪些环境问题需要整治?
○拆除临时建筑　　○拆除危房　　○电线杆杂乱　　○道路硬化
○道路照明　　○增设垃圾箱　　○污水排放　　○自来水问题
○绿化问题　　○其他　　○无

3. 您认为现在的垃圾箱和垃圾站是否满足使用?
○满足　　○不满足　　○无

4. 您对现在的公厕是否满意?
○满意　　○不满意　　○无

5. 您觉得现在的路灯数目能够满足使用吗?
○满足　　○不满足　　○无

五、基础设施

1. 您对现在的供水(自来水)满意吗?
○满意　　○不满意　　○无

2. 农作物秸秆从田里收获后去向是哪儿?
○放在田间地头　　○拉回村庄堆放　　○直接销售
○做柴火　　○就地焚烧　　○无

续表

3. 您同意铺设地下排水设施吗?
   ○同意　　○不同意　　○无
4. 您觉得现在的道路状况是否满足使用要求?
   ○满足　　○不满足　　○无
5. 您觉得道路存在的问题是什么?
   ○路面条件差　　○行道树不足　　○路宽不足　　○路面排水差
   ○其他　　○无
6. 您能否接受沼气等新能源?
   ○接受　　○不接受　　○其他　　○无

六、上楼情况

1. 您是否愿意上楼?
   ○愿意　　○不愿意
2. 您想上楼的原因是什么?
   ○楼房干净卫生　　○楼房上下水方便　　○楼房有室内卫生间
   ○楼房不用烧炉子　　○其他
3. 您不想上楼的原因是?
   ○农具存放不方便　　○老人行动不便　　○习惯在平房了
   ○费用增加　　○其他　　○无

七、特色村庄建设

1. 您所在的村庄有何特色文化资源?
   ○风景名胜　　○农业观光　　○旅游度假　　○历史文化　　○其他　　○无
2. 如果在本村发展特色旅游,您是否愿意投资?投资金额是多少?
   ○1万元以上　　○5万元以上　　○10万元以上　　○其他　　○无
3. 如果在本村发展旅游资源,您认为更适合的发展方向是什么?
   ○农业采摘　　○饮食文化　　○观光度假　　○其他　　○无
4. 在本次美丽乡村规划中,您认为最应改善或解决的问题是什么?
   ○房屋立面粉刷　　○屋顶改造　　○围墙及大门　　○外墙保温
   ○吃上自来水　　○道路边沟　　○道路硬化　　○增加路灯
   ○村民活动站等服务设施　　○其他　　○无
5. 您对本次美丽乡村规划建设还有什么建议和意见?

（2）洛川县实习内容。

洛川县位于陕西中部,延安地区南部,地处渭北黄土高原沟壑区,居乔山、乔山林带之间,东经109°13′14″~109°45′47″,北纬35°26′29″~36°04′12″,北接富县、宜川，南与白水相邻，东靠黄龙山地，西与黄陵、宜君毗连。洛川属渭北黄土高原沟壑区，暖温带半湿润大陆性季风气候。年平均气温9.9℃，昼夜温差12.8℃，年降雨量592.6毫米，年均日照2525小时。县域总面积1804千米^2，塬面平坦，日照充足，昼夜温差大，雨热同季，自然条件优越，发展农业具有得天独厚的优势，素有"陕北米粮之仓"和"苹果之乡"的誉称。

2006年开始，洛川县就确立了"苹果立县"的理念和"果业富民"的发展战略，目前已建立了农资、苹果交易、劳务、货运等4大专业服务市场，深入实施苹果产业后整理，加快推进产业转型升级，走出一条产业提质增效、绿色发展之路。为了展示洛川县在"生态产业化，产业生态化"方面所做的工作，设置了3类实习内容，即种植模式与发展理念+科技融入+产业后整理，设置4处实习地点，具体如下：

①种植模式与发展理念：永乡镇阿寺村（图4-14）。

图4-14 永乡镇阿寺村

位于洛川县永乡镇，距洛川县城14千米，紧邻洛川会议纪念馆，是"洛川苹果之父"李新安的故乡。2018年，随着果树老龄化问题日益凸显，洛川县开始大力推行种植矮化密植园，阿寺村成为洛川首个"试验田"，村里改造残败果园400亩，建成高标准矮化密植示范园300亩。目前，该村已建成苹果文化步行街、苹果大讲堂、李新安纪念馆、苹果采摘观光长廊带，初步形成了"果园变公园，农房变客房，劳作变体验"发展模式。

该地实习的内容主要围绕阿寺村种植模式改变与新发展理念形成等两个方面展开，试图回答种植模式的改变及其成效，以及新发展理念的举措及其效果。设置的调研表如下表4-15、表4-16所示：

表 4-15　农户对种植模式改变的认知表

1. 您目前种植苹果的品种有哪些？
   ○富士　　○秦冠　　○瑞阳　　○瑞雪　　○嘎拉　　○其他种类
2. 您目前是否采用矮化密植方式种植苹果？
   ○是　　○否
3. 如采用矮化密植方式，您种植有多少亩？
   _____
4. 您从哪年采用矮化密植方式？
   _____
5. 目前是否有收益？如有，是多少？
   _____
6. 您从哪里获取有关矮化密植的消息？
   ○政府　　○媒体　　○近邻　　○其他
7. 您是否参与过矮化密植的技术培训？
   ○是　　○否
8. 矮化密植的投入包括哪些？
   ○支架　　○肥料设施　　○田间机械　　○土地平整　　○树苗　　○其他
9. 您认为矮化密植的优点有哪些？
   ○早结果、早丰产　　○成熟早、品质好　　○产量高，经济效益好　　○土地平整
   ○便于管理，省时、省力、工效高　　○更新品种容易，恢复产量快　　○其他
10. 您认为矮化密植的缺点有哪些？
    ○前期投入成本高　　○田间管理难度大　　○技术要求高　　○其他
11. 您认为如何才能推广矮化密植种植方式？
    _____

表 4-16　新发展理念的举措及其效果调查（村干部）

调查项目	调查内容
村庄整体规划	村庄整体布局、功能分区、景观塑造等进行精心设计，以及特色和品位如何体现
生态文化与传统文化建设	结合苹果文化、黄土文化和民俗文化的具体举措
产业发展	在产业升级方面的举措
基础设施建设	主要基础设施建设
村庄治理的转变	治理方式转变的具体举措

②科技融入：洛川国家现代农业产业园。

洛川国家现代农业产业园位于洛川县北部塬区，规划区域总面积129万亩，涉及菩提镇、旧县镇、永乡镇、交口河镇、凤栖街道办以及黄章便民服务中心6个乡镇。按照"一核一带四区"进行产业园总体布局。该实习地点的调研主要包括两个部分：一是现代农业产业园区的调研，涉及园区功能区、生产科技、销售新科技，以及生态文化建设等4个方面的调研。具体调研内容见表4-17；二是对典型生产基地、仓储和物流配送中心的调研，主要涉及两个企业：绿佳源农资服务中心、陕西顶端果业科技有限公司。具体调研内容见表4-18。

表4-17　洛川国家现代农业产业园调查

调查项目	调查内容
产业园功能区建设	生产示范、会展中心、交易仓储、物流配送、农资交易、产业加工、科技研发、文化展示、配套服务和金融服务等10大功能区建设情况
生产现代化技术融入	种植和加工升级的科技举措
销售方式科技融入	线上与线下销售方式新举措及成效
生态文化建设	在挖掘"苹果+"和"生态+"文化方面的举措

表4-18　典型企业调查

调查项目	调查内容
企业基本情况	对企业"苹果基地种植+冷库储藏+互联网营销"总体情况调研
苹果种植基地新科技	种植基地的科技举措
仓储科技融入	仓储科技融入及成效
物流科技融入	物流科技新举措及成效

③产业后整理：洛川苹果产业后整理示范园区。

实施苹果产业后整理，就是对采收后的果品进行一系列商品化处理，达到规格、质量和品质整齐一致，有序进入高端市场；开发与苹果相关联高附加值产业，走高质量发展道路；让果农全程参与到全产业链上，多环节、多渠道、多模式促进农民收入持续增长。

该地实习的内容主要围绕产业后整理示范园区建设及成效、典型企业后整理措施及成效等两个方面展开，试图从园区和企业两个层面回答实施苹果产业后整理对果业发展的作用。设置的调研表如下表 4-19、表 4-20 所示：

表 4-19　洛川苹果产业后整理示范园区调查（负责人）

调查项目	调查内容
示范园区基本情况	目前建设情况
不同类型后整理	加工、深加工、配套企业、物流、废旧物资综合利用等建设情况
典型企业调研	重点对加工和深加工企业调研，了解企业在后整理方面的成效与制约因素
生态义化建设	在挖掘"苹果+"和"生态+"文化方面的举措

表 4-20　加工和深加工企业后整理调研（陕果集团）

调查项目	调查内容
企业基本情况	建设情况
后整理举措	企业正在实施的后整理举措及成效
后整理制约因素	后整理建设与发展的制约因素
企业后整理规划	未来企业后整理的规划与举措

（3）宝塔区实习内容。

宝塔区，隶属陕西省延安市，是延安市委、市政府所在地，延安的中心城区。位于陕西省北部，陕北黄土高原中部丘陵沟壑区，素有"秦地要区""塞上咽喉"之称，全区土地总面积 3556 千米^2。延安是中国革命的圣地，宝塔区是革命圣地的"心脏"，是中国首批公布的 24 座历史文化名城之一。毛泽东、周恩来、朱德等老一辈无产阶级革命家在这里生活战斗了十三个春秋，领导中国人民夺取了抗日战争、解放战争的伟大胜利，培育了延安精神，留下了以南泥湾、枣园、杨家岭、王家坪、凤凰山为重点的革命旧址和纪念地 150 多处，是中国爱国主义、革命传统、延安精神三大教育基地，是中国共产党人的精神家园，也是中国乃至世界人民向往的红色旅游圣地。20 年的退耕还林实施，使其成为区域生态文明与地方文化，以及区域生态文明建设与地方文化发展的典型案例地。为了展示宝塔区在红色精神+绿色文化方面所做的工作，设置 3 类实习内容，即红色文化、绿色文化与黄土风情，设置相应的实习地点，具体如下：

①红色文化实习地：南泥湾与枣园（图4-15）。

南泥湾位于陕西省延安城东南45千米处，该区年平均气温8.1℃，年降雨量530~600毫米，无霜期120~140天。南泥湾流域面积365千米²，属丘陵沟壑区，土壤为黄绵土、水稻土，林草覆盖率83%，为汾川河发源地。目前，南泥湾已建成以革命纪念地为主，集参观、旅游、经济综合开发为一体的多功能的经济、文化重镇。

图4-15 南泥湾与枣园

枣园位于延安城西北8千米处，是一个园林式的革命纪念地，其内生长着种类繁多的花草树木，景色秀丽，环境清幽。1944年至1947年3月，中共中央书记处由杨家岭迁驻此地。目前，枣园已成为感受红色革命精神，接受革命历史教育的理想场所。

该地实习的内容主要围绕南泥湾和枣园红色文化建设基本情况、影响红色文化可持续发展的主要因素两个方面展开，试图回答如何传承和发展红色文化。调研分为两个方面：一是对管理人员的调研，主要收集政府在传承和发展文化方面的举措及成效；二是对景区参观人员的调研，收集游客对该地红色文化建设的认知。调研表具体设置如下表4-21、表4-22所示：

表4-21 政府在红色文化传承和发展方面的举措与成效

调查项目	调查内容
南泥湾枣园红色文化现状	主要景点及其建设情况
红色文化建设举措及成效	现代农业、红色新民宿、红色培训基地、基础设施建设及成效
红色文化建设规划	重点了解大数据和数字建设
制约因素	从管理角度看红色文化建设的主要制约因素

表 4-22　游客对红色文化传承和发展的认知

1. 你的年龄阶段是
   ○00 后　　○90 后　　○80 后　　○70 后　　○60 后
2. 你的政治面貌是
   ○群众　　○共青团员　　○党员　　○其他党派人士　　○无党派人士
3. 你了解南泥湾和枣园的红色文化历史吗？
   ○都了解　　○大部分了解　　○只了解一点　　○不了解
4. 你是从哪些渠道了解红色文化历史的？
   ○报纸杂志　　○网络资源　　○电视广播　　○书籍史料　　○其他
5. 你觉得在这些景点中最吸引你的是什么？
   ○历史故事　　○景区特色建筑　　○文化氛围　　○历史精神　　○其他
6. 你觉得发展红色文化产业有什么好处？
   ○可以保护文化，传承文化　　○可以发展红色旅游业
   ○可以提高当地居民收入　　○其他　　○没有好处
7. 你认为红色文化对当代人们的作用是什么？
   ○唤醒人们的民族意识，振兴中华　　○纠正社会，让社会充满红色文化的正能量
   ○让人们学习民族历史，增强我国文化软实力　　○没什么作用，只是课本历史知识
8. 你觉得传播红色文化对你有哪些方面的影响？
   ○增强爱国主义，民族自信　　○让自己的心灵得到洗涤
   ○可以更好地了解历史　　○无影响
9. 你参观红色革命景点的原因是什么？
   ○娱乐消遣　　○崇拜敬仰　　○探亲访友　　○工作研究　　○体验参与　　○其他
10. 你认为该处红色文化景点相比较其他种类景点劣势有哪些？
    ○基础设施不完善　　○遗址保护不够力　　○娱乐设施较少
    ○地理位置偏僻　　○其他
11. 你觉得红色文化应该主要以什么样的方式传承下去？
    ○传统的原著传承　　○娱乐性的改编　　○亲身体验感受系统的教育　　○其他
12. 你认为当前红色文化传播的困境是什么？
    ○当代人们生活浮躁不愿了解　　○当代年轻人崇洋媚外，不屑于了解红色历史
    ○当代新媒体娱乐化严重，以至没有过红色文化的宣传　　○宣传力度的不到位
13. 你认为红色精神和文化如何传承和发展？

②绿色文化+黄土风情实习地：冯庄乡。

冯庄乡，隶属于陕西省延安市宝塔区。地处宝塔区东北部，东与青化砭镇接壤，南与李渠镇相邻，西与河庄坪镇相连，北与安塞区化子坪镇毗邻。辖区东西

最大距离 12 千米，南北最大距离 20 千米，总面积 187.95 千米²。境内梁、峁、沟、壑、渠都有，沟壑纵横，梁峁起伏，地表支离破碎，地势起伏较大。冯庄乡气候属暖温带大陆性季风气候。多年平均气温 9.2℃，1 月平均气温-5.5℃，7 月平均气温 23.1℃。年平均降水量 561.3 毫米，降雨集中在每年的 7~9 月，7 月最多。该乡是宝塔区退耕还林示范乡。

该地实习的内容主要从冯庄乡退耕还林基本情况、绿色文化可持续发展两个方面展开，试图回答如何建设和发展绿色文化，收集乡政府在建设和发展绿色文化方面的举措与成效。乡政府在建设和发展绿色文化方面的举措与成效调研表具体设置见下表 4-23。

表 4-23　乡政府在建设和发展绿色文化方面的举措与成效

调查项目	调查内容
冯庄乡退耕还林现状	重点了解该乡薛张流域退耕还林情况
绿色建设举措及成效	了解巩固退耕还林、造林绿化、水土保持、后续绿色产业及其成效
绿色文化建设规划	了解该乡景区建设、生态建设、宜居乡村和乡村治理建设及其成效
生态旅游建设规划	重点了解康坪村的乡村旅游综合体建设及其成果

4. 报告撰写

在野外工作结束后，要及时组织学生汇集野外实习的全部资料，根据实习课题和成果汇报的要求，在适当的范围内进行分享，以便他们以数据为基础，从学习的目的和意义、实习的任务和要求、实习时间和路线、参加人员、实习内容、实习收获与建议等 6 个方面撰写实习报告。

5. 实习成果评价

依据野外综合实习的特点，结合人文地理学野外实习效果评价指标体系，构建陕北黄土高原生态建设与绿色发展的野外实习的指标体系（表 4-24）。由于认知实习和课程实习对学生思想作风培养起到奠基的作用，加之野外综合实习中对学生主动精神和探索精神有较高要求，因此，在该体系中，一级指标思想意识占比暂定为 0.2，实习过程与实习结果占比暂定为 0.4。二级指标中，思想意识的 5 个指标占比均为 0.04，实习过程的获取信息及处理信息的能力、发现和解决问题的能力的占比均提升至 0.15，实习记录为 0.1。这主要是因为在陕北黄土高原生态建设与绿色发展的野外实习中，除了有指导教师已做好的调研表格外，还需要学生以小组为单位，积极探讨洛川县新发展理念的举措及其效果、加工和深加工企业后整理，宝塔区在红色文化传承和发展方面的举措与成效、政府在绿色文化建设和发展方面的举措与成效等方面的调研内容和表格的设计，需要学生确定调研对象及其数量。因此，只有增加获取信息及处理信息的能力、发现和解决问题的能力等在整个调研过程的占比，才能有效评估学生及其小组在整个调研中的作用。与课程实习评估指标相比，综合实习实习结果的4个二级指标占比均为0.1，提升了数据整理和分析与实习心得的占比。这主要是因为数据的整理和分析是实习报告成败的关键和基础。同时，学生在思想作风、学习能力和撰写水平等方面的心得对于提升其后续学习水平大有裨益。

表4-24 陕北黄土高原生态建设与绿色发展的野外实习的指标体系

指标	一级指标	二级指标	自我评价（0.2）	小组评价（0.5）	教师评价（0.3）
野外实习成绩	思想意识（0.2）	目的态度（0.04）			
		道德品质（0.04）			
		组织纪律（0.04）			
		团队意识（0.04）			
		吃苦耐劳精神（0.04）			
	实习过程（0.4）	实习记录（0.1）			
		获取信息及处理信息的能力（0.15）			
		发现和解决问题的能力（0.15）			
	实习结果（0.4）	数据整理和分析（0.1）			
		实习报告（0.1）			
		调研成果（0.1）			
		实习心得（0.1）			

需要说明的是，本节构建的野外综合实习指标体系适用于后面其他野外综合实习。尽管涉及的指标相同，占比一致，但在二级指标具体包含的内容上依然有较大差异。例如，就获取信息及处理信息的能力而言，陕北黄土高原生态建设与绿色发展的野外实习主要体现在洛川县新发展理念的举措及其效果、加工和深加

工企业后整理，宝塔区在红色文化传承和发展方面的举措与成效、政府在绿色文化建设和发展方面的举措与成效等方面的调研内容和表格的设计等方面。而关中城市群美丽乡村规划野外实习则主要体现在村庄发展条件分析、产业布局规划、国土空间保护与用途管制规划、公共服务设施和基础设施规划等方面的设计能力，进而在实习报告内容和实习心得的侧重点方面均会有差异。上述差异的存在恰恰表明不同野外综合实习的要求和目的的不同，但也为综合评判不同野外实习的效果提供了可行的途径。因此，后续野外综合实习的评估均采用此表对实习效果进行评价。

二、关中平原城市群美丽村庄规划

1. 实习目的

（1）理解国家乡村振兴战略的意义。

（2）理解城郊型乡村与关中平原城市群的关系。

（3）培养学生综合运用知识的能力，通过实习，让学生可以熟练掌握村庄规划的流程和技术，完成规划方案。将所学的国土空间规划、区域分析与规划、产业发展与规划等课程的理论应用到村庄规划实践中。村庄规划是法定规划，是国土空间规划体系中乡村地区的详细规划，是开展国土空间开发保护活动、实施国土空间用途管制、核发乡村建设项目规划许可、进行各项建设等方面的法定依据。

（4）培养学生发现问题和解决问题的能力。通过典型村规划，发现乡村规划发展中的问题，分析存在问题，并提出解决问题的策略。

（5）培养学生的团队合作精神。村庄地域虽小，但规划涉及面广，需要团队合作方能完成。

2. 实习设计

（1）内容设计。

在关中平原城市群中选取典型村庄，按照村庄规划的要求，以一个完整的行政村为单元，让学生以小组为单位，从实习准备、资料调研、资料分析，到规划方案制订，实习报告撰写，完成一个完整的村庄规划。包括4个阶段：

第一阶段，实习准备：选取典型村、设计调查问卷等。

第二阶段，外业调查：进行实地调研，收集规划资料，对资料进行整合分析。

第三阶段，规划方案制订：规划方案的形成，征求意见，定稿。

第四阶段，实习总结：方案汇报，撰写实习报告。

（2）路线设计。

设计 4 条可供选择的实习路线，北线、西线、南线和东线。在关中平原城市群所涉及的城市中选取典型县（区），每个县（区）中选取典型村。4 条线路如下：

北线：高陵区—泾阳县—三原县—富平县—耀州区；西线：礼泉县—周至县；南线：鄠邑区—长安区—蓝田县；东线：灞桥区—临潼区。实习典型村如表 4-25 所示。

表 4-25　实习典型村一览表

序号	县（区）名	镇（街道）名	典型村	村庄特点
1	高陵区	通远街道	何村	现代农业
2	泾阳县	云阳镇	马池村	蔬菜专业村
3	三原县	新兴镇	柏社村	传统村落
4	富平县	梅家坪镇	岔口村	工业带动型，红色教育基地
5	耀州区	石柱镇	马咀村	旅游业带动型
6	礼泉县	烟霞镇	袁家村	旅游业带动型，集体经济+农户经营
7	周至县	马召镇	群三兴	猕猴桃专业村，电商示范村
8	鄠邑区	玉蝉街道	胡家庄	葡萄专业村，企业带动下的土地股份制改革示范村
9	长安区	滦镇街道	上王村	旅游业带动型，农户自营型
10	蓝田县	洩湖镇	簸箕掌村	旅游业带动型，搬迁村
11	灞桥区	席王街道	西张坡村	樱桃专业村
12	临潼区	相桥街道	姚家村	工业带动型，畜牧业带动型

3. 实习内容

该部分是实习专题的主要部分，内容包括对实习案例地的具体的介绍和说明，同时要把实习内容与思政目标有机融合。

（1）高陵区通远街道何村。

何村位于高陵区西北 10 千米，通远镇以北 4.7 千米。村庄南侧 24 千米处有西咸北环线高速通过，距离 302 县道 2.2 千米，距离 319 县道 6 千米。西安市美丽村庄，在大棚蔬菜种植、农村垃圾分类处理等方面具有示范引领作用。

全村共有 6 个自然村，10 个村民小组，总人口 1964 人。大约 2/3 农户主要从事大棚蔬菜种植，拥有大棚 3180 栋，户均达到 5.6 栋，年产各类鲜菜 35 万吨，建有"何村无公害蔬菜配菜中心"，在通远街道建有大型蔬菜批发市场。

（2）泾阳县云阳镇马池村。

马池村位于泾阳县云阳镇北部，距离云阳镇镇政府1.4千米。北接冶峪河，西南毗邻G211国道，东临县道206，交通区位优势明显。位于渭河地堑北缘中段，岐山至富平断裂带两侧，属温带大陆性气候，是典型的农业村，依托泾惠渠灌溉系统，形成了渠、井、站相结合的灌溉网络，设施农业较为发达。全村共有6个村民小组，2400人。以种植蔬菜为主，共有大棚90栋，农户每户约一栋大棚，泾阳县是我国重要的蔬菜种植基地，云阳蔬菜批发市场是我国蔬菜价格监测的四大农产品批发市场之一，马池村受泾云公司带动，形成了"公司+农户"的经营模式，村上有很多种植能手在外指导蔬菜大棚种植。

（3）三原县新兴镇柏社村。

柏社村位于三原县北部28千米，新兴镇西北5千米。村庄东部有延西高速通过，北部有G3511通过，距离312县道5.4千米，距330县道5.2千米。全村共有15个村民小组，总人口3756人，土地总面积10983.75亩。

柏社村始建于晋代，古时地理位置重要，是关中通往陕甘宁的重要通道，秦汉以后为兵家必争之地。柏社村是国家下沉式地坑窑集中保护区，有"中国生土建筑博物馆"之美誉，保留有较为完整的窑洞、民居住宅。主要景点有关中民居、下沉式地坑窑、清代潘同氏烈女碑，为第二批中国传统村落、第二批国家森林乡村、2021年陕西省慈善示范社区（村）。

（4）富平县梅家坪镇岔口村。

岔口村位于富平县梅家坪镇，地势西高东低，土地总面积3300余亩，其中耕地面积2800余亩。下辖3个自然村（岔口、赵家村和米家堡），5个村民小组，全村共860户3004人。

岔口村西邻铜川新区，东邻西铜铁路，有两家大型能化建材企业，分别为陕西陕焦化工有限公司和龙钢集团富（平）轧（钢）公司。村庄依靠企业带动，形成了以运输业和特色蔬菜为主的主导产业。

村上有第七批陕西省文物保护单位——渭北革命交通联络站故址（米家窑地下交通站，见图4-16），李先念同志曾在此居住，米忠全（1915—1948）烈士1946年秋季护送李先念、任质斌等经此进入陕甘宁边区。1947年3月，奉上级指示，在洪水地区做战前情报和联络工作。5月16日，被富平县国民党逮捕，解送至西安敌警察总局特拘所监狱。1948年4月19日秘密押解至耀县，21日凌晨被活埋于药王山下，英勇就义，时年34岁，为药王山三十二烈士之一。

图 4-16 米家窑地下交通站

该村是我院承担的科技部科技支撑项目《产业延伸类城郊型美丽乡村建设技术集成与示范》课题的示范村。

（5）耀州区石柱镇马咀村。

马咀村，首批全国乡村旅游重点村，第二批国家森林乡村。利用村庄整体搬迁，统一规划，发展乡村旅游，从传统农业种植转向现代农业，实现了一个贫困村向富裕村的转型。

（6）礼泉县烟霞镇袁家村。

袁家村位于礼泉县城东部约 14 千米处，烟霞镇区北部约 1 千米处，距离西安市区约 45 千米，距咸阳市区约 30 千米处，通过关中环线（S107）与福银高速、312 国道等道路联通。全村土地总面积 710 亩，286 人，是全国著名的乡村旅游地，第二批中国传统村落。经过了从农业、工业到第三产业的转型，是中国乡村发展的浓缩。

（7）周至县马召镇群三兴村。

群三兴村位于马召镇北部，距离周至县城不到 10 千米。东邻 108 国道，西邻沙河，南临关中环线（S107）。

全村共有 5 个村民小组，1200 余人，土地总面积 2038.2 亩，以种植猕猴桃为主，形成自己的品牌"海沃德"。2014 年以来，网络销售模式在群三兴村兴起，不少农户建立起网络淘宝店售卖猕猴桃的路径。群三兴村的猕猴桃产业经历了"农户分散经营""协会+农户"和"企业+协会+合作社+农户"3 个阶段。

（8）鄠邑区玉蝉街道胡家庄。

胡家庄位于鄠邑区西南 10 千米处，地处秦岭北麓、涝河以西，南距环山公路 1.5 千米，东距西汉高速 2 千米，滦白路（原东西七号路）穿村而过。全村共有 6

个村民小组，1020 余人，全村土地总面积 1183.35 亩，主导产业为户太八号葡萄。在千企帮千村活动中，荣华集团进入该村，建有荣华葡萄庄园，形成集葡萄种植、葡萄采摘旅游、葡萄酒文化、法式餐饮体验于一体的特色农业。目前也是土地股份制改革的试点村，企业带动，农民土地入股，农民收入构成由土地流转金、股份分红和工资三部分构成。

（9）长安区滦镇街道上王村。

上王村坐落于秦岭北麓终南山下，隶属滦镇街道，距西安市中心约 20 千米，南依青华山，北临环山路，东接秦岭野生动物园，西连滔滔沣河水，交通条件十分便利。上王村人口总数为 650 人，全村土地总面积 2007.60 亩。农户主要从事餐饮业，有 232 户经营户，餐饮业的发展带动了乡村旅游业的发展，增加了农民收入，也带动了周边村劳动力的就业。

（10）蓝田县洩湖镇簸箕掌村。

簸箕掌村位于蓝田县城西北部，北依骊山，南临灞水，距蓝田县城 5 千米，距洩湖镇 5 千米。村子三面环沟，村民居住分散，因村庄长期受滑坡等地质灾害威胁，长期以来生产生活极不方便。簸箕掌村共辖 15 个自然村，5 个村民小组，人口 1071 人，全村土地总面积 6559.50 亩。产业发展经历了从传统种植业向乡村旅游的转变。

（11）灞桥区席王街道西张坡村。

西张坡村位于灞桥区东南 14.3 千米、席王街道东南 14.7 千米处。距离沪陕高速空工收费站 3 千米，距 101 省道 6 千米。全村共 3 个村民小组，152 户，人口 578 人。

（12）临潼区相桥街道姚家村。

姚家村位于临潼区西北，距离临潼区 29 千米、阎良区 15 千米处。北距相桥街道 1.9 千米，西距西安市 53 千米、渭南市 16.8 千米。南有渭河，北有 107、108 省道，附近有铁路线穿过，距最近的相桥站仅 4.2 千米，属于一个交通极为便利的村庄。姚家村有 3 个自然村，共分 5 个村民小组。

4. 实习流程

（1）外业调查：规划所需资料调查，如下表 4-26、表 4-27、表 4-28、表 4-29、表 4-30、表 4-31、表 4-32。

（2）内业方案制订：包括资料处理、分小组完成规划方案、每人完成实习报告。

（3）实习总结：实习报告撰写、汇报、评比阶段。

表 4-26　县（区）域村庄规划基础资料收集表

填表单位：×××县（区）_____（单位）填写人：_____电话：_____

1. ×××县（区）行政管辖面积_____平方千米，其中建设用地_____平方千米，工业用地_____平方千米，耕地_____平方千米。

2. ×××县（区）×××年末常住人口_____人，暂住人口（居住半年以下的人口）_____人，常住人口中城镇人口_____人，户籍人口_____人，外来人口_____人。

3. ×××县（区）×××年工业企业数量共_____家，工业从业人数_____人，工业总产值_____万元，其中××规模以上工业企业数_____家，从业人数_____人，工业总产值_____万元。

4. 主导产业：×××县（区）工业主导产业包括：_____，年该产业总产值或营业总收入_____（万元），从业人员总数_____人，本地人员_____人。

5. 重点企业有_____、_____、_____。

6. ×××县（区）×××年农业总产值_____万元。

7. ×××县（区）×××年城镇居民可支配收入_____万元，农民人均纯收入_____万元。

8. ×××县（区）特色资源主要有_____、_____、_____。

9. ×××县（区）主要外来人口来自（可多选）：A. ×××市内　B. 陕西省内　C. 外省　D. 其他，如_____。
旅游人口主要来自（可多选）：A. ×××市内　B. 陕西省内　C. 外省　D. 其他，如_____，旅游人数年均_____（万人）。

10. ×××县（区）共有_____个行政村，_____个自然村，村庄基本情况如下表：

行政村名	所属乡镇	现状人口	主导产业	产品类型	村民人均收入	村庄建设用地面积

11. ×××县（区）以下哪些基础设施较为缺乏？（请选择）：
　　A. 给水　　B. 雨水　　C. 污水　　D. 电力　　E. 通信设施　　F. 燃气
　　G. 环卫　　H. 停车　　I. 垃圾处理　　J. 公交　　K. 其他

12. 近期×××县（区）村庄重点发展计划或项目有哪些？_____、_____、_____。

13. ×××县（区）村庄发展中面临的主要问题包括：_____、_____、_____。

14. 对本次×××县（区）村庄布局规划有何建议或诉求？_____、_____、_____。

15. 县（区）域的特色旅游景点、景区和旅游产品都有哪些？村内是否有古建筑、古建筑遗址等？村内是否有保存较好、具有一定名气的民俗文化、民间艺术等？
_____、_____、_____。

表 4-27 村域国土空间结构调整表

单位：公顷；%

规划分类			规划基期年		规划目标年		规划期内增减
			面积	占比	面积	占比	
农用地		耕地					
		园地					
		林地					
		草地					
		湿地					
	农业设施建设用地	乡村道路用地					
		其他农业设施用地					
建设用地		城镇用地					
	村庄用地	居住用地	农村宅基地				
			农村社区服务设施用地				
		公共管理与公共服务设施用地					
		工业用地					
		仓储用地					
		乡村道路用地					
		村庄范围内的其他用地					
其他用地		其他土地					
总 计							

表 4-28 人口及收入构成

项目		数值	单位
总户数			户
总人口	1. 户籍人口		人
	其中：常年在外务工人数		人
	2. 常住人口		人
	其中：外来人口		人
人口年龄结构	16 岁以下人口		人
	16~60 岁人口		人
	60 岁以上人口		人
家庭收入及其构成	农户家庭总收入		元/年
	其中：家庭经营性收入		元/年
	工资性收入		元/年
	财产性收入		元/年
	转移性收入		元/年

表 4-29 现状设施情况调查表

单位：平方米

基础设施		个数	占地面积	建筑面积	备注
道路交通	公交站				
市政公用	变压器/配电室				
	污水处理设施				
	水泵站				
环境卫生	垃圾收集点				
	公厕				
……	……				

表4-30 村庄现状公共服务设施情况调查表

单位：平方米

公共服务设施		个数	占地面积	建筑面积	备注
行政	村委会				
	警务室				
教育	中学				
	小学				
	幼儿园				
	托儿所				
医疗	村卫生室				
文化	文化活动中心				
	图书馆				
体育	体育室/馆				
	有健身器材的活动广场				
福利	养老院				
	福利院				
商业	农贸市场				
	小卖部				
	生活超市				
	餐馆				
	旅馆				
其他	邮政网点				
	快递收发点				
	金融网点				
	电信网点				

表4-31 村庄规划用地表

单位：公顷；%

地类			规划基期现状		规划期末		规划期内增减
			面积	比例	面积	比例	
农用地		耕地					
		园地					
		林地					
		草地					
		湿地					
	农业设施建设用地	乡村道路用地					
		其他农业设施用地					
建设用地		城镇用地					
	村庄用地	居住用地	农村宅基地				
			农村社区服务设施用地				
		公共管理与公共服务设施用地					
		工业用地					
		仓储用地					
		乡村道路用地					
		村庄范围内的其他用地					
其他用地		其他土地					
总　计							

表 4-32　近期建设项目表

单位：公顷

项目类型	项目名称	项目任务	建设规模	建设时序	备注
产业发展					
基础设施和公共服务设施					
村容村貌提升					
历史保护					
生态修复					
农田整治					
拆旧复垦					
安全防灾					
移民搬迁					

5. 报告撰写

（1）村庄规划写作提纲（分组完成）。

第一，村庄发展条件分析。包括：产业发展对村庄分布的影响分析，国土空间布局与用途管制，生态保护修复和国土综合整治，人口发展和劳动力就业分析，区位条件分析，基础设施、公共服务设施和防灾抗灾能力分析，风景名胜、历史文化遗产等资源对村庄发展的影响分析，村庄安全与防灾减灾条件分析等。

第二，产业发展规划。依据产业发展类型及自然资源基底，统筹规划县（区）村域一、二、三产业的空间布局，结合县（区）、乡（镇）产业发展策略及村庄特色资源，提出村庄产业发展方向和思路，制定村庄产业差异化、规模化、特色化发展策略。合理确定农业生产区、农副产品加工区、产业园区、物流市场区、旅游发展区等产业集中区的选址和用地规模。统筹城乡产业发展，优化城乡产业用地布局，引导工业向中心产业空间集聚。

第三，空间管制要求。严格按照生态保护红线、永久基本农田保护区和城镇开发边界划定结果，结合县（区）域国土空间规划，确定相关生态环境、土地和水资源、能源、自然和文化遗产等方面的保护与利用目标和要求，提出村域空间管制原则和措施。

第四，基础设施和公共服务设施布局。按照基本公共服务均等化和设施共建共享的原则，结合乡镇和村庄的等级、规模、职能等，在村域范围内统筹考虑村庄发展布局以及基础设施和公共服务设施用地布局，规划建立全域覆盖、普惠共享、城乡一体的基础设施和公共服务设施网络。以安全、经济、方便群众使用为原则，因地制宜提出村域基础设施和公共服务设施的规模、标准、空间布局等要求。

第五，乡村风貌指引。深入挖掘和分析地域风貌特色，按照尊重自然、传承特色的原则，提出村域乡村风貌建设的整体目标，结合各类景观载体（包括自然景观、文化景观、历史文化名村、传统村落、古驿道等），划分乡村风貌建设分区，明确田园风光、自然景观、建筑风格和历史文化保护等风貌要素的控制要求，提出村庄景观建设指引。

第六，村庄安全和防灾减灾。分析村域内地质灾害、洪涝等隐患，确定综合防灾减灾与公共安全保障体系，划定灾害影响范围和安全防护范围，提出综合防灾减灾的规划原则、目标、设防标准以及预防和应对各类灾害危害的措施。

第七，规划图件。

必选图：

①区位分析图；

②综合现状图；

③综合规划图；

④规划分区图；

⑤村庄建设总平面图；

⑥道路交通规划图；

⑦公共服务设施规划图；

⑧基础设施规划图；

⑨防灾减灾规划图。

可选图：

①村容村貌提升规划图；

②产业布局规划图；

③建筑户型示意图；

④建筑风貌引导示意图；

⑤生态保护修复规划图；

⑥国土综合整治规划图；

⑦历史文化及特色风貌保护规划图；

⑧近期建设项目规划图。

第八，制图要求。

①基础要求。现状和规划图纸以第三次国土调查土地利用现状数据为基础，用地分类制图。

②内容要素。现状图应按用地分类标准明确表达村域内各类用地的分布情况，标注各类现状道路、公共服务设施和基础设施等位置和内容。规划图应特别标明永久基本农田，生态保护红线、现状和村域内拟拆除、新建的村民宅基地范围，标注公共服务设施和基础设施的范围、名称。

③格式要求。根据村域大小比例尺一般在 1 ∶ 5000～1 ∶ 10000，村庄建设区建议采用 1 ∶ 500～1 ∶ 1000 比例尺，印刷纸质版，导出的电子版本视具体情况确定比例尺。

（2）实习报告的撰写。

主要报告由三部分组成：第一部分，实习基本情况概述，包括实习时间、地点、参与人员，主要内容。第二部分，实习的收获与建议。从专业的角度，实习发现哪些实际问题，根据所学的专业知识分析问题，并提出具有针对性的政策建议。第三部分，实习中对国家政策方针，如从乡村振兴、党在基层管理中的作用以及实习中的团队合作等方面书写。

6. 实习成果评价

依据野外综合实习的特点，结合人文地理学野外实习效果评价指标体系，构建关中城市群美丽乡村规划的野外实习指标体系（表 4-33）。需要注意的是获取信息及处理信息的能力和发现及解决问题的能力，其主要侧重规划方案的设计方面，要求规划方案符合国家相关规范，要求内容齐全，条理清楚，语言规范简练；数据翔实，技术路线正确，分析问题有理有据，方案符合当地的自然及社会经济条件及未来发展需求，针对当地发展中存在的问题，具有前瞻性和可操作性；图件数学基础正确，清晰美观。实习报告要求有对国家乡村振兴等政策的理解，对乡村发展、保护传统民居、人居环境整治等方面的看法等内容。

表 4-33　关中城市群美丽乡村规划的野外实习指标体系

指标	一级指标	二级指标	自我评价（0.2）	小组评价（0.5）	教师评价（0.3）
野外实习成绩	思想意识（0.2）	目的态度（0.04）			
		道德品质（0.04）			
		组织纪律（0.04）			
		团队意识（0.04）			
		吃苦耐劳精神（0.04）			
	实习过程（0.4）	实习记录（0.1）			
		获取信息及处理信息的能力（0.15）			
		发现和解决问题的能力（0.15）			
	实习结果（0.4）	数据整理和分析（0.1）			
		实习报告（0.1）			
		调研成果（0.1）			
		实习心得（0.1）			

三、陕南秦巴山区生态保护与乡村转型

1. 实习目的

（1）了解陕南秦巴山区生态环境及乡村发展相关政策。学会基于地理学视角，综合运用气候变化、地质条件、资源禀赋、基础设施建设、土壤条件等基础知识，理解陕南秦巴山区生态保护的必要性与乡村发展的特殊性。并进一步通过梳理陕南秦巴山区（陕南秦岭山区）生态保护与乡村发展政策、过程，形成陕南秦巴山区生态保护与乡村转型协调发展战略、政策的认知。

（2）理解乡村转型的基本内涵与陕南秦巴山区乡村转型路径/模式。首先，理解乡村转型的含义；其次，理解陕南秦巴山区特殊自然和人文环境条件下乡村转型发展如何发生（路径）；最后，了解陕南秦巴山区乡村转型发展程度和效果。

（3）深入领会生态保护与乡村转型之间的关系，并具备田野调查的能力。通过构建相关评价指标体系，开展实习案例地调查与农户访谈，基于典型的实习案例，以点窥面理解陕南秦巴山区生态保护与乡村转型逻辑关系。

（4）为陕南秦巴山区生态保护与乡村转型发展建言献策。在巩固脱贫成果与乡村振兴有效衔接的进程中，陕南秦巴山区作为我国重要的生态屏障与贫困聚集区域，未来农户返贫的风险仍然存在，地理环境与资源对乡村社会经济发展制约明显。在此背景下，如何整合区域资源优势，实现生态保护和乡村转型发展的共利局面？

（5）通过实地考察以及半结构式问卷和访谈，使学生深切了解陕南秦巴山地乡村发展、农户生计与生态保护现状，增强学生生态环境保护的意识，有助于从实践层面正确理解"绿水青山就是金山银山"发展理念，并激发学生对"三农"问题的关注和思考，增进学生与乡村人民之间的连接，促进其投身乡村振兴实践与服务的意识。

2. 实习设计

（1）实习内容设计（图4-17）。

根据实习的安排，选取陕南秦巴山区生态保护与乡村转型典型案例地，将实习内容分为3个时期：

第一，实习准备期（5~7天）。首先，在实习教师的引导下，使学生对陕南秦巴山地区域（尤其所选案例区）概况，以及此次实习的目的、意义具有深入的了解；其次，在实习教师带领下，学生积极主动探索生态保护、乡村转型及其协调发展的概念内涵与具体意义；再次，整理地形图、行政区划图等图件及相关资料，并熟悉调研问卷和访谈提纲；最后，准备实习医疗用品和个人生活用品、野外用品等。

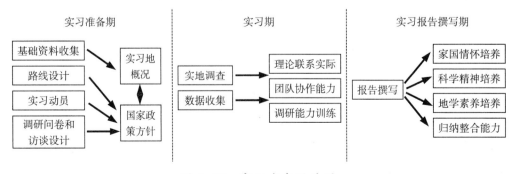

图4-17 实习内容设计图

第二，实习期（7~8天）。依据陕南秦巴山地的实际情况，设计实习路线，并在过程中由实习教师引导学生完成一定数量的问卷调查和访谈，了解陕南秦巴山地生态保护的举措、现状，认识乡村转型发展的历程、主导产业以及农户生计方式，并进一步理解生态保护与乡村转型发展之间的关系。

第三，实习报告撰写期。根据实习前期储备的相关理论和概念内涵，结合实习过程中的调研问卷数据、农户"经验描述"数据，全面了解和分析陕南秦巴山区生态保护与乡村转型发展过程，并对未来陕南秦巴山区生态保护与乡村转型发展提出个人建议。

（2）教学设计。

第一，基于问题导向和案例导向的教学方法，运用实地考察法、问卷调查法和访谈法开展实习。主要教学内容设计如下：

首先，基于问题导向，质询学生如下问题：陕南秦巴山地生态环境基底如何？在"绿水青山就是金山银山"的生态环境保护背景下，陕南秦巴山区乡村转型发展有何特点？文旅融合发展、"美丽乡村"建设和自然资源禀赋优势等不同案例中，生态保护与乡村转型发展之间有什么关系？其转型发展路径和价值是什么？

其次，引发学生思考与讨论，并以小组为单位，结合所收集基础资料，进行课堂讨论。最后由教师指出问题答案，并阐明陕南秦巴山区生态保护与乡村转型发展存在的困境。

再次，将课堂教学延伸至陕南秦巴山地，并以陕南秦巴山区陕西段为例，选取不同类型生态保护与乡村转型发展案例，开展实地考察。在实地考察过程中，介绍陕南秦巴山区生态保护的重要性和紧迫性，在生态保护背景下乡村转型发展面临的困境和挑战，以及实现生态保护和乡村转型协调发展的必要性，并注重学生通过问卷调查和农户访谈在理论和教师指导基础上进行进一步的实地探索。

最后，学生根据实地考察结果，结合案例区特征，全面剖析陕南秦巴山区生态保护和乡村转型发展的关系、转型路径与特征，并完成实习报告撰写工作。

第二，为了更好地完成此次实习工作，在课堂教学过程中，需要给学生阐明秦岭生态保护、乡村转型基本内涵与逻辑框架等知识内容。

秦岭生态保护是以《陕西省秦岭生态环境保护条例》为核心的一系列生态保护措施的统称。其一，确定了秦岭保护的界线，是指陕西省行政区域内秦岭山体东西以省界为界、南北以秦岭山体坡底为界的区域，包括商洛市全部行政区域以及西安市、宝鸡市、渭南市、汉中市、安康市的部分行政区域，并划定核心保护区、重点保护区和一般保护区,其中核心保护区不得进行与生态保护、科学研究无关的活动;其二,重点保护区不得进行与其保护功能不相符的开发建设活动;其三,一般保护区生产、生活和建设活动,应当严格执行法律、法规和本条例的规定。

具体内容有:划定秦岭核心保护区范围为海拔 2000 米以上,辅之以生态功能集中连片保护,有利于野生动物在集中连片保护范围内栖息繁衍;实行产业准入制度,禁止在秦岭北坡范围内开山采石;规定核心保护区的水电站一律退出、重点保护区的水电站实行分类处置;对矿产资源开发、交通设施建设、城乡建设、旅游开发建设等活动予以进一步规范。

根据陕南秦岭山区生态保护相关文件,以及学界目前对陕南秦巴山地生态环境研究相关成果,本次实习建立了如下乡村社区尺度生态系统评价指标体系(表4-34)。有助于学生全面了解村域生态环境特征,并将秦岭山区生态环境保护的相关政策措施与区域生态环境现状紧密地结合起来,充分了解乡村社区主体如何运用自身资源,调整自身行为来适应生态保护政策措施。

表4-34 乡村社区尺度生态系统评价指标体系

维度	主要指标	数据来源	单位	指标向性
地形条件	坡度	遥感信息数据	—	-
	地形起伏度	遥感信息数据	—	-
	海拔高度	遥感信息数据	米	-
自然灾害	地质灾害(如滑坡、泥石流等)发生频率	农户调查	次	-
	气候灾害(如洪涝、干旱等)发生频率	农户调查	次	-
植被环境	植被覆盖度指数(NDVI)	遥感信息数据	—	+
	植物净初级生产力(NPP)	遥感信息数据	克/米^2	+
景观格局	景观破碎度	遥感信息数据	—	-
	景观连通度	遥感信息数据	—	+
	景观优势度	遥感信息数据	—	-
人类活动干扰程度	退耕还林面积	农户调查	亩	+
	化肥施用量	农户调查	千克	-
	人口密度	农户调查	人/千米^2	-
	耕地面积	农户调查	亩	-

乡村地域系统是在一定乡村地域范围内，由自然禀赋、区位条件、经济基础、人力资源、文化习俗等各要素交互作用构成的具有一定结构和功能的开放系统。乡村转型发展是乡村社会经济发展到一定阶段的必然产物，其概念内涵与国际上流行的乡村重构这一术语较为接近，指在工业化和城镇化过程中，由于农业经济比重的下降引起的乡村经济调整、乡村服务部门兴起和地方服务的优化，以及城乡间人口流动和经济社会要素重组等各类因素的交互作用下乡村地区经济社会结构的重组过程。其实质是在乡村要素自变动和外部调控的共同作用下，以人口、土地、产业的变化为核心，生产、生活行为中的物质和非物质元素之间发生各式各样的交互作用，乡村的就业结构、消费结构、土地利用结构、社会组织结构等均发生相应转变，乡村地域的生活功能、生产功能、生态功能和文化功能也不断发生演化和变异的过程。乡村转型发展分析框架见下图4-18。

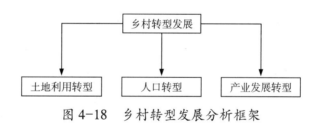

图 4-18　乡村转型发展分析框架

根据乡村转型发展内涵，本次实习从人口发展、经济发展和农业发展3个维度构建了13项秦巴山区乡村转型发展的评价指标体系（表4-35）。

表 4-35　乡村转型发展评价指标体系

准则层	指标层	计算方法
乡村人口 发展度	人口密度（人/千米²）	总人口/村域面积
	人均受教育水平（年/人）	受教育年限总和/总人口
	人口增长率（%）	新增人口/总人口
	劳动力人口比重（%）	劳动力人口/总人口
乡村经济 发展度	人均年收入（%）	经济收入总值/总人口
	人均固定资产产值（万元/人）	固定资产总值/总人口
	经济组织数量（个）	家庭农场数量+农业合作社数量
	非农收入比重（%）	非农业收入总值/经济收入总值

续表

准则层	指标层	计算方法
农业生产发展度	亩均经济产值（万元/亩）	农业总产值/耕地面积
	人均耕地面积（亩/人）	耕地面积/总人口
	人均农业科技人员配置率（%）	农业科技人员总人数/总人口
	单位耕地面积化肥使用量（吨/公顷）	化肥使用总量/耕地面积
	坡耕地面积占比（%）	坡耕地面积/耕地面积

（3）路线设计。

路线设计为汉中市留坝县紫柏山国家森林公园（文旅融合案例）、张良庙、安康市平利县蒋家坪（茶旅融合案例）、商洛市柞水县牛背梁国家森林公园——朱家湾（"美丽乡村"案例）。

紫柏山森林公园为国家级森林公园。地处秦岭南坡，位于陕西省留坝县西北部，北依凤县，西南邻勉县，总面积约为 82.5 千米^2。区内名山紫柏山为秦岭主峰太白山支脉，最高峰海拔 2610 米，有"岭南独秀""秦岭明珠"之美誉，地貌格局及其形态受地壳运动影响，构造地貌明显，山峰及其周围溶洞与地下河比较发育，呈现溶洞多、山岳崎峻的地貌景观。由于地处南北交接带，植物种类繁多，景观资源十分丰富。紫柏山因汉代著名谋士张良隐居，而成为道教活动圣地，目前已形成以留侯祠（俗称张良庙）为核心的文化旅游风景区，其是陕南地区最大也是保存最好的古建筑群，并于 1958 年被陕西省政府列为第一批省级文物保护单位。

蒋家坪村位于汉滨区、岚皋县、平利县一区两县交界处，行政区划位于安康市汉滨区老县镇。由于地处秦岭山区，生态环境脆弱，地质灾害频发，耕地以坡耕地为主，面积小且破碎化程度高。同时，由于气候温润、雨量充沛，使该村森林覆盖率高达 76%。良好的气候条件和土壤条件为茶叶种植提供了机会，但长期以来由于交通不便、技术手段欠缺和管理不善，没有形成品牌效应，茶叶销量偏低，对农户生计支撑能力弱。自 2014 年起，蒋家坪开始探索"党支部＋龙头企业＋贫困户"模式，茶园重新选种优化、扩大面积，现代式厂房落成，绿茶、红茶两条生产线落地，线上线下销售网点打通。同时，蒋家坪村充分利用"高山、绿色、富硒、无污染"的优势，通过改善道路交通条件、兴建农家乐等手段，探索"茶旅融合"的新发展路径，已初步形成集种植、加工、销售和茶旅开发于一体的茶产业链。截至 2019 年年底，依靠茶业，蒋家坪村人均可支配收入达 8427 元，累计脱贫 195 户 537 人，贫困发生率降至 0.74%，实现了脱贫摘帽。

朱家湾村位于陕西省内秦岭南麓深山区，属于商洛市柞水县营盘镇，距离西安市 58 千米，102 省道穿境而过，临西康高速、包茂高速，交通便利。区域内森林覆盖率高达 90%以上，林木、动植物资源丰富，自然风光优美，民风善良淳厚，气候温润宜居。由于地处海拔较高山区，夏季凉爽，成为避暑的良选。由于紧邻牛背梁国家森林景区，加上旅游扶贫政策扶持，2013 年开始大力发展乡村旅游和旅游服务业，从"生态美、产业美、生活美、环境美、人文美"5 个方面，倾力打造朱家湾入口形象区、红妙河综合服务核心区、沁园村新型农业综合体、花锦园花卉主题休闲度假区四大片区，大力发展休闲经济、生态经济、服务经济，截至 2017 年，共有农家乐 153 户，旅客接待量年均 100 万人次，农家乐经营年收入户均在 10 万元左右，被评为"旅游脱贫示范村"。先后荣获国家级生态文明村、省级乡村旅游示范村、秦岭美丽乡村等荣誉称号。

通过注册朱家湾商标，该村成立了柞水县生态旅游开发公司，以养蜂基地和中药材产业园带动脱贫。采用党支部+公司+基地+贫困户的发展模式，由村党支部领导，旅游开发公司管理和销售，承包商集中放养经营，贫困户以劳动入股的形式进行利润分红，以实现乡村的快速发展。

2020 年习近平总书记来蒋家坪考察，并提出"人不负青山，青山定不负人。绿水青山既是自然财富，又是经济财富""乐业才能安居"的科学论断，并于同期入选第十批全国"一村一品"示范村镇。

下图 4-19 为陕南秦巴山区生态保护与乡村转型实习路线。

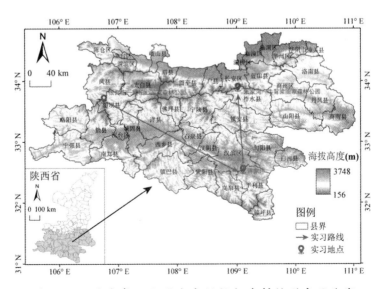

图 4-19　陕南秦巴山区生态保护与乡村转型实习路线

3. 实习内容

基于人文地理学、自然地理学、乡村地理学等多学科交叉知识基础，利用 ArcGIS、半结构式访谈（调查问卷）和统计学方法等分析手段，通过实习前期构建的乡村生态系统评价和乡村转型发展指标体系，根据张良庙（留侯祠）、紫柏山国家森林公园、蒋家坪、朱家湾、牛背梁国家森林公园为实地调查的案例区，对乡村转型发展和生态保护进行综合评价。通过农户访谈、资料总结得出乡村转型发展路径，进而形成秦岭山区生态保护与乡村转型发展模式的认知。

4. 实习报告撰写

本次实习专题可以增强学生对陕南秦巴山区生态保护与"三农"问题的认识，并通过乡村转型和生态保护协调发展评价，与宏观乡村振兴战略有效衔接起来，理解生态保护区乡村发展的困境、挑战和机遇，有助于强化学生学有所成投身乡村振兴实践、报效国家的爱国情怀。

（1）实习报告具体要求。

①内容翔实全面。学生应以留侯祠（张良庙）、紫柏山国家森林公园、蒋家坪茶旅融合发展示范村和朱家湾、牛背梁国家森林公园为案例，汇集整理相关数据资料，对陕南秦岭山区生态保护与乡村转型发展进行深入的解析和分析，并按照实习报告提纲认真撰写报告。

②理论与实践相结合。要求利用人文地理学、自然地理学和旅游地理学等相关理论知识与框架，结合实习地实际情况，有的放矢地进行生态保护与乡村转型发展的综合评价与分析，继而形成陕南秦巴山区乡村转型发展的路径和模式认知，并对未来乡村振兴与生态保护协调推进积极建言献策。

③图文并茂。结合本课程及相关课程理论和方法，熟练运用 ArcGIS、AutoCAD、Fragtats 等软件绘制和分析相关图件，有效提升实习报告质量。

④要求学生每个实习案例地至少完成 50 份农户调查问卷和 10 份乡村社区关键人物访谈。

（2）实习报告撰写提纲。

主要包括有 6 个方面的内容：实习目的与意义、实习任务与要求、实习路线与日程安排、参与人员、实习内容、实习收获与建议。

5. 实习成果评价

依据野外综合实习的特点，结合人文地理学野外实习效果评价指标体系，构建陕南秦巴山区生态保护与乡村转型的野外实习指标体系（表 4-36）。需要注意的是获取信息及处理信息的能力以及发现和解决问题的能力，主要侧重对乡村转型发展和生态保护进行综合评价、乡村转型发展路径的总结和秦岭山区生态保护与乡村转型发展基本模式的认知。

表 4-36　陕南秦巴山区生态保护与乡村转型的野外实习指标体系

指标	一级指标	二级指标	自我评价（0.2）	小组评价（0.5）	教师评价（0.3）
野外实习成绩	思想意识（0.2）	目的态度（0.04）			
		道德品质（0.04）			
		组织纪律（0.04）			
		团队意识（0.04）			
		吃苦耐劳精神（0.04）			
	实习过程（0.4）	实习记录（0.1）			
		获取信息及处理信息的能力（0.15）			
		发现和解决问题的能力（0.15）			
	实习结果（0.4）	数据整理和分析（0.1）			
		实习报告（0.1）			
		调研成果（0.1）			
		实习心得（0.1）			

四、黄河流域生态保护和高质量发展

1. 实习目的

（1）掌握黄河流域生态保护和高质量发展重大国家战略的提出背景、主要内容与重要意义。

（2）认识东部季风区、西北干旱区、青藏高寒区三大自然区的不同，理解实习区段的黄河流域生态保护和高质量发展的现状、成就、影响因素和治理措施，学习用专业理论解释和指导生产、生活、生态实践，实现理论联系实际、知识服务社会，加深理论认知。

（3）加深学生对国情的认识和了解，引导学生塑造正确的时代观、社会观与价值观，激发学生保护和发展黄河流域、建设美好国家的时代意识与家国情怀。

2. 黄河流域生态保护和高质量发展国家战略的提出和主要内容

党的十八大以来，习近平多次实地考察黄河流域三江源、祁连山、秦岭、贺兰山等重点区域生态保护和经济社会发展情况。2019年9月，习近平在郑州主持召开黄河流域生态保护和高质量发展座谈会，提出"黄河流域生态保护和高质量发展"重大国家战略并指出：

（1）保护黄河是事关中华民族伟大复兴的千秋大计。

黄河流域构成我国重要的生态屏障，是连接青藏高原、黄土高原、华北平原的生态廊道，拥有三江源、祁连山等多个国家公园和国家重点生态功能区。黄河流经黄土高原水土流失区、五大沙漠沙地，沿河两岸分布有东平湖和乌梁素海等湖泊、湿地，河口三角洲湿地生物多样。黄河流域自然景观壮丽秀美，沙漠浩瀚，草原广布，峡谷险峻，壶口瀑布气势恢宏。

黄河流域是我国重要的经济带，黄淮海平原、汾渭平原、河套灌区是农产品主产区，粮食和肉类产品占全国三分之一左右。黄河流域又被称为"能源流域"，煤炭、石油、天然气和有色金属资源丰富，煤炭储量占全国一半以上，是我国重要的能源、化工、原材料和基础工业基地。

黄河流域是打赢脱贫攻坚战的重要区域。黄河流域是多民族聚居地区，主要有汉、回、藏等民族，其中少数民族占10%左右。由于历史、自然条件等原因，黄河流域经济社会发展相对滞后，特别是上中游地区和下游滩区，是我国贫困人口相对集中的区域。积极支持流域省区打赢脱贫攻坚战，解决好流域人民特别是少数民族群众关心的防洪安全、饮水安全、生态安全等问题，对维护社会稳定、促进民族团结具有重要意义。

（2）中华人民共和国成立以来黄河治理取得巨大成就。

黄河水沙治理取得显著成效。防洪减灾体系基本建成，保障了伏秋大汛安澜，确保了人民生命财产安全。龙羊峡、小浪底等大型水利工程充分发挥作用，河道萎缩态势初步遏制，黄河含沙量近20年累计下降超过八成。实施水资源消耗总量和强度双控，流域用水增长过快局面得到有效控制，入渤海水量年均增加约10%，通过引调水工程为华北地区提供了水源，有力支撑了经济社会可持续发展。

生态环境持续明显向好。水土流失综合防治成效显著，生态环境明显改善。三江源等重大生态保护和修复工程加快实施，上游水源涵养能力稳定提升。中游黄土高原蓄水保土能力显著增强，实现了"人进沙退"的治沙奇迹，库布齐沙漠植被覆盖率达到53%。下游河口湿地面积逐年回升，生物多样性明显增加。

发展水平不断提升。郑州、西安、济南等中心城市和中原等城市群加快建设，全国重要的农牧业生产基地和能源基地的地位进一步巩固，新的经济增长点不断涌现。2014年以来沿黄河9省区1547万人摆脱贫困，滩区居民迁建工程加快推进，百姓生活得到显著改善。

同时，黄河一直"体弱多病"，水患频繁，流域仍存在一些突出困难和问题。既有先天不足的客观制约，也有后天失养的人为因素。

一是洪水风险依然是流域的最大威胁。小浪底水库调水调沙后续动力不足。下游防洪短板突出，洪水预见期短、威胁大；"地上悬河"严峻；299千米游荡性河段河势未完全控制，危及大堤安全。下游滩区既是黄河滞洪沉沙的场所，也是190万群众赖以生存的家园，防洪运用和经济发展矛盾长期存在。

二是流域生态环境脆弱。黄河上游局部地区生态系统退化、水源涵养功能降低；中游水土流失严重，汾河等支流污染问题突出；下游生态流量偏低、一些地方河口湿地萎缩。流域工业、城镇生活和农业面临三方面污染，加之尾矿库污染带来劣V类水高于全国平均水平。

三是水资源保障形势严峻。黄河水资源总量不到长江的7%，人均占有量仅为全国平均水平的27%。水资源利用较为粗放，农业用水效率不高，水资源开发利用率高达80%，远超一般流域40%生态警戒线。

四是发展质量有待提高。黄河上中游7省区是发展不充分的地区，同东部地区及长江流域相比存在明显差距，传统产业转型升级步伐滞后，内生动力不足，源头的青海玉树州与入海口的山东东营市人均地区生产总值相差超过10倍。对外开放程度低，9省区货物进出口总额仅占全国的12.3%。全国14个集中连片特困地区有5个涉及黄河流域。

（3）黄河流域生态保护和高质量发展的主要目标任务。

要坚持绿水青山就是金山银山的理念，坚持生态优先、绿色发展，以水而定、量水而行，因地制宜、分类施策，上下游、干支流、左右岸统筹谋划，共同抓好大保护，协同推进大治理，着力加强生态保护治理、保障黄河长治久安、促进全流域高质量发展、改善人民群众生活、保护传承黄河文化，让黄河成为造福人民的幸福河。

第一，加强生态环境保护。黄河生态系统是一个有机整体，要充分考虑上中下游差异。上游以三江源、祁连山、甘南黄河上游水源涵养区等为重点，推进实施一批重大生态保护修复和建设工程，提升水源涵养能力。中游要突出抓好水土保持和污染治理。水土保持不是简单挖几个坑种几棵树，黄土高原降雨量少，能不能种树，种什么树合适，要搞清楚再干。有条件的地方要大力建设旱作梯田、淤地坝等，有的地方则要以自然恢复为主，减少人为干扰，逐步改善局部小气候。对汾河等污染严重的支流，则要下大气力推进治理。下游的黄河三角洲是我国暖温带最完整的湿地生态系统，要做好保护工作，促进河流生态系统健康，提高生物多样性。

第二，保障黄河长治久安。黄河水少沙多、水沙关系不协调，是黄河复杂难治的症结所在。尽管黄河多年没出大的问题，但黄河水害隐患还像一把利剑悬在头上，丝毫不能放松警惕。要保障黄河长久安澜，必须紧紧抓住水沙关系调节这个"牛鼻子"。要完善水沙调控机制，解决九龙治水、分头管理问题，实施河道和滩区综合提升治理工程，减缓黄河下游淤积，确保黄河沿岸安全。

第三，推进水资源节约集约利用。黄河水资源量就这么多，搞生态建设要用水，发展经济、吃饭过日子也离不开水，不能把水当作无限供给的资源。"有多少汤泡多少馍"。要坚持以水定城、以水定地、以水定人、以水定产，把水资源作为最大的刚性约束，合理规划人口、城市和产业发展，坚决抑制不合理用水需求，大力发展节水产业和技术，大力推进农业节水，实施全社会节水行动，推动用水方式由粗放向节约集约转变。

第四，推动黄河流域高质量发展。沿黄河各地区要从实际出发，积极探索富有地域特色的高质量发展新路子。贫困地区要提高基础设施和公共服务水平，全力保障和改善民生。

第五，保护、传承、弘扬黄河文化。黄河文化是中华文明的重要组成部分，是中华民族的根和魂。要推进黄河文化遗产的系统保护，守好老祖宗留给我们的宝贵遗产。要深入挖掘黄河文化蕴含的时代价值，讲好"黄河故事"，延续历史文脉，坚定文化自信，为实现中华民族伟大复兴的中国梦凝聚精神力量。

（4）加强对黄河流域生态保护和高质量发展的规划。

第一，开展顶层设计。黄河流域生态保护和高质量发展，同京津冀协同发展、长江经济带发展、粤港澳大湾区建设、长三角一体化发展一样，是重大国家战略。国家发改委会同有关方面组织编制规划纲要，按程序报党中央批准后实施。

第二，加强重大问题研究。黄河流域生态保护和高质量发展是一个复杂的系统工程，对一些重大问题，在规划纲要编制过程中要深入研究、科学论证。

第三，着力创新体制机制。要坚持中央统筹、省负总责、市县落实的工作机制。中央层面主要负责制定全流域重大规划政策，协调解决跨区域重大问题，有关部门要给予大力支持。省级层面要履行好主体责任，加强组织动员和推进实施。市县层面按照部署逐项落实到位。要完善流域管理体系，完善跨区域管理协调机制，完善河长制湖长制组织体系，加强流域内水生态环境保护修复，联合防治、联合执法。

3. 黄河流域概况

黄河是中华民族的母亲河，华夏文明的发祥地，是历史上我国人口与社会经济中心。黄河发源于青藏高原巴颜喀拉山北麓，自西向东流经青海、四川、甘肃、宁夏、内蒙古、陕西、山西、河南、山东 9 个省区，跨越东、中、西三大地带，于山东东营市垦利区注入渤海（图 4-20）。全长 5464 千米，是我国第二大河流，流域面积 79.5 万千米^2。黄河在内蒙古呼和浩特市托克托县河口镇以上为上游，河长 3472 千米。其中青海海南藏族自治州贵德县龙羊峡以上为河源段，从河源卡日曲经星宿海、扎陵湖、鄂陵湖到龙羊峡；龙羊峡以下至宁夏吴忠市青铜峡市为峡谷段，河流穿行在峡谷和川道之间，落差大，形成龙羊峡、积石峡、刘家峡、青铜峡等峡谷；青铜峡以下为平原段，沿鄂尔多斯高原西北边界绕流，河床平缓，

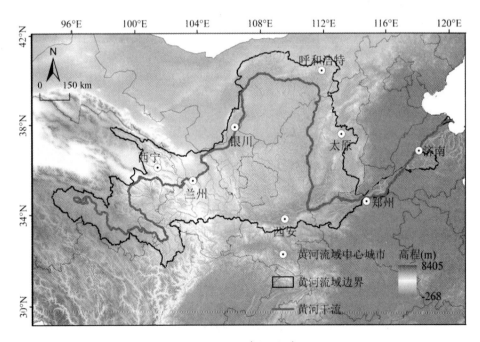

图 4-20 黄河流域

两岸为银川平原和河套平原。河口镇到河南洛阳市孟津区为中游，流程 1122 千米，自北向南穿行在晋、陕峡谷之中，接纳汾河、泾河、渭河、漯河等支流，水量大增。中游两岸大部分为黄土高原，是黄河泥沙的主要源地。孟津以下为下游，全长 870 千米。河床在华北平原上游荡，泥沙淤积旺盛，河床高出两侧平地，形成"地上河"。

黄河流域西接昆仑山、北抵阴山、南倚秦岭、东临渤海，是我国重要的生态安全屏障，也是人类活动和经济发展的重要区域，在国家发展大局和社会主义现代化建设全局中具有举足轻重的战略地位。流域省份 2022 年年底总人口 4.2 亿，占全国 29.8%；地区生产总值 30.7 万亿元，占全国 25.4%。

4. 实习设计

依据区域性、综合性和差异性原则，选择兰州、西宁、张掖、中卫与青铜峡 5 个地（县）市，作为黄河流域（青、甘、宁段）生态保护和高质量发展实习区。该区域涉青、甘、宁 3 省区，地跨东部季风、西北干旱与青藏高寒三大自然区，包括黄土丘陵河谷型城市发展建设、青藏高原生态环境保护与开发利用、河西走廊干旱绿洲农业—城市—水土资源利用、沿黄灌区农业生产—经济建设—生态环境防护等 4 大板块。

黄河流域生态保护和高质量发展实习线路与实习地点（图 4-21）：陕西西安—甘肃兰州—青海西宁—日月山—青海湖—祁连山—甘肃张掖—宁夏中卫—宁夏青铜峡—陕西西安。

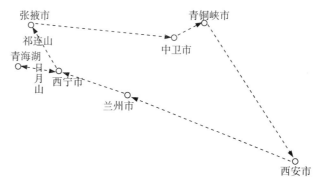

图 4-21 黄河流域生态保护和高质量发展实习线路与实习地点

根据上述实习板块设计，黄河流域（青、甘、宁段）生态保护和高质量发展区的实习内容主要如下：

（1）河谷型城市发展与空间建设，包括兰州市空间结构与功能分区，西固工业区建设，九州开发区与河谷空间利用，平山造城与生态环境响应，兰州新区建设，榆中钢铁厂选址等。

（2）高原生态环境保护与开发利用，包括高原河谷城市空间格局与发展建设，西宁特种钢厂，民族传统文化的地理认知，日月山、祁连山的地理分界意义及其对两侧区域发展影响作用，青海湖开发利用与生态环境保护。

（3）河西走廊水资源利用与绿洲农业发展及城市建设，包括学习内陆河流域生态系统——黑河上游水源涵养、中游绿洲城市与农业、下游生态防护区建设；认识廊道效应——河西走廊两侧南北两山之间的基质、廊道与斑块；河西走廊与丝绸之路——走进历史文化名城张掖，自然地貌景观七彩丹霞、张掖湿地的成因。

（4）沙漠化防治、黄灌区发展与黄河文化，包括交通枢纽城市中卫的发展建设与空间格局，沙漠化防治（腾格里沙漠）与国计民生建设（包兰铁路保护工程）以及沙产业开发，黄沙、黄河与黄土的资源化利用。

（5）资源开发与青铜峡市建设，包括黄河上游峡谷段水资源开发利用——青铜峡水电站、宁夏中北部黄灌区水资源，青铜峡铝厂原料、能源、生产、市场与未来发展，青铜峡城市建设——"大坝不大，小坝不小，青铜峡（市）不在青铜峡（镇）"。

5. 主要实习点

（1）河谷型城市兰州。

兰州市位于我国西北部、甘肃省中部，市中心为北纬36°03′、东经103°40′，北与武威市、白银市接壤，东与定西市、南与临夏回族自治州接壤，辖城关、七里河、西固、安宁、红谷5区，永登、皋兰、榆中3县（图4-22），温带大陆性气候，年均气温10.3℃，年均降水量327毫米，总面积1.31万千米²。兰州市

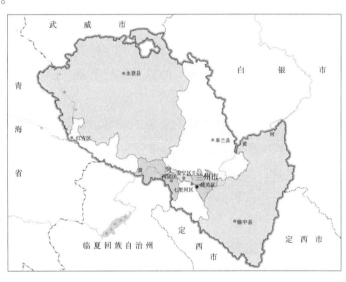

图4-22 兰州市行政区划

注：引自百度百科。

第七次全国人口普查常住436万人，其中辖区318.67万人，2020年地区生产总值2886.74亿元，按可比价格计算，较上年增长2.4%。

兰州市主城区（城关区、七里河区、安宁区、西固区）东西带状延伸，黄河穿城而过，与南北两侧山体形成"两山夹一河"的典型河谷型城市（图4-23），带

状布局，沿河发展。城关区为全市政治、经济、文化中心，七里河区为交通、仓储、批发零售与商贸服务中心，安宁区为科研、文教中心，西固区为传统工业区。

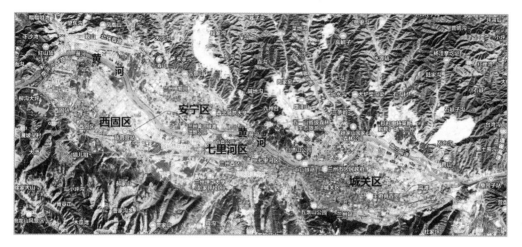

图 4-23　河谷型城市兰州主城区

临（黄）河、西域的通道、渡口、有发展空间、关隘要塞的区位条件，奠定了历史上兰州（西汉金城）的城址发展基础。明清时期城市功能逐步完善，城市格局基本形成。"一五""二五"计划和"三线"时期的建设，兰州形成以炼油、化工、机电、冶金等大型骨干企业为支柱，国防、能源、轻纺、建材、电子工业等具有相当规模的综合性工业城市。"一五"计划的"156项工程"中的兰州炼油厂、兰州热电站、兰州氮肥厂、兰州合成橡胶厂布置在了西固区，形成了西固石油化工工业区；兰州石油机械厂、兰州炼油化工设备厂布置在七里河区，形成了七里河机械制造工业区（图 4-24）。这种空间规划实践也直接影响和奠定了现今的兰州城市功能分区格局。

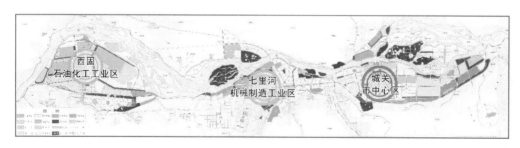

图 4-24　兰州城市空间布局规划

注：引自百度百科，1954年兰州市城市空间规划。

(2) 日月山的地理意义。

日月山坐落于青海省西宁市湟源县西南 40 千米处（图 4-25），属于祁连山脉，长 90 千米，是青海湖东部的天然水坝。平均海拔 4000 米左右，海拔最高为 4877 米。它位于我国季风区与非季风区的分界线，黄土高原与青藏高原的叠合区，青海省内外流域的天然分界线（以西、北为内流流域，以东、南为外流流域），也是青海省农业和牧业的分界线，划分了两侧的农耕文明与游牧文明。

图 4-25 日月山位置

日月山东侧为湟水流域（湟水为黄河重要支流，被誉为青海的母亲河）及河湟谷地（黄河与湟水流域肥沃的三角地带），孕育了马家窑、齐家、卡约文化，集中了青海省约 60% 的人口、52% 的耕地和 70% 以上的工矿企业，分布于湟水流域的海晏县、湟中县、湟源县、大通县、西宁市、互助县、平安县、乐都县、民和县，以及黄河流域的循化县、化隆县、尖扎县、贵德县；西侧为我国最大内陆湖青海湖和高原牧场。

日月山古代为中原农耕和游牧势力争夺的前沿。唐朝与吐蕃以此为界，是中原王朝的屏障，有"西海屏风"之称。控制了日月山，就等于控制了河湟地区甚至陇右地区。唐朝之前，日月山叫赤岭，因山体顶部为紫色砂岩，呈红色，故得名,藏语称"尼玛达娃",即太阳和月亮之意。松赞干布派大臣禄东赞赴唐都长安请婚,文成公主奉命进藏和亲,经停赤岭。据传文成公主在此失手把"日月宝镜"摔成两半,化为日山和月山,后人为纪念文成公主,将赤岭改名日月山,并留下了一系列美丽的故事和传说。现今建有文成公主纪念馆、日亭、月亭、公主泉、回望石等。

(3)河西走廊与水系绿洲。

河西走廊位于黄河以西,南北两侧山脉夹峙呈狭长地带,故名河西走廊。南侧为海拔 4000 米以上的祁连山脉,北侧为龙首山—合黎山—马鬃山,海拔 2000~2500 米,地形起伏,渐趋平缓;东部为乌鞘岭,西至甘肃新疆边界,长约 1000 千米,宽数千米至近 200 千米不等。走廊地势平坦,一般海拔为 1500 米左右,西北东南走向的长条状堆积平原,是内地通往西域的重要通道。西汉时期在此设置武威、张掖、酒泉、敦煌四郡,现今河西走廊有武威、金昌、张掖、嘉峪关、酒泉 5 个地级城市,素有"金张掖、银武威、玉酒泉"之称。

河西走廊属大陆性干旱气候,年均降水量 200 毫米左右,云量稀少,日照时间较长,全年可达 2550~3500 小时,光照资源丰富,昼夜温差大,有利于农作物的物质积累和瓜果的糖分积累。祁连山冰雪融水丰富,加之季节性雨水,为作物和经济发展提供水源,带来走廊地区发达的灌溉农业,形成著名的商品粮食基地和经济作物集中产区。我国发源于祁连山的 3 大内陆河水系石羊河、黑河、疏勒河均流经走廊,成就了河西四郡和现今的流域工农业生产、城镇经济建设和生态防护带。

石羊河水系位于走廊东段,全长 250 千米,流域面积 4.2 万千米^2,多年平均年径流量 15.7 亿米^3。南面祁连山前山地区形成黄土梁峁地貌及山麓洪积冲积扇,中游形成武威、永昌等绿洲,下游有民勤绿洲并以沙砾荒漠为主,伴有剥蚀石质山地和残丘,最后没入荒漠区。

黑河水系位于走廊中部,全长 821 千米,流域面积 14.29 万千米^2,以莺落峡、正义峡为界划分上、中、下游。上游属青海省祁连县,中游属甘肃山丹、民乐、张掖、临泽、高台、肃南、酒泉等市县,下游属甘肃金塔县和内蒙古自治区额济纳旗。上游祁连山山区属温带山地森林草原,生长着片状、块状分布的灌丛和乔木林,垂直带谱明显;中游山前冲积扇下部和河流冲积平原上分布有灌溉绿洲,栽培农作物和林木,呈现人工植被与自然植被为主的绿洲景观(图 4-26),为粮食生产和玉米等制种基地;下游两岸三角洲与冲积扇缘的湖盆洼地,生长有荒漠地区特有的荒漠河岸林、灌木林和草甸植被，主要树种有胡杨、沙枣、红柳和梭梭，呈现荒漠天然绿洲景观。

疏勒河位于走廊西端，长540千米，流域面积20197千米²。流域中部为疏勒河中游绿洲和党河下游的敦煌绿洲，下游为盐碱滩。绿洲外围有面积较广的戈壁，间有沙丘分布。

图4-26 张掖国家湿地公园

河西走廊水资源开发利用过度，人水矛盾和生态环境问题突出。表现在：①地表水量减少，地下水超采；②植被枯死，荒漠化严重；③地表水污染，地下水质恶化。究其原因，主要包括：①水资源短缺，承载能力有限；②水土资源开发不协调，农业灌溉规模偏大；③水资源管理相对薄弱，难以有效控制流域内部分地区和行业的用水量；④水资源利用效率和效益较低，水资源总量相对少，而单位用水量高，单位产出小。因此，河西走廊水资源利用的综合治理应考虑调整经济结构、调整水价，考虑跨流域调水工程，加强流域水资源统一管理等方面措施。

（4）包兰铁路建设与腾格里沙漠生态环境治理。

包（包头）兰（兰州）铁路是国铁Ⅰ级客货共线铁路，中国第一条沙漠铁路，全长990千米，是我国传统的"八纵"铁路网组成部分，与京（北京）包（包头）铁路一起构成北京至兰州乃至进藏、进疆的重要运输通道。1954年10月开工，1958年7月通车，同年10月交付运营。

包兰铁路需穿越中卫境内沙坡头地区从迎水桥至甘棠55千米的腾格里沙漠地段。该地属于草原化荒漠地带，是沙漠向绿洲的过渡区，以高大、密集的格状新月形沙丘链连绵分布而著称。这里自然条件恶劣，干旱少雨，年均降水量187毫米，年均蒸发量高达1980毫米，沙层稳定含水量仅2%~3%。沙漠表面最高温度可达74℃，沙尘暴频繁发生，年风沙天数多达200天，最大风力11级，天然植被覆盖率仅为1%左右。

包兰铁路建成之初，铁路周围沙丘裸露，植被覆盖率不足 5%，干沙层厚度达 10 厘米至 15 厘米，肥力很低，表层风蚀严重，植物难以存活，在沙漠上造林更是难上加难，但保护铁路畅通让治理沙害势在必行。

风蚀、沙埋使固沙造林、高立式栅栏、沥青拌沙、平铺式沙障等固沙手段几经失败。科技人员和铁路职工先后进行大面积的平铺麦草压沙和圆形、三角形格状、带状等各种不同形状的麦草方格治沙方式试验，克服重重困难，终于试验成功中国人的治沙秘方——1 米×1 米的隐蔽式格状沙障"麦草方格"。扎设的方法主要是，选取不短于 60 厘米的麦草横铺在沙地上，用铁锹等工具将麦草拦腰扎入沙子深 15 厘米左右，麦草头尾竖立合拢。横 1 米、竖 1 米，交错扎制，形成麦草方格。在方格中种植花棒、沙蒿、沙拐枣、柠条等固沙树种。在草格子遮蔽下，风吹不走，遇雨发芽生长，麦草腐化后形成的"沙结皮"，在固住流沙的同时，成为植物生长的养分。最终，在厚达 80 米至 100 米的活动沙丘上，扎设方格草障 32.8 万亩，造林 420 万株。1967 年 5 月，第一期引黄治沙工程共平沙造田 2075 亩，栽植刺槐、沙枣、柠条、紫穗槐等 400 万株，修成水渠 537.5 米。

1984 年，沙坡头地段 15.4 千米的卵石防火带、灌溉造林带、草障植物带、前沿阻沙带、封沙育草带"五带一体"治沙防护体系建成，单一的"旱路固沙"变为"水旱并举"的综合治沙体系，有效阻止了风沙流对铁路的侵袭，提高了线路质量，确保了包兰铁路的安全畅通，改变了地方的生态环境。如今，当地开发了黄河、黄沙与黄土综合利用的沙

图 4-27　沙坡头的腾格里沙漠景观

坡头旅游景区并使旅游产业成为当地的经济支柱产业（图 4-27），建成枸杞、苹果、红枣产区以及生态经济林场。该防护体系已成为我国干旱沙漠地区交通干线荒漠化生态环境治理的成功典范——中卫模式。

（5）青铜峡水电站枢纽工程。

黄河流域中上游地区峡谷众多，河流落差大，蕴藏丰富的水能资源，开发形

成龙羊峡、李家峡、积石峡、刘家峡、盐窝峡、大峡、青铜峡、三门峡、小浪底等一系列国家与地方的水利枢纽工程。青铜峡水电站枢纽工程即青铜峡水利枢纽工程，是 1954 年《黄河综合利用规划技术经济报告》确定的第一期开发工程的重点项目之一，以灌溉发电为主，兼有防洪、防凌和工业用水等效益的综合性水利枢纽工程。枢纽于 1958 年开工建设，1967 年工程基本竣工投入运行，1978 年机组全部安装完毕。

青铜峡水电站位于黄河流域上游峡口段的末端、宁夏回族自治区境内的青铜峡谷口处，大坝总长 687.3 米，坝高 42.7 米，坝宽 46.7 米，水库正常蓄水位 1156 米，相应设计库容 6.06 亿米^3，坝顶高程 1160.2 米，水库面积 113 千米^2（图 4-28）。枢纽由坝、闸墩厂房、副厂房、开关站、泄洪闸、河东总干渠、河西总干渠和高干渠等组成。

图 4-28　青铜峡水电站大坝

机组布置在每个宽 21 米的闸墩内，厂房为半露天式，安装 7 台 3.6 万千瓦和 1 台 2 万千瓦水轮发电机组，装机总容量 27.2 万千瓦，年发电量 10.4 亿千瓦·时。

枢纽布置了三大灌溉渠道：秦汉渠、唐徕渠、东高干渠，灌溉面积 36.67 万公顷，是宁夏沿黄灌区的重要水源地，扩灌面积达 550 万亩。灌溉渠首分设左、右两岸，左岸河西渠首引入河西总干渠，即清代开建的唐徕渠，引水高程 1136 米，引水流量 400 米^3/秒；右岸河东渠首引入河东总干渠，即秦汉渠，引水高程 1136 米，引水流量 100 米^3/秒。大坝之上建有高干渠，底坎高程 1151 米，引水流量 24 米^3/秒。

青铜峡水电站枢纽工程的建成，结束了青铜峡灌区无坝引水的历史，提高渠道供水保证率，扩大了灌溉面积，充分发挥了拦河挡水、灌溉、防洪和发电的综合效益和作用，造福了"塞上江南"银川平原。

6. 实习成果评价

依据野外综合实习的特点，结合人文地理学野外实习效果评价指标体系，构建黄河流域生态保护和高质量发展野外实习的指标体系及权重,见表 4-37 所示。需要注意的是获取信息及处理信息的能力与发现和解决问题的能力,主要侧重如何有效评估河谷型城市发展与空间建设、高原生态环境保护与开发利用、河西走廊水资源利用与绿洲农业发展及城市建设,以及如何分析沙漠化防治、黄灌区发展与黄河文化间的关系等方面。

表 4-37 黄河流域生态保护和高质量发展野外实习的指标体系及权重

指标	一级指标	二级指标	自我评价(0.2)	小组评价(0.5)	教师评价(0.3)
野外实习成绩	思想意识(0.2)	目的态度(0.04)			
		道德品质(0.04)			
		组织纪律(0.04)			
		团队意识(0.04)			
		吃苦耐劳精神(0.04)			
	实习过程(0.4)	实习记录(0.1)			
		获取信息及处理信息的能力(0.15)			
		发现和解决问题的能力(0.15)			
	实习结果(0.4)	数据整理和分析(0.1)			
		实习报告(0.1)			
		调研成果(0.1)			
		实习心得(0.1)			

五、西北地区乡村振兴

1. 实习目的

(1)明晰乡村转型、乡村振兴科学内涵及其发展目标,了解乡村振兴的西北实践,掌握西北地区不同类型乡村地区的乡村振兴测评要点及其优化策略。

(2)提高学生对乡村地理学基础理论和知识的掌握程度与应用水平,增强学生了解乡村、热爱乡村的专业素养和为乡村人地关系地域系统的可持续发展、优化重构和繁荣振兴贡献一己之力的专业能力。

（3）培养学生热爱乡村、建设乡村的家国情怀：①基于省—市—县—镇—村空间研究尺度下沉的实习思路，多角度、多方面认识我国西北地区乡村振兴实际，结合乡村地理学典型乡村案例理解，阐述我国乡村振兴战略及相关政策，并在实习中结合典型村案例，学会基于乡村地理学视角认识和传承我国西北乡村地区优良的农耕与农牧传统与文化；②将实践教学与西北地区乡村振兴实际相结合，激发学生学习兴趣和潜能，增强学生服务"三农"的使命感和责任感，培养学生振兴乡村的责任担当和"大国三农"情怀。

2. 实习设计

（1）内容设计（图4-29）。

根据西北地区乡村振兴实习安排，可将该实习划分为如下3个阶段：

第一，实习准备期（实习开展前5~7天），与其他实习要求大体一致。

第二，实习期（12~14天），依据当年实际情况，选取实习线路，确定实习点，实地认知样点乡村振兴特点和模式，其间指导学生完成一定数量的调查问卷和访谈问卷。

第三，实习报告撰写期，结合前期资料收集以及实习期间的直观认识，系统总结不同实习地乡村振兴发展模式及其存在的问题，并给出可能的解决策略。

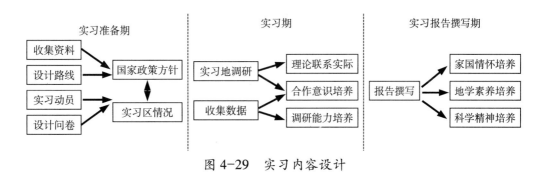

图4-29 实习内容设计

（2）教学设计。

西北地区乡村振兴实习着重推行基于问题导向和案例导向的教学方法。主要教学过程设计如下：

首先，基于问题导向，质询学生如下问题：城乡融合发展背景下，西北乡村地区主要的乡村类型有哪些？西北地区乡村振兴实际情况如何？部分成功获评国家级"旅游重点村"、省级"生态村"、省级"旅游专业村"、禽畜养殖示范村等村庄的乡村振兴成功案例的模式意义和路径价值如何?

其次,引导学生思考并讨论,随后教师通过回答问题指出时下我国西北地区尤其是西北乡村地区乡村振兴进程中面临的困境。

再次,将课堂教学延拓至我国西北广袤的乡村地区,在实习基地现场考察和实习学习过程中,介绍我国西北地区乡村振兴现状,了解研究区乡村振兴对促进西北乃至我国城乡融合发展的重要性。

最后,结合学生对我国西北地区乡村振兴案例村的讲解和评析,以及研究区现状及其现存问题的剖析,培养学生乡村规划实践能力。

教学过程中需给学生解释西北地区乡村振兴实习所涉及乡村振兴战略提出背景及基本内涵、战略目标。

党的十九大提出新时期中国社会主要矛盾已经转化为人民日益增长的美好生活需要和不平衡不充分的发展之间的矛盾。坚持农业农村优先发展,按照产业兴旺、生态宜居、乡风文明、治理有效、生活富裕的总要求(图4-30),建立健全城乡融合发展体制机制和政策体系,加快推进农业农村现代化,成为有效化解乡村社会主要矛盾的必然选择。乡村振兴战略是现代乡村发展理论与实践的重大创新。其目标可归结为"五大建设",产业兴旺是经济建设的

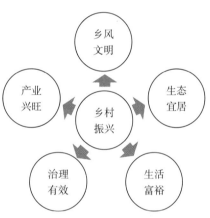

图 4-30 中国乡村振兴及其目标

重要基础,重在资源整合、产业培育、经济转型与收入增长;生态宜居是生态文明建设的首要任务,关键是农村景观优化、环境美化、人居环境质量改善,发展绿色生态新产业、新业态;乡风文明是文化建设的重要举措,关键是乡村文化传承、思想观念转变、和谐社会构建,增强发展软实力;治理有效是政治建设的重要保障,关键是基层组织建设、民生自治、科学决策与机制创新;生活富裕是社会建设的根本要求,关键是居民享有平等参与权利、共同分享现代化成果。

纵观时下我国乡村问题与发展目标,新时代乡村振兴,需以破解特定时期乡村发展的主要社会矛盾和突出问题为重点,以激活乡村人口、土地、产业等要素活力和内生动力为抓手,以提升乡村地域系统可持续发展能力和竞争力为目标,推进乡村转型,重塑城乡关系,实现城乡融合。其核心是遵循乡村发展规律,实现乡村有效振兴,系统构建乡村"人""地""业"耦合格局与创新体系,科学推进

乡村经济、社会、文化、教育、生态、技术系统协调与可持续发展。

2013年以来开展的精准扶贫工作在一定程度上奠定了我国西北地区乡村振兴战略的发展基础，其在促进西北乡村地区经济社会可持续发展、乡村治理等方面成效卓著。但是我国西北地区乡村振兴进程仍面临部分地区生态环境问题突出、村民文化素质和职业素养低、乡村专业技术人员和服务人员不足、一、二、三产业融合度低、新型经营主体带动效用不足等困境。据此，本实习拟以西北地区乡村为研究单元，针对乡村区位、产业、生态等要素开展深入、系统的调研。为强化研究区域乡村振兴测评结果与国内其他地区的可比性，本实习选用国家乡村振兴战略规划（2018—2022年）中测评乡村振兴战略规划的指标体系，测评各类乡村发展实际，以期为国家乃至西北各省市乡村发展提供数据支撑（表4-38）。

表4-38 西北地区乡村振兴评价指标体系

分类	序号	主要指标	单位	指标属性
产业兴旺	1	粮食综合生产能力	万吨	+
	2	农业科技进步贡献率	%	+
	3	农业劳动生产率	万元/人	+
	4	农产品加工产值与农业总产值比	—	+
	5	休闲农业和乡村旅游接待人次	万人次	+
生态宜居	6	畜禽粪污综合利用率	%	+
	7	绿化覆盖率	%	+
	8	生活垃圾处理率	%	+
	9	卫生厕所普及率	%	+
乡风文明	10	综合性文化服务中心覆盖率	%	+
	11	所在省市文明村和乡镇的占比	%	+
	12	义务教育学校专任教师本科以上学历比例	%	+
	13	居民教育文化娱乐支出占比	%	+
治理有效	14	规划管理覆盖率	%	+
	15	建有综合服务站的村占比	%	+
	16	村党组织书记兼任村委会主任的村占比	%	+
	17	有无村规民约	0~1	+
	18	所在省市集体经济强村比重	%	+
	19	居民恩格尔系数	%	−
生活富裕	20	所在地级市城乡居民收入比	/	+
	21	自来水普及率	%	+
	22	通村路硬化比例	%	+

(3)路线设计。

西北地区包括陕西、甘肃、宁夏、青海、新疆五省区全部以及内蒙古西部鄂尔多斯市、巴彦淖尔市、乌海市、阿拉善盟四个盟,总占地面积为 354.04 千米^2,该区地处我国西北片区、欧亚大陆中心地区。区内地貌类型多样,高原、高山、盆地遍布其中。总体来看,西北地区地接欧亚大陆,独特的自然地理特征导致这里多种文化和习俗并存,历史、文化及各类自然景观资源极为丰富,区内村落多依傍河川而成,村落类型多样,部分乡村借助资源禀赋、区位条件以及国家发展战略等优势,成为新时代西北地区乡村振兴的领头雁。

因此,依据西北地区自然环境、资源禀赋和乡村振兴发展的差异,规划北线、中线、南线三条实习路线,实习路线设计及具体实习内容详见图 4-31 和表 4-39。

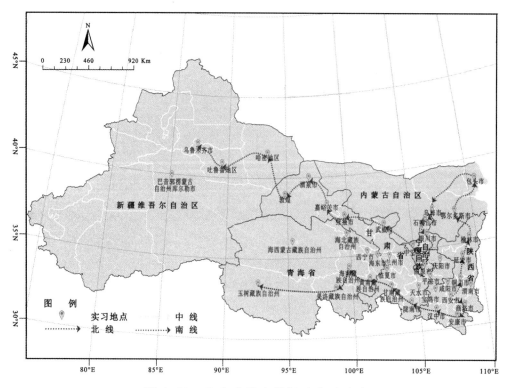

图 4-31 西北地区乡村振兴实习路线

表 4-39　西北地区乡村振兴实习路线及其内容

实习路线	涉及省市	调研乡村类型与数量	考察内容
北线	陕西：西安市—铜川市—延安市—榆林市；内蒙古：鄂尔多斯市—包头市—乌海市；宁夏：吴忠市—银川市—石嘴山市—中卫市；甘肃：武威市—张掖市—酒泉市—敦煌市—嘉峪关市；新疆：哈密市—吐鲁番地区—乌鲁木齐市	旅游型乡村（6个）、生态保护型乡村（3个）、工业型乡村（1个）、禽畜养殖型乡村（2个）、特色作物种植型乡村（2个）、草原牧场型乡村（3个）、多元发展型乡村（2个）、文化传承型乡村（2个）	考察北线实习点区位、产业、文化、生态发展实际，测评北线地区乡村振兴水平及存在的问题、可能的规划措施和应对策略
中线	陕西：西安市—渭南市—咸阳市—宝鸡市；甘肃：平凉市—庆阳市；宁夏：固原市；甘肃：天水市—兰州市—临夏市；青海：海东市—西宁市—海北藏族自治州—海西蒙古族藏族自治州；新疆：巴音郭楞蒙古自治州库尔勒市	旅游型乡村（7个）、生态保护型乡村（3个）、工业型乡村（2个）、禽畜养殖型乡村（3个）、特色作物种植型乡村（2个）、多元发展型乡村（2个）、文化传承型乡村（2个）	考察中线实习点区位、产业、文化、生态发展实际，测评中线地区乡村振兴水平及存在的问题、可能的规划措施和应对策略
南线	陕西：西安市—商洛市—安康市—汉中市；甘肃：陇南市—甘南藏族自治州；青海：海南藏族自治州—黄南藏族自治州—果洛藏族自治州—玉树藏族自治州	旅游型乡村（7个）、生态保护型乡村（5个）、工业型乡村（1个）、草原牧场型乡村（2个）、特色作物种植型乡村（2个）、多元发展型乡村（2个）、文化传承型乡村（2个）	考察南线实习点区位、产业、文化、生态发展实际，测评南线地区乡村振兴水平及存在的问题、可能的规划措施和应对策略

表 4-39 中的旅游型乡村是指分布在西北地区城郊地区或者交通便利的山地地区的乡村，其内各类旅游资源丰富、旅游客源市场较为充足。本次实习中涉及的旅游型乡村多为全国乡村旅游重点村，如陕西省咸阳市礼泉县袁家村、兴平市马嵬驿，以及宁夏回族自治区中卫市沙坡头区迎水桥街道沙坡头村、青海省海西蒙古族藏族自治州乌兰县茶卡镇莫河骆驼场等，这些乡村内一、二、三产业融合度较高，乡村振兴现状良好；生态保护型乡村是指位于国家级各类生态保护区、省市以及县级生态保护区内的乡村，以及国内重点生态环境治理区如黄土高原、青藏高原等地貌类型区内的乡村，如陕西省榆林市米脂县银州街道高西沟村、陕西省榆林市绥德县芍园沟乡赵家坬村、青海省海南藏族自治州贵南县森多镇完秀村、

青海省海西蒙古族藏族自治州格尔木市唐古拉山镇长江源村等；工业型乡村是指村集体或村个体经济发展势头强，村内非农收入占比高，非农加工企业及个体加工企业实力较强的乡村，如陕西省西安市未央区三桥街道和平村等，其中最为出名的就是陕西省宝鸡市金台区陈仓镇的东岭村；禽畜养殖型乡村是指分布于我国农区及农牧交错区，以设施养殖为主的乡村，其饲草主要来源于农业，农牧结合的循环农业特色明显，如新疆维吾尔自治区吐鲁番市高昌区亚尔镇亚尔果勒村、宁夏回族自治区吴忠市盐池县王乐井乡曾记畔村、甘肃省酒泉市金塔县金塔镇营泉村等；特色作物种植型乡村是指分布于西北地区的油料、小杂粮、苹果以及棉花等主产区的乡村，如新疆维吾尔自治区、甘肃省河西走廊部分地区，以及甘肃省定西、陕西省榆林和延安等地以特色作物种植为主的村庄，如新疆维吾尔自治区吐鲁番市托克逊县库米什镇英博斯坦村、新疆维吾尔自治区哈密市伊州区大泉湾乡二道城村、陕西省延安市宝塔区河庄坪镇万庄村、陕西省延安市吴起县长官庙镇李沟村等；草原牧场型乡村是指分布于我国西北地区的草原区域，村民或牧民多以放牧为主，其中部分地区以规模化舍饲式养殖为主的乡村地区，这类乡村产业结构单一，乡村空间布局分散，如青海省海北藏族自治州刚察县泉吉乡年乃索麻村、甘肃省甘南藏族自治州卓尼县佐盖曼玛镇俄合拉村等；多元发展型乡村是指村内各类产业齐步并进，主导型产业不显著，长期以来形成了多元化的产业发展模式的乡村；文化传承型乡村是指那些以流传于民间的剪纸、民间小调、泥塑以及书画等艺术的产业化为主导的乡村地区，如陕西省西安市鄠邑区甘亭街道东韩村、陕西省宝鸡市凤翔县城关镇六营村、陕西省宝鸡市凤翔县彪角镇卧龙村、青海省西宁市湟中县甘河滩镇李九村等。

3. 实习内容

结合乡村地理学及人文地理学专业其他相关课程理论教学，以及西北地区乡村振兴实际，坚持从下述三方面不断丰富和拓展"西北地区乡村振兴"实习内容：第一，坚持实习对象点、线、面尽有，中微观尺度皆备；第二，密切关注时下不同省区乡村振兴政策，制定涵盖多类型乡村振兴模式的实习线路，引导学生探究产城、产镇、产村的互动与融合模式；第三，结合研究区乡村振兴典型案例的考察和分析，让学生理解不同省区乡村振兴的可能模式、可供借鉴的发展经验。

4. 报告撰写

本实习专题可以拓展学生对我国西北乡村地区区位、产业、文化、生态发展实际及其乡村振兴实际的认知，增强学生对西北乡村地区农情的了解，培养其学有所成、报效国家的爱国情怀。具体撰写与评价要求如下：

（1）实习报告具体要求。

①内容翔实全面。学生应以实习线路中多类型乡村振兴模式为例，汇总整理相关数据资料，按照实习报告提纲认真撰写报告。

②理论与实践相结合。要求借用人文地理学、经济地理学、乡村地理学等课程及相关课程的基本理论和规律，结合实习样区实际，有的放矢地解决实习地乡村振兴中现存的问题，特别是生态环境问题。

③图文并茂。结合人文地理学、经济地理学、乡村地理学等相关课程理论和方法，客观分析调研问卷和访谈问卷，熟练运用 ArcGIS、STATA 等软件绘制相关图件，有效提升报告质量。

④要求每名学生完成 20 份左右的西北地区乡村振兴问卷调查、2 份左右的村干部及村内新兴经营主体的深度访谈任务，对完成情况进行打分。最终通过引导学生走进我国西北乡村、与村民近距离交流、近距离接触农业和农村，对研究区传统农户、新型职业农民或家庭农场、农民专业合作社、农业产业化龙头企业等新型经营主体开展较长时间的半结构式或无结构式访谈，了解西北乡村地区乡情农情，以期创新实践育人和思政育人的实习方法和路径，促成学生专业素养、专业知识和专业能力的有机融合。

（2）实习报告撰写提纲。

主要包括以下内容：实习目的与意义、实习任务与要求、实习路线与日程安排、参与人员、实习内容、实习收获与建议。

5. 实习成果评价

依据野外综合实习的特点，结合人文地理学野外实习效果评价指标体系，构建西北地区乡村振兴的野外实习指标体系（表 4-40）。着重考察学生获取信息及处理信息的能力和发现和解决问题的能力，主要侧重其对我国西北地区北线、中线、南线 3 个实习点区位、产业、文化、生态发展实际状况的评估，以及对中线地区乡村振兴水平及存在的问题和可能的规划措施、应对策略的测评等方面。

表 4-40　西北地区乡村振兴的野外实习指标体系

指标	一级指标	二级指标	自我评价（0.2）	小组评价（0.5）	教师评价（0.3）
野外实习成绩	思想意识（0.2）	目的态度（0.04）			
		道德品质（0.04）			
		组织纪律（0.04）			
		团队意识（0.04）			
		吃苦耐劳精神（0.04）			
	实习过程（0.4）	实习记录（0.1）			
		获取信息及处理信息的能力（0.2）			
		发现和解决问题的能力（0.2）			
	实习结果（0.4）	数据整理和分析（0.1）			
		实习报告（0.1）			
		调研成果（0.1）			
		实习心得（0.1）			

六、西北地区多民族文化景观与民族融合

文化景观，又称人文景观，是以自然景观为基底、经过人类活动改造的景观。文化景观是人类为满足某种需求，利用自然素材将人类活动叠加在自然景观上的结果。文化景观，不仅是一个宏观和综合的反映人与环境的互动关系的概念，而且它还可以反映区域独特的文化内涵，它是社会、文化、宗教、历史等人文要素与自然环境相互作用、相互影响共同构成的独特人文现象。人文景观，最主要的体现即聚落，同时还包括服饰、建筑、音乐、饮食等。民族融合是多民族国家和地区的普遍现象，是历史发展的必然趋势。民族融合发展、区域自然景观与文化景观相辅相成、相互影响，造就了区域独特的风貌。

西北地区主要位于中国自然地理上的第二级第三节阶梯，而且是中国文化地理上的明珠，散发着独特的魅力。在经济全球化背景下，在"一带一路"倡议潮流下，曾经融合了东西方文化而形成独特性和多样性的中国西北地区，曾经在丝

绸之路上熠熠生辉的西北地区，无论是在文化景观建设还是民族融合发展方面，都取得了过去千年不曾有的辉煌。历史与地理的双重聚合，造就了这片土地的文化多样性、景观的独特性，亦造就了独具特色的西北民族大融合。

因此，选择西北地区作为人文地理学专业综合实习的区域，不但可以发现西北少数民族地区多元文化并存下文化景观变化的趋势与规律，而且还可以感受西北地区文化融合、民族融合之美。

1. 实习目的

（1）深刻理解生态文明的内涵，理解绿色发展理念和区域生态文明建设的研究价值，学会从人文地理学视角分析西北地区不同自然地理景观单元生态建设和绿色发展所面临的具体问题；同时，发现与认识自然环境对于区域经济发展的重要影响与作用。

（2）深刻感知西北地区不同地理单元文化景观格局特点、组成要素、保护措施。深刻感知西北地区文化景观与民族融合的特点与特色；从人地关系的角度看待文化及其景观特性，学会运用文化景观特征来分析研究人地关系变化；理解文化景观的指示意义；感受西北地区多民族地区民族宗教文化特色，体会西北地区民族融合取得的巨大成就。

（3）多角度认识西北地区不同类型城市/城市群发展的模式与路径。通过沿途走访的样点城市与西安市在城市规划、城市功能、城市布局、城乡融合、土地利用、空间布局等方面的对比分析，深刻感知关中城市群/黄河上游流域城市群的发展优势与劣势；平原城市与河谷城市的发展差异性；特大、大城市与中小城市、资源型城市与旅游型城市等在人口、产业等诸多方面的发展差异性；深刻感知水资源制约下的西北地区城市、产业发展模式与战略选择。

（4）多尺度认识西北地区不同行政单元区域经济发展的特点和成效。通过收集资料和具体样点实习，从区域整体和实习样点两个尺度了解西北地区不同自然地理单元或行政单元区域经济发展与城市化已取得的成效。

2. 实习设计

（1）路线设计。

本专业所选择的西线实习路线为（图4-32）：

西安（陕西）→兰州（甘肃）→西宁（青海）→张掖（甘肃）→嘉峪关（甘肃）→敦煌（甘肃）→西安（陕西）。实习路线由汉族聚集的关中平原地区的中心城市西安出发，途经黄河流域明珠兰州市，青藏高原明珠城市西宁市，丝绸之路

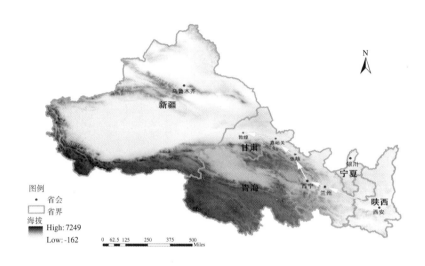

图 4-32 实习路线图

重镇张掖、嘉峪关、敦煌,最后返回西安。

整个路线历时 12~14 天,整个行程充实而饱满,实习内容丰富而多彩。

(2)内容设计。

实习内容不但包括对沿途的关中平原、黄土高原、祁连山脉、青藏高原区、河西走廊(丝绸之路)等区域的自然景观、资源环境的感知实习,而且还包括对区域内多元文化景观、民族融合、社会经济活动、城市布局规划、城乡融合发展、交通布局和规划、人类活动改造自然环境等各方面的感知。因此,实习内容中设置甘肃省、青海省等汉、藏、土、东乡、蒙、回等多民族聚居区多元文化景观与民族融合等考察实习。实习要求是加强对宗教、民俗、历史、文化、城市、区域、经济、旅游、乡村等人文要素的认识与理解,树立文化的多元性以及和地理环境相互适应的人文地理学思想。

3. 实习区基本概况

甘肃省是中国地理多样化程度最高的省份,也是唯一横跨中国四大地理分区的省份。甘肃省境内包括中国南北分界线——秦岭、青藏高原边界——祁连山、腾格里沙漠与巴丹吉林沙漠、中华民族的母亲河——黄河、河西走廊的绿洲戈壁、甘南藏区的高原与草原、千沟万壑的黄土高原。甘肃省东北可通达蒙古族牧区,西北可通达新疆各少数民族,西南可抵青藏高原,中部到达青海与宁夏,区域内民族众多,融合发展,创造了灿烂的人类文明。

青海省位于青藏高原东北部，兼具青藏高原、内陆干旱盆地和黄土高原3种地貌，是中国最重要的生态功能区。青海省历史文化源远流长，有着得天独厚的自然资源、绚丽多彩的民俗风情，是青藏高原一颗璀璨的明珠。青海省又是一个多民族省份，其文化艺术的发展具有浓郁的民族特色和地方特色。

将甘肃省和青海省选为西北地区多民族文化景观与民族融合综合野外实习的实践区域具有鲜明的代表性和典型性。

（1）甘肃省实习区基本概况：

①甘肃省概况。

甘肃，位于黄河上游，东通陕西，西达新疆，南瞰四川、青海，北扼宁夏、内蒙古，西北端与蒙古接壤。介于北纬32°31′~42°57′，东经92°13′~108°46′之间。因古代曾设甘州（今张掖）、肃州（今酒泉）而得名，简称"甘"或"陇"，省会兰州。

甘肃全省总面积42.58万千米^2，地势狭长，东西长1655千米，南北宽530千米，地貌复杂多样，地势自西南向东北倾斜，山地、高原、平川、河谷、沙漠、戈壁交错分布，自然景观雄奇且具有浓郁的西部风情。气候干旱少雨，各地气温、降水差异大，年均降水量40~800毫米不等，年平均气温在0~14℃，属典型大陆性温带季风气候。

2020年，甘肃省生产总值为9016.7亿元，人口2501.98万人，东乡、保安、裕固族是甘肃特有的少数民族。甘肃是中华民族文化的发祥地之一，有着悠久的历史和灿烂的文化。汉、唐以来，甘肃成为中西文化交流、贸易往来的重要通道，丝绸之路贯穿全境，留下了极为丰富的古文化遗迹。驰名中外的敦煌莫高窟，纵贯河西走廊的汉、明长城遗迹，天下第一雄关嘉峪关，古代边塞诗词中吟唱的玉门关和阳关等，均为举世闻名的历史文化古迹。

②兰州市简介。

兰州市处在中国版图的几何中心，深居大陆腹地，位于北纬36°03′，东经103°40′，依黄河而建，是唯一一个黄河穿越市区的省会城市（图4-33）。北与武威市、白银市接壤，东与定西市接壤、南与临夏回族自治州接壤。地势西部和南部高，东北低，市区南北群山对峙，黄河自西南流向东北，横穿全境，形成峡谷与盆地相间的串珠形河谷，黄河兰州段全长152千米，其中流经市区45千米。城市依山傍水而建，属于温带大陆性气候，冬无严寒，夏无酷暑，温和适宜，市区海拔平均高度1518米，年均气温9.8℃，年均降水量327毫米，全年日照时数平均2424小时，无霜期182天以上。

兰州，简称"兰""皋"，又称金城，是甘肃省政治、文化、经济和科教中心，是国务院批复确定的西北地区重要的工业基地和综合交通枢纽、西部地区重要的中心城市之一、丝绸之路经济带重要节点城市，是国家向西开放的战略平台，西部区域发展的重要引擎，西北地区的科学发展示范区，历史悠久的黄河文化名城、西部地区具有国际影响力的现代化中心城市、面向"一带一路"、辐射中亚西亚南亚的现代化、国际化城市。2020年，兰州市常住人口为435.95万人，总面积1.31万千米²，生产总值2886.74亿元。

图4-33 兰州市城市一隅

③张掖市简介。

张掖市地处东经97°20′~102°12′，北纬37°28′~39°57′。东靠武威、金昌，西至嘉峪关、酒泉，南与青海省接壤，北和内蒙古毗邻，总面积3.86万千米²，占甘肃省总面积的8.67%。张掖市属冷温带干旱和祁连山高寒带半干旱半湿润两种气候类型。其特点是夏季短而酷热，冬季长而严寒，干旱少雨，且降水分布不均，昼夜温差大，风能、太阳能资源丰富。年平均气温为6.6℃，年平均降水量为197.2毫米，森林覆盖率9.2%。主要气象灾害有干旱、大风、沙尘暴、干热风、霜冻等。矿产资源丰富，煤炭、钨钼、铁、石膏、凹凸棒石、钾盐等矿种探明资源储量都较大。

张掖地处甘肃省西北部，河西走廊中段，古称甘州，是甘肃省辖地级市，甘肃省人民政府批复确定的河西地区旅游中心城市及重要的商贸流通枢纽、甘肃省农副产品加工和能源基地之一，为新亚欧大陆桥沟通国内东西交通的咽喉要道。2020年，张掖市总面积3.86万千米²，生产总值为467.05亿元，常住人口为113.10万人，其中城镇人口60.08万，境内有汉、裕固、藏、蒙、回等38个民族，其中分布于祁连山区的裕固族是全国独有的少数民族。

张掖是国家西部重要的生态安全屏障，南枕祁连山，北依合黎山、龙首山，黑河贯穿全境，形成了特有的荒漠绿洲景象。张掖有黑河水灌溉，地势平坦，土壤肥沃，物产丰饶，盛产小麦、玉米、水稻、油菜、胡麻等农作物，为全国重点建设的12个商品粮基地之一。张掖是国家现代农业示范区，全国最大的玉米制种区，全国重要的粮食、蔬菜、瓜果、油料和牛羊生产基地。

张掖自古以来就是丝绸之路商贾重镇和咽喉要道，取"张国臂掖，以通西域"之意命名张掖。张掖素有"塞上江南"和"金张掖"的美誉，既有"半城芦苇"的自然美景，也有"半城塔影"的历史风貌，拥有两个国家级自然保护区，被评为国家历史文化名城、中国优秀旅游城市、国家生态文明示范工程试点市。张掖国家地质公园被美国《国家地理》杂志评为世界十大神奇地理奇观，有著名的张掖丹霞地貌景区风貌（图4-34）。市内还有大佛寺等名胜古迹。

图 4-34　张掖丹霞地貌景区风貌

④嘉峪关市简介。

嘉峪关地处甘肃西北部、河西走廊中部，地理坐标位于东经98°17′，北纬39°47′。东临河西重镇酒泉市肃州区，距省会兰州776千米，西北连石油城酒泉玉门市，西北至新疆哈密650千米，南倚终年积雪的祁连山，与张掖肃南裕固族自治县接壤，与青海省相距300余千米，北枕黑山与酒泉金塔县相连，中部为酒泉绿洲西缘。嘉峪关市属温带大陆性荒漠气候，年均气温在6.7~7.7℃，年日照3000.2小时。年均降水量85.3毫米，蒸发量2149毫米。

嘉峪关市是甘肃省批复确定的丝绸之路经济带甘肃段重要节点城市、省域次中心城市、国家重要的冶金和先进制造业基地。2020年,嘉峪关市常住人口为31.27万人,总面积2935千米²,生产总值281.6亿元。

嘉峪关是古丝绸之路要冲,明代万里长城西端起点,因国家"一五"计划重点项目酒泉钢铁公司的建设而兴起的新兴工业旅游现代化区域中心城市,素有"边陲锁钥"之称。又因是西北最大的钢铁联合企业酒泉钢铁集团所在地,被称为"戈壁钢城"。

嘉峪关关城(图4-35)1987年被联合国教科文组织列入《世界文化遗产地名录》,1961年被国务院公布为第一批全国重点文物保护单位。2016年11月,嘉峪关市被原国家旅游局评为第二批国家全域旅游示范区;2017年11月,嘉峪关市获全国文明城市;2018年11月,嘉峪关市入选中国城市全面小康指数前100名;2020年6月,嘉峪关市入选第一批全国法治政府建设示范地区和项目名单。

图4-35 嘉峪关关城掠影

⑤敦煌市简介。

敦煌,位于河西走廊的最西端,是甘肃省县级市,由酒泉市代管,地处甘肃、青海、新疆三省(区)的交汇点,东有三危山,南有鸣沙山,西面是沙漠与罗布泊相连,北面是戈壁与天山余脉相接。介于东经92°13′~95°30′、北纬39°40′~41°40′之间,总面积3.12万千米²,其中绿洲面积1400千米²,仅占总面积的4.5%。敦煌市南北高,中间低,自西南向东北倾斜,平均海拔1139米。敦煌市属典型的暖温带干旱性气候,气候干燥,降雨量少,蒸发量大,昼夜温差大,日照时间长,四季分明,春季温暖多风,夏季酷暑炎热,秋季凉爽,冬季寒冷。全年日照时数为 3246.7 小时，年平均降水量 42.2 毫米，蒸发量 2505 毫米，年平均气温 9.9℃，年平均无霜期 152 天。

2020 年年末，敦煌市常住人口 18.52 万人，生产总值 77.78 亿元。

敦煌是丝绸之路的重要节点城市，以"敦煌石窟""敦煌壁画"闻名天下，是世界遗产莫高窟和汉长城边陲玉门关、阳关的所在地，为甘肃省四大绿洲之一，是国家历史文化名城、东亚文化之都。2021 年 10 月，入选"2021 中国智慧城市百佳县市"榜单。

敦煌市旅游业发达，旅游资源丰富。境内有闻名遐迩的莫高窟景区、玉门关、月牙泉、雅丹国家地质公园等坐落于此（图 4-36、图 4-37、图 4-38、图 4-39）。

图 4-36　敦煌莫高窟九层塔外景图

图 4-37　玉门关遗址掠影

图 4-38　月牙泉流沙山风景图

图 4-39　敦煌雅丹地貌掠影

（2）青海省实习区基本概况：

①青海省简介。

青海省位于青藏高原东北部，是我国重要的生态功能区，省会西宁。地处东经89°35′~103°04′，北纬31°39′~39°19′，因境内有全国最大的内陆咸水湖——青海湖而得名，简称"青"。青海省地貌复杂多样，五分之四以上的地区为高原。东部多山，西部为高原和盆地，平均海拔3000米以上，兼具青藏高原、内陆干旱盆地和黄土高原三种地貌，昆仑山、祁连山、阿尔金山、唐古拉山等山脉绵延境内。青海省东北和东部与黄土高原、秦岭山地相过渡，北部与甘肃河西走廊相望，西北部通过阿尔金山和新疆塔里木盆地相隔，南与藏北高原相接，东南部通过山地和高原盆地与四川盆地相连。地势总体呈西高东低，南北高中部低的态势。全省面积72.23万千米²，东西长1200多千米，南北宽800多千米，约占中国总面积的7.51%，居中国第四位。青海省是长江、黄河、澜沧江三大河流的发源地，素有"中华水塔"之称。青海省内湖泊众多，地表径流从东南到西北递减，西部高山冰川广布，地跨黄河、长江、澜沧江、黑河、大通河5大水系。青海省属于典型的高原大陆性气候，太阳辐射强，光照时间长，地区间差异大，垂直变化明显。

2020年青海省生产总值3005.92亿元，常住人口592.40万人，全省人口的70%集中在西宁及其周围的海东地区。少数民族主要有藏族、回族、土族、撒拉族和蒙古族，其中土族和撒拉族为青海省所独有，少数民族占总人口的46%。全省现有6个民族自治州、7个民族自治县，实行民族自治的地区占总面积的98%。各民族都有着悠久的历史和优秀的文化传统，保持着独特的、丰富多彩的民族风情和习俗。由于地理和历史的原因，青海省长期以来经济发展水平落后于全国平均水平，地区间经济发展极不平衡。

青海省资源丰富，特别是黄河上游的水电资源，柴达木盆地的盐湖资源、石油天然气资源，以及分布在全省各地的有色金属资源、非金属矿产资源极为丰富，开发前景广阔。此外，具有高原特色的农牧业资源、野生动植物资源和旅游资源也很丰富。

②西宁市简介。

西宁市是青海省省会，是青藏高原人口唯一超过百万的中心城市，也是青藏高原最适宜居住的城市。位于东经101°77′，北纬36°62′，海拔2261米，含氧量只有海平面的70%。年平均降水量380毫米，蒸发量1363.6毫米，属典型大陆性高原半干旱气候。西宁市年平均气温7.6℃，夏季平均气温17~19℃，气候宜人，是消夏避暑胜地，有"中国夏都"之称。地势西南高、东北低，四周群山环抱，湟水及其支流南川河、北川河由西、南、北汇合于市区，向东流经全市。

西宁，古称青唐城、西平郡、鄯州，是青海省的政治、经济、科教、文化、交通和通信中心，是国务院批复确定的中国西北地区重要的中心城市。全市辖城东、城中、城北、城西、湟中五区，以及大通回族土族自治县、湟源二县，总面积7660千米²。2020年，西宁市地区生产总值1372.98亿元，国内生产总值占全省的三分之一，工业产值占全省近三分之二，地方财政收入占全省二分之一。2020年，西宁市常住人口为246.80万人，有汉、土、藏、回、蒙、满、撒拉等35个民族，少数民族人口约占总人口的四分之一。西宁是典型的移民城市，多民族聚集、多宗教并存，移民人口达100万之多。藏传佛教和伊斯兰教在西宁的影响极为深远，塔尔寺是中国六大藏传佛教寺院之一，东关清真大寺是西北四大清真寺之一。

西宁是古"丝绸之路"南路和"唐蕃古道"的必经之地，自古就是西北交通要道和军事重地，素有"西海锁钥"、海藏咽喉之称。先后荣获国家卫生城市、中国特色魅力城市200强、中国优秀旅游城市、中国园林绿化先进城市、国家森林城市、全国文明城市等荣誉称号，是"无废城市"建设试点城市。下图为西宁市鸟瞰图（图4-40）、青海湖一隅（图4-41）。

图4-40　西宁市鸟瞰图　　　　图4-41　青海湖一隅

（3）兰西城市群简介：

2018年3月，国务院印发《兰州—西宁城市群发展规划》。兰州—西宁城市群（以下简称兰西城市群）是以甘肃省省会兰州市与青海省省会西宁市为中心的中国西部重要的跨省区城市群，是黄河上游地区人口集聚的重要地域单元，是国家重点引导培育的跨省区城市群之一，也是支撑国土安全和生态安全格局、维护西北地区繁荣稳定的重要城市群。

兰西城市群位于东经 99°1′~105°38′、北纬 34°51′~37°38′ 之间，主要包括甘肃省 4 市 11 县区和青海省 2 市 13 县，总面积 1014 千米²，占甘青两省总面积的 8.50%。兰西城市群包括甘肃省兰州市，白银市白银区、平川区、靖远县、景泰县，定西市安定区、陇西县、渭源县、临洮县，临夏回族自治州临夏市、东乡族自治县、永靖县、积石山保安族东乡族撒拉族自治县，海东市，海北藏族自治州海晏县，海南藏族自治州共和县、贵德县、贵南县，黄南藏族自治州同仁县、尖扎县等 22 个地州市的经济地带，是中国西部重要的跨省区城市群。区域内自然资源丰富，水资源、矿产资源、有色金属、天然气、石油、草原资源均位居全国前列；经济区科技实力雄厚，有较大的熟练产业工人群体，劳动力资源丰富；同时，农业条件较好，是我国粮食、畜牧品、中药材等的重要生产基地，工业和交通也有相当基础。

2018 年兰西城市群地区生产总值为 4880.64 亿元，常住人口 1238.86 万人。该城市群 GDP 和常住人口分别占甘青两省经济总量和人口总量的 49.64% 和 37.32%，是支撑西北地区发展的重要增长极。从社会经济发展水平上看，兰西城市群经济社会发展滞后，人均 GDP 仅为全国平均水平的 55% 左右。

从生态地位上看，兰西城市群周边有 3 个国家重点生态功能区，是国家生态安全屏障建设的重要支撑区。从战略地位上看，兰西城市群多民族杂居，是进藏入疆的"锁钥之地"，对维护国土安全和促进民族交往交流交融具有重要战略意义。从自然地理环境上看，兰西城市群地处青藏高原、黄土高原的交接地带，地势西高东低，地貌景观形态复杂，黄河横贯而过，形成各具特色的各级各类人文景观。从交通区位上看，随着国家西部陆海新通道的建设，兰西城市群"居中六联"的枢纽地位日益突出，作为联结丝绸之路经济带与长江经济带的枢纽区，其地缘优势进一步凸显。

兰西城市群着眼国家安全，立足西北内陆，面向中亚西亚，是支撑国土安全和生态安全格局、维护西北地区繁荣稳定的重要城市群。兰西城市群围绕区域使命和总体定位，统筹国土开发和生态保护，统筹经济增长和民生改善、社会稳定，统筹区域发展和融入国家战略，遵循城市群发展客观规律，走出一条城市群培育发展的新路。到 2035 年，兰西城市群协同发展格局将基本形成，各领域发展将取得长足进步，发展质量会明显提升，在全国区域协调发展战略格局中的地位将更加巩固。

4. 实习内容

（1）西北地区自然景观与文化景观类型。

①沿途主要自然景观。

关中平原、黄土高原、青藏高原、西北内陆盆地、河西走廊为西北地区自然景观特色。首先要求同学们深刻理解生态文明的内涵,牢固树立绿水青山就是金山银山的理念。其次要求同学们学会运用人文地理学视角分析西北地区不同自然地理景观单元生态建设和绿色发展所面临的具体问题。最后要求同学们重新发现与认识自然环境、自然资源对于区域经济发展的重要贡献、影响与作用。引入"资源诅咒"、绿色 GDP、外部性等理论与案例,实习途中展开深层次探讨,引起同学们对西北地区绿色发展、高质量发展的关注与思考。下表 4-41、表 4-42 分别为实习沿途自然景观要素(观察)、沿途各城市人文要素与自然要素调查(观察)内容。

"资源诅咒"是一个经济学的理论,多指与矿业资源相关的经济社会问题。丰富的自然资源可能是经济发展的诅咒而不是祝福,大多数自然资源丰富的国家的经济发展比那些资源稀缺的国家增长得更慢。"荷兰病"是其中一种表现,但资源诅咒不等同于"荷兰病"。"荷兰病"是指自然资源的丰富反而拖累经济发展的一种经济现象。经济学家们则常常以此来警示经济和发展对某种相对丰富的资源过分依赖的危险性。西北地区资源丰富,经济落后,如何避免落入"资源诅咒"陷阱是其经济发展过程中亟须解决的问题。

绿色 GDP 是在 GDP 核算的结果中,去除未在经济过程中表现出来的资源消耗与环境损耗部分的价值量,能够补充 GDP 的不足,在一定程度上可以度量经济社会发展状况。绿色 GDP 的研究可以很好地反映出西北地区经济发展的资源环境代价,并为西北地区可持续发展提供研究视角和研究思路。

外部性又称为溢出效应、外部影响、外差效应或外部效应、外部经济,指一个人或一群人的行动和决策使另一个人或一群人受损或受益的情况。西北地区资源环境问题的外部性问题都是负的外部性,这种情况下市场失灵,只能依靠政府做出更符合西北脆弱生态环境的政策与决策。

表 4-41 实习沿途自然景观要素调查(观察)内容

主要自然景观	基本地质地貌特征	基本气候水文特征	主要资源种类与分布	基本社会经济特征(人口-经济-民族)	生态问题与特征
关中平原					
黄土高原					
青藏高原东缘					
河西走廊地区					

表 4-42　实习沿途各城市人文要素与自然要素调查（观察）内容

主要城市	基本地质地貌特征	基本气候水文特征	生态环境与主要资源	基本社会经济特征（人口-经济-民族）	存在的主要社会与生态问题
西安					
兰州					
西宁					
张掖					
嘉峪关					
敦煌					

②沿途文化景观。

文化地理学有 5 大研究主题：文化生态学、文化源地、文化扩散、文化区和文化景观。文化生态学讨论文化区是否由自然区决定；文化源地主题涉及文化最早出现在什么地方；文化扩散主题涉及文化资源地通过何种形式扩散到其他地方；文化区主题涉及文化扩散后形成的各种类型区域的组织形式；文化景观是研究其他主题的切入点或观察对象。实习过程中依据 5 大研究主题展开数据收集与观察。在实习过程中，以文化地理为主线，把文化生态学、文化源地、文化扩散、文化区、文化景观等贯穿起来，实践中突出体现"人与环境"相互作用、相互影响的关系。

甘肃、青海两省自然景观多样，少数民族众多，独特的生活习惯、独特的西北风情造就了其独特的人文景观。对不同人文景观的认识，有利于同学们更好地掌握西北地区文化景观的要素构成、格局特点、发展模式与路径、开发保护措施等。人文/文化景观包括的范围很广，涉及面很宽，类型多样。归纳起来，主要包括城镇与产业、历史古迹、古典园林、宗教文化、民俗风情、文学与艺术等类型。下表 4-43 为文化景观类型与构成要素分析表。

表 4-43　文化景观类型与构成要素分析表

类型	主要构成要素	
	物质系统	价值系统
设计景观	建筑：历史建筑、构筑物 空间：空间构成、空间形态 结构：空间结构、景观结构 环境：山水环境	人居文化：生活理念、生活文化 历史文化：历史背景、历史人物 精神文化：审美情趣、艺术风格、文化观念

续表

类型	主要构成要素	
	物质系统	价值系统
遗址景观	建筑：建筑遗址、遗迹 环境：自然环境	历史文化：历史背景、事件、人物 产业文化：产业历史、发展、特征 精神文化：文化观念、精神信仰
场所景观	行为：行为模式、节庆仪式、传统技艺 空间：空间形态 环境：自然环境	人居文化：地方习俗、生活理念、文化 历史文化：历史沿革 精神文化：文化观念、精神信仰
聚落景观	行为：日常行为、节庆仪式、传统技艺 建筑：历史建筑、乡土建筑 空间：空间构成、空间形态 结构：空间结构、景观结构 环境：山水环境、田园风光、绿化植被	人居文化：地方习俗、生活理念、文化 历史文化：历史沿革、历史事件、人物 产业文化：产业历史、产业发展、产业特征 精神文化：文化观念、审美、精神信仰
区域景观	建筑：历史古迹、建筑遗址、遗迹 结构：区域布局、景观结构 环境：山水环境、区域环境、绿化植被	历史文化：历史背景、事件、人物 产业文化：产业发展、产业特征 精神文化：文化观念、审美、精神信仰

西北地区的文化景观最主要的代表性表现还是在人类聚居的聚落，也就是城市。城市是区域内经济、社会、人口等各要素聚集的区域，城市内人文景观与自然景观相辅相成，构成了城市独特的城市人文景观。各城市、城市群由于功能定位不同、城市等级差异不同、民族聚居程度不同、经济发展阶段不同、资源环境背景不同，因而表现出巨大的差异性。下表4-44为沿途主要实习城市文化景观调查表。

表4-44　沿途主要实习城市文化景观调查表

城市	兰州	西宁	张掖	嘉峪关	敦煌	兰西城市群
城市功能/职能						
城市人口						
民族构成						
城市经济						
城市土地利用特征						
主导产业						
地标性建筑、广场						

续表

城市	兰州	西宁	张掖	嘉峪关	敦煌	兰西城市群
主要旅游景区						
城市交通						
……						
……						

SWOT 分析法,又称为态势分析法,即基于内外部竞争环境和竞争条件下的态势分析,就是将与研究对象密切相关的各种内部优势、劣势与外部的机会和威胁等通过调查列举出来,并依照矩阵形式排列,然后用系统分析的思想,把各种因素相互匹配起来加以分析,从中得出一系列相应的结论,而结论通常带有一定的决策性。利用这种方法可以从中找出对自己有利的、值得发扬的因素,以及对自己不利的、要避开的东西,发现存在的问题,找出解决办法,并明确以后的发展方向。因此,SWOT 分析方法非常适用于研究区的现状分析与评价,是实习过程中分析实习地现状的常用方法。下表 4-45 基于 SWOT 分析方法对实习地现状进行分析评价、表 4-46 基于实习地现状 SWOT 分析方法的 TOWS 矩阵、表 4-47 基于实习地现状 SWOT 分析方法的高质量发展路径或模式设计、表 4-48 实习地 SWOT 分析综合比较。

表 4-45 基于 SWOT 分析方法对实习地现状进行分析评价

Strengths 优势	Weaknesses 劣势
1. …… 2. …… 3. …… 4. ……	1. …… 2. …… 3. …… 4. ……
Opportunities 机会	Threats 威胁
1. …… 2. …… 3. …… 4. ……	1. …… 2. …… 3. …… 4. ……
备注:	

表 4-46　基于实习地现状 SWOT 分析方法的 TOWS 矩阵

TOWS 矩阵	Strengths 优势	Weaknesses 劣势
Opportunities 机会	SO 方略［发挥优势、利用机会］ 1. …… 2. ……	WO 方略［利用机会、克服劣势］ 1. …… 2. ……
Threats 威胁	ST 方略［利用优势、回避威胁］ 1. …… 2. …… 3. ……	WT 方略［减小劣势、回避威胁］ 1. …… 2. …… 3. ……

表 4-47　基于实习地现状 SWOT 分析方法的高质量发展路径或模式设计

Action Plan	未来实习地高质量发展路径或模式设计
	1. …… 2. …… 3. ……

表 4-48　实习地 SWOT 分析综合比较

	发展优势	发展劣势	发展机遇	发展挑战	发展路径
兰州					
西宁					
张掖					
嘉峪关					
敦煌					
兰西城市群					

（2）实习地城镇化质量诊断。

社会经济的发展是推动城市化进程的主要动力，一般来说，经济越发达，城市化水平就越高，反之就越低。当今世界，发达国家城市化水平一般都在 75% 以上，而发展中国家的城市化水平则相对较低。我国自改革开放以来，经济飞速发展，城市化水平也不断提升，城市化水平从 1978 年的 17.9%，增长到 2020 年的

63.89%，城市数量达到了687个。目前，我国已经进入到了城市化的中后期，城市化的速度将会逐渐降低，人口迁移将会逐渐从农村到城市的人口迁移，转变为从城市到城市的人口迁移。需要走新型城镇发展的道路，而衡量新型城镇化发展的监测评价数据，包括人口就业、经济发展、城市建设、社会发展、居民生活、生态环境6个方面。

甘肃、青海两省地处西北内陆，近年来城市、城市化发展虽然取得了长足进步，但在全国层面看，仍然处于落后地位。2020年年末，甘肃省常住人口城镇化率达52.23%，青海省常住人口城镇化率达60.08%，低于全国平均水平，上升空间比较大。为了使得更多居民享受到生态之美、体验到出行之便、感受到城市之誉，就要对其城市和城市化质量进行评价与诊断。同时，对甘肃、青海两省部分城市进行城镇化质量测度的研究具有一定的代表性，能够"以小见大"，可以作为研究内陆资源型城市的城镇化质量状况以及资源型城镇发展和走新型城镇化道路的特征和问题的参考，也可以成为黄河上游地区高质量发展的重要组成部分，为其他西北地区的城镇化质量测度研究结果的可靠性检验提供部分依据。

建议的城镇化质量评价的指标体系（表4-49），主要有城市经济维度指标、城镇生活维度指标、城镇社会公共服务维度以及城市生态环境维度类指标。除了这4大类指标外，还应当重视人口、科教文化和生态建设方面的指标选取。建议的诊断方法有主成分分析法、因子分析法、层次分析法等。

基于上述分析，实习地实习调研过程中收集的资料也应当选择相对应指标的相关信息，并在后续完成实习报告或者实习论文的过程中，依据调研过程与调研数据，发现实习地城镇化发展中存在的问题，并提供有一定参考价值的提高城市化质量和走新型城镇化道路的相关策略与路径或者发展模式。

表4-49　城镇化质量评价的指标体系

城市经济维度	GDP、人均GDP、GDP增速
	人均固定资产投资额
	人均地方财政收入
	第二、三产业产值比重
	第二、三产业增加值
	人均社会消费品零售额
	……

续表

城镇生活维度	城镇人口、少数民族人口、人口密度
	商业从业人数、城镇人口出生率
	城镇居民人均可支配收入
	农村居民人均可支配收入
	在岗职工平均工资
	第二、三产业从业人口比重
	城镇居民人均储蓄存款
	住宅建筑面积
	人均住房居住面积
	……
城镇社会公共服务维度	人口抚养比
	公共安全与服务财政支出比重
	电信业务营业网点占全市比重
	每万人拥有医疗床位数
	每万人拥有图书馆藏量
	每万人拥有手机数量
	每万人拥有的大学生数量
	人均道路面积
	互联网使用率
	城市供水/气能力
	城市建成区面积
	教育经费投入比例
	……
城市生态环境维度	节能环保财政支出比重
	综合能源消费率
	城市人均绿地面积
	建成区植被覆盖率
	单位 GDP 耗水量
	工业"三废"排放量
	固体废弃物处理量
	区域整体植被覆盖率
	……

（3）实习地城镇公共空间和公共生活质量的评价。

目前，随着我国城镇建设的快速发展，涉及城市质量的研究与设计越来越多。在现行的城镇调查中缺少对公共空间环境的深入调查，更缺少对市民公共生活现状与需求的调查，因此，进行该项实习，对于同学们提高解决实际问题的动手能力具有重要意义。通过认识实习地城市规划、城市交通、城市功能、城市文化、城市景观、城市人口民族组成、城市旅游（餐饮、住宿）等，掌握实习地公共空间环境现状情况，了解当地居民对城市公共空间环境和公共生活质量的满意程度以及存在的问题，了解不同规模等级城市生活便利程度，当地各族人民对城市诸方面的满意程度，运用人文地理学思想和方法思考解决制约实习地城市发展诸方面问题的方法，提出对城市发展有针对性的对策建议。

实习过程中途经兰州、西宁、张掖、嘉峪关、敦煌等 5 个不同等级不同规模的城市，兰州与西宁构成的兰西城市群是我国西北地区重要的经济增长点。因此，对于西北地区各民族居民聚居的城镇地区进行公共空间与公共生活质量的评价，可以更好地体现与反映出实习地城镇发展质量、各民族居民公共生活质量与各民族融合的巨大成就。

除了文献法外，城市领域主要使用的调研方法有观察法、问卷法、访谈法、踏勘法等 4 种方式。结合调研需求，实际工作中调研公共空间问题的常见途径有 3 种：一是通过观察使用者的行为模式，发现公共空间、公共生活质量存在的问题，主要适用的方法为观察法；二是通过询问使用者的认知情况和建议，判断空间使用者的需求重点，主要适用的方法为问卷法和访谈法；三是依靠设计者对实体环境要素作的现场考察和主位体验，参考设计理论判断环境的品质状况，主要适用的方法为现场踏勘，即踏勘法。实习过程中建议使用 PSPL 调研法。

PSPL（public space public life survey，PSPL）调研法是一项针对城市、社区公共空间品质和市民公共生活质量的评估方法。其最早是由扬·盖尔先生首次提出，以城市中各类尺度和类型的公共空间为对象，核心是人与人类活动。其目标是通过对市民在公共空间中活动状况的研究，探索社区、公共空间环境与公共生活之间的关系，并分析整理相应的数据资料，得出影响市民使用公共空间的因素，以此作为提升街区公共空间品质、提升各族居民生活质量的依据。

PSPL 调研主要以现场调研和调查问卷等形式完成，具体包括公共空间分析、公共生活调查、总结与建议。公共空间分析主要是客观地记录空间位置、布局、结构、基础设施等，从各个方面整体评价空间品质及发现存在的问题。公共生活调查主要考察公共空间的使用情况,包括使用人群及相应活动。调查一般选择特定的时间点,记录所调查区域人们的活动状态。总结与建议中,调研人员将调研所得抽象数据转化为易懂的图表并结合文字说明,总结出有利于改善公共空间品质的建议和措施。

具体实习设计为:

①街道访谈。第一,时间:实习期某一天中的早晨、中午、下午;第二,地点:选定的场地,一般是城市中心街区、中心广场、商业综合体等;第三,访谈问题:a. 谁在使用公共空间?b. 人们对公共空间和公共生活持有什么样的看法?c. 人们来自哪里?d. 他们为什么来到访城市?e. 他们在城市中做些什么?f. 他们对城市和公共空间有何建议?g. 他们对所在区域未来的发展有何建议和憧憬?

在选定的调查地点,记录路过、坐歇、驻足的人数;记录在这些空间中人们从事活动的类型与情况,街道体系建设存在哪些问题。主要包括以下几个方面:第一,步行情况调查;第二,步行道拥挤情况;第三,步行体系通畅情况;第四,街道座位设置状况;第五,街道环境中吸引点状况;第六,特殊人群对街道使用状况;第七,公共空间联系、联通便捷状况;第八,沿街底层立面环境状况等。

②问卷调查。在街道上随机对行人发放调查问卷,然后请答卷人匿名作答问卷。调查需在时间和地点上与街道访谈一致,问卷涉及的内容与街道访谈类似,但更加关注受访者的基本特征和具体想法等细节。

问卷一般包括以下问题:第一,调查者的基本特征;第二,影响城市活力的因素有哪些?第三,被调查者来此的原因与频率,在此活动的方式与程度,在场地停留的时间;第四,被调查者选择什么样的交通工具来此?包括公共交通、自行车、汽车、步行;第五,对城市中心景观的看法:喜欢哪种类型的城市景观,不喜欢哪些?舒适感和安全感如何?第六,对城市交通和绿化方面下一步的发展有哪些展望?

③数据整理。街道访谈和问卷所获得的信息被合在一起进行综合整理,最终分析的结果也将作为实习报告或调研工作的重要补充。

关于×××市×××街区/广场/商业综合体的调查问卷见下表4-50。

表 4-50　关于×××市×××街区/广场/商业综合体的调查问卷

尊敬的女士/先生：

您好！

我是西北大学城市与环境学院×××级人文地理专业本科生，正在进行本科生综合实践，本活动旨在通过系列调查，了解游客/当地居民对该街区/广场/商业综合体关心的问题、不满意的领域，感谢您的配合与帮助！

衷心感谢您的支持和协助！祝您和您的家人生活美满，健康快乐！

一、基本情况

1. 您的性别是（　　）。

　　A. 男　　　　　B. 女

2. 您是否本地人（　　）。

　　A. 是　　　　　B. 不是

3. 您来到×××市是因为（访谈或问卷）？（　　）

　　A. 就业　　　　B. 看病　　　　C. 旅游

　　D. 看望亲人朋友　E. 读书　　　　F. 其他

4. 您的年龄在（　　）。

　　A. 18 岁及以下　B. 19～24 岁　　C. 25～34 岁

　　D. 35～54 岁　　E. 55 岁及以上

5. 您的职业是（　　）。

　　A. 学生　　　　B. 在职人员　　C. 离、退休人员

　　D. 个体户　　　E. 其他

6. 您的月收入/年收入是（　　）。

　　A. 2000 元以下　B. 2000～5000 元　C. 5000～10000 元

　　D. 10000～20000 元　　　　　　E. 20000 元以上

7. 您的民族是（　　）。

　　A. 汉族　　　　B. 回族　　　　C. 藏族

　　D. 蒙古族　　　E. 其他

二、有关×××市公共空间使用的调查

1. 您一般来此街区/广场/商业综合体的时间是（　　）。（可多选）

　　A. 早晨　　　　B. 上午　　　　C. 中午

D. 下午　　　　E. 夜晚

2. 您来到此街区/广场/商业综合体是因为在这里您可以（　　）。（可多选）

  A. 呼吸到相对清新的空气（环境好）

  B. 找到志同道合的人，一起交谈，满足社交需要

  C. 锻炼身体　　　　　　　　D. 满足休闲的需要

  E. 不会产生较高消费　　　　F. 参加文化教育活动

  G. 消磨时间　　　　　　　　H. 其他

3. 您从（　　）来到街区/广场/商业综合体。

  A. 附近的小区　　　　　　　B. 附近的学校

  C. 附近的工作单位　　　　　D. 其他

4. 您经常（　　）来到街区/广场/商业综合体。

  A. 独自一人　　　　　　　　B. 与同事、同学一起

  C. 与家人、亲戚一起　　　　D. 与朋友一起

5. 您来此街区/广场/商业综合体的方式多数为（　　）。

  A. 驾车　　　　B. 自行车、电动车

  C. 步行　　　　D. 公交车　　　　E. 其他

6. 您一般在此街区/广场/商业综合体逗留的时间为（　　）。

  A. 1小时以内　　B. 1~2小时　　C. 2~4小时　　D. 4小时以上

7. 您一个月内到此街区/广场/商业综合体的次数为（　　）。

  A. 1次　　　　B. 2~5次　　　　C. 经常来　　　　D. 记不清

8. 您对此街区/广场/商业综合体内基础设施的现状感到满意吗？（　　）（可多选）

  A. 满意，设施充足且维护良好

  B. 不满意，导向牌破损、导向不明确或数量不够

  C. 不满意，景观灯破损或数量不够

  D. 不满意，公共卫生间清理不到位或数量不够

  E. 不满意，避雨设施破损或数量不够

  F. 不满意，垃圾桶破损、清理不到位或数量不够

  G. 不满意，座椅破损或数量不够

  H. 不满意，健身器材破损或数量不够

  I. 不满意，雕塑破损或数量不够

J. 不满意，盲道、助残通道设置不合理或数量不够

K. 其他

9. 您认为此街区/广场/商业综合体给您的感觉如何？（　　）

　　A. 很舒服，轻松，愉悦，干净、整洁

　　B. 混乱，破旧　　C. 很脏　　　　D. 治安不好　　E. 其他

10. 您对此街区/广场/商业综合体的满意程度如何？（　　）

　　A. 非常满意　　B. 满意　　　　C. 一般　　　　D. 不满意

　　E. 非常不满意

11. 您最愿意停留于此街区/广场/商业综合体的场所是（　　）。

　　A. 喷泉附近　　B. 硬地广场上　　C. 树荫下　　　D. 座椅上

　　E. 亭子附近　　F. 雕塑等小品附近　G. 其他

12. 您一般在此街区/广场/商业综合体选择哪些活动？（　　）

　　A. 散步、广场舞、打球等运动　　B. 下棋　　　　C. 遛狗

　　D. 陪孩子　　E. 聊天　　　　　　F. 其他

13. 您希望此街区/广场/商业综合体在以下哪方面有所提高？（　　）

　　A. 增加班车，提高广场交通便捷度

　　B. 增加绿化，提高广场植被覆盖率

　　C. 增加健身设备，丰富广场活动种类

　　D. 增加工作人员，提高治安及卫生水平

　　E. 增加资金投入，增设更多景观与公共场地

　　F. 其他

14. 您比较喜欢哪种类型的城市景观？（　　）（可多选）

　　A. 人造建筑景观（喷泉、广场、亭子、雕塑）

　　B. 自然生态景观（绿地、水域）

15. 您不太喜欢哪种类型的城市景观？（　　）

　　A. 人造建筑景观（喷泉、广场、亭子、雕塑）

　　B. 自然生态景观（绿地、水域）

16. 您认为影响城市活力的因素有哪些？（　　）（可多选）

　　A. 综合经济实力　　B. 资金实力　　　C. 开放程度

　　D. 人才及科技水平　E. 管理水平　　　F. 基础设施及住宅

　　G. 经济发展阶段

17. 您认为此街区/广场/商业综合体在哪些地方不足？
_____

18. 您认为此城市公共空间还有哪些不足可以改进：
_____

谢谢您对本次调查的配合，祝您身体健康，万事如意！

西北大学城市与环境学院
调查员：
日　　期：

（4）实习地多民族地区民族融合调查与评价。

在多元文化背景下，西北民族地区由于经济发展不平衡、社会民族宗教文化所表现出的多样性和复杂性，使该地区的民族团结问题成为关乎国家长治久安、区域经济健康稳定发展的核心问题。实习过程中，基于西北地区多民族文化多元化现状，同学们在了解了我国基本民族政策的基础上，深入研究体验多元文化背景对西北地区民族融合的影响，深刻体会我国西北民族聚居地区的丰厚底蕴，坚持并不断巩固民族区域中以马克思主义为指导的社会主义主流意识形态的核心地位，在多元思想并存的情况下充分发挥主导作用，不断赋予其鲜明的民族特色和时代特色，才能进一步地维护西北地区民族融合。

民族人文景观是人类社会重要的物质和精神财富，存在于民族人文景观中的教育资源是人类社会资源的组成部分。以"藏文化、蒙文化、回文化"等为底蕴的西北民间传统文化艺术是西北地区多民族人文景观和民族融合的重要表现形式，蕴含着丰富的理论与实践意义。在民族融合政策创新上应关注"民族"与"文化"，保持民族性，丰富文化性，让人文景观与民族融合成为西北地区的新名片、新标准、新起点。

近年来，随着城镇化水平不断提高，西北城市内部少数民族同汉族之间的混居程度持续加深，居住空间视角下的民族融合程度逐渐强化；居住融合程度最高的区域集中在城市汉族长期居住的区域，而随着时间推移，融合程度最高区域快速向整个市区扩散，居住融合空间向均匀化方向发展。城市内民族大融合对促进城市稳定、社会经济稳步发展都具有举足轻重的作用。因此，实习过程中，重点城市的城市规划、城市景观、城市风貌、主导产业、主要建筑物、广场、博物馆、城市交通、民族融合等都是参观实习的主要内容。同学们还可以对比平原城市与高原城市、河谷型城市在城市发展、产业布局、文化传承中的异同。

关于民族融合状况调查问卷、西北地区民族融合调查表分别见下表 4-51、表 4-52。

表 4-51　民族融合状况调查问卷

尊敬的女士/先生：

您好！

我是西北大学城市与环境学院×××级人文地理专业本科生，正在进行本科生综合实践，本活动旨在通过系列调查，了解当地民族融合状况，感谢您的配合与帮助！

衷心感谢您的支持和协助！祝您和您的家人生活美满，健康快乐！

请您在选定处打"√"。非常感谢您的合作！

1. 您的性别：
   □男　　　　　　□女

2. 您的年龄：
   □18 岁以下　　□18～25 岁　　□26～40 岁
   □41～60 岁　　□61 岁以上

3. 您的民族：
   □汉　　　　　　□回　　　　　　□藏　　　　　　□土
   □蒙　　　　　　□东乡　　　　　其他：

4. 您的文化程度：
   □高中以下　　　□高中　　　　　□大专　　　　　□本科
   □本科以上

5. 居住区域：
   □城市　　　　　□县城　　　　　□乡镇　　　　　□农村

6. 您的职业：
   □行政机关　　　□事业单位　　　□企业　　　　　□自由职业者
   □教师　　　　　□农民　　　　　□其他（学生）　□离、退休

7. 您满意党的民族政策吗？
   □很满意　　　　□满意　　　　　□一般　　　　　□不满意
   □很不满意　　　如果不满意，主要原因是：_____

8. 您觉得周围的亲戚朋友对民族政策满意吗？
   □很满意　　　　□满意　　　　　□一般　　　　　□不满意

　　　　□很不满意　　　如果不满意，主要原因是：_____
9. 您觉得影响民族融合的主要因素有哪些？（多选）
　　　　□文化　　　　□交通　　　　□经济　　　　□生态环境
　　　　□其他：
10. 您对当前的生活状况满意吗？
　　　　□很满意　　　□满意　　　　□一般　　　　□不满意
　　　　□很不满意　　　如果不满意，主要原因是：_____
11. 您认为当地历史建筑与街区保护如何？
　　　　□有特色　　　□一般　　　　□特色不强
12. 您认为当地民族传统文化与生活习俗保护如何？
　　　　□有特色　　　□一般　　　　□特色不强
13. 您的宗教信仰自由吗？
　　　　□自由　　　　□不自由　　　□不知道
14. 您对当地的历史文脉保护满意吗？
　　　　□很满意　　　□满意　　　　□一般　　　　□不满意
　　　　□很不满意　　　如果不满意，主要原因是：_____
15. 您认为当地民族融合最具代表性的事件或者活动是什么？（可多选）
　　　　□人文历史观光景点　　　　　□休闲娱乐、度假型
　　　　□特色节日、特色展出　　　　□体育赛事、运动健身
　　　　□生态养生　　　　　　　　　□多民族文化景观
16. 您认为民族地区经济落后的主要原因是（可多选）：
　　　　□开发不够　　□基础设施落后　□监管力度差
　　　　□恶性竞争，相互削价　　　　□生态环境差　　□其他
17. 您认为民族政策方面需要改进的环节有哪些？（可多选）
　　　　□交通　　　　□城市风貌　　□基础设施　　□民族文化
　　　　□人口政策　　□其他
18. 您或者您的家庭每个月用于食品消费支出大概有多少？（元）
　　　　□1000以下　　□1000～2000　　□2000～3000　　□3000～5000
　　　　□5000以上
19. 您认为西北地区民族融合状况如何？
　　　　□融合度很高　　□融合度高　　□融合度一般　　□融合度低

☐融合度很低

再次感谢您能填写该调查问卷,我们将认真仔细地记录您所填写的信息。祝您有愉快的一天!

西北大学城市与环境学院

调查员:

日　期:

表 4-52　西北地区民族融合调查表

调研项目	调研内容
民族特征	汉族及少数民族人口数量、性别、收入、职业等
经济状况	当地主导产业、基础设施等
融合特色	特色餐饮、特色文化、特殊节日、知名景点等
文化景观	景观风貌、建筑物、城市规划等
……	……

以西宁市民族融合特征为例,选择西宁东关清真大寺以及塔尔寺等为实习地,让同学们深刻体会西北地区民族融合在民族团结、区域经济发展中发挥的重要作用。

西宁东关清真大寺:

东关清真大寺,是西宁市一座规模最大、保存最为完整的古代建筑,位于西宁东关大街路南一侧,是我国西北地区著名的四大清真寺之一(与西北地区著名的西安化觉寺、兰州桥门寺、新疆喀什艾提卡尔清真寺并称为西北四大清真寺)。该寺建造雄奇、坐西面东,具有我国古典建筑和民族风格的建筑特点,雕梁彩檐、金碧辉煌,大殿内宽敞、高大、明亮;殿内和整个大寺处处都显得古朴雅致,庄严肃穆,富有浓郁的伊斯兰特色,属省级文物保护单位。寺院占地面积 1.194 万米^2,大殿本体占地面积 1102 米^2,南北楼各 363 米^2,内设立有青海阿横伊斯兰教经学院。东关清真大寺是全国礼拜人数最多的清真寺,可以同时容纳 4 万~6 万穆斯林进行礼拜。寺内有多位阿訇定时为游客和穆斯林同胞讲解伊斯兰教义及爱国爱党爱家等民族大团结内容。下图 4-42 为西宁东关清真大寺风貌图及参观图。

图 4-42　西宁东关清真大寺风貌图及参观图

塔尔寺：

西宁塔尔寺，位于西宁市西南约 30 千米的湟中区鲁沙尔镇，古称"佛山"，藏语称为"衮本"，即十万个佛像的意思。是我国藏传佛教格鲁派（黄教）创始人宗喀巴的诞生地。塔尔寺始建于明代，历时 400 余年，已成为拥有殿宇、经堂、佛塔、僧舍等 30 余座建筑的古建筑群，并成为西北地区藏传佛教的活动中心，在全国及东南亚亦享有盛名。酥油花、壁画和堆绣被誉为"塔尔寺艺术三绝"，另外寺内还珍藏了许多佛教典籍和历史、文学、哲学、医药、立法等方面的学术专著。塔尔寺是中国藏传佛教格鲁派（黄教）六大寺院之一，也是青海省首屈一指的名胜古迹和全国重点文物保护单位。长期以来，塔尔寺在民族团结、融合过程中发挥着举足轻重的作用。这座藏传佛教名刹至今仍以珍藏的文化艺术珍品吸引着众多的海内外游客，慕名前来朝觐和游览的人士每年不论寒暑，总是络绎不绝，这座寺院的影响所及，有目共睹。下图 4-43 为塔尔寺景观风貌图及参观图。

图 4-43　塔尔寺景观风貌图及参观图

在调查了民族文化融合特点与现状后，进行各城市间民族文化融合度评价，有利于同学们更好地将计量方法运用于现实问题中。根据调查问卷以及当地的社会经济情况，建议同学们使用层次分析法等方法进行各实习城市民族融合度评价研究。

AHP（Analytic Hierarchy Process）层次分析法是美国运筹学家 T. L. Saaty 教授于 20 世纪 70 年代提出的一种实用的多方案或多目标的决策方法，是一种定性与定量相结合的决策分析方法。常被运用于多目标、多准则、多要素、多层次的非结构化的复杂决策问题，特别是战略决策问题，具有十分广泛的实用性。用 AHP 分析问题大体要经过以下 5 个步骤：

第一步：建立层次结构模型。

将决策的目标、考虑的因素（决策准则）和决策对象按它们之间的相互关系分为最高层、中间层和最底层，绘出层次结构图。一般分为三层：最上面一层为目标层，最下面一层为方案层，中间层为指标层或准则层。

第二步：构造判断矩阵。

在确定各层次各因素之间的权重时，如果只是定性的结果，则常常不容易被别人接受，因而 Saaty 教授等人提出：一致矩阵法，即不把所有因素放在一起比较，而是两两相互比较。对比时采用相对尺度，以尽可能减少性质不同因素相互比较的困难，以提高准确度。

第三步：层次单排序。

所谓层次单排序是指对于上一层某因素而言，本层次各因素的重要性的排序。

第四步：判断矩阵的一致性检验。

所谓一致性是指判断思维的逻辑一致性。如当甲比丙是强烈重要，而乙比丙是稍微重要时，显然甲一定比乙重要。这就是判断思维的逻辑一致性，否则判断就会有矛盾。

第五步：层次总排序。

确定某层所有因素对于总目标相对重要性的排序权值过程，称为层次总排序。

这一过程是从最高层到最底层依次进行的。对于最高层而言，其层次单排序的结果也就是总排序的结果。

关于实习区域各城市民族融合度对比、西北民族融合地区旅游意向调查、旅游体验调查问卷分别见表 4-53、表 4-54、表 4-55。

表 4-53 实习区域各城市民族融合度对比表

城市	民族融合度	备注
兰州		
西宁		
张掖		
嘉峪关		
敦煌		

（5）西北民族融合地区旅游业调查。

为了更好的综合了解民族融合地区旅游业发展，采用问卷调查法对西北民族地区旅游状况展开调查：

表 4-54 西北民族融合地区旅游意向调查表

1. 你是否喜欢旅游		
是	占比（%）	（问卷数量）
否	占比（%）	（问卷数量）
2. 你比较倾向去哪些景点旅游？		
民族风情旅游	占比（%）	（问卷数量）
风景宜人的自然景区	占比（%）	（问卷数量）
充满人文特色的民俗景区		
繁华的大都市和绿洲城市		
红色旅游景区		
3. 旅游时会优先考虑的问题？		
费用		
安全		
舒适度		
旅游目的地的吸引力		
交通可达性		
多民族文化		

续表

4. 旅游期间，你的主要花费是在哪方面？		
路费		
住宿费用		
门票等固定费用		
购物		
5. 出游前你都通过哪些渠道了解旅游信息？		
旅行社咨询		
网络搜索		
亲朋好友介绍		
电视、海报广告等		
……		
……	……	……

表 4-55　旅游体验调查问卷

尊敬的女士/先生：

　　您好！

　　我是西北大学城市与环境学院×××级人文地理专业本科生，正在进行本科生综合实践，本活动旨在通过系列调查，了解游客/当地居民在游览西北民族融合地区时所关心的问题、不满意的领域，感谢您的配合与帮助！

　　衷心感谢您的支持和协助！祝您和您的家人生活美满，健康快乐！

　　请您在选定处打"√"。非常感谢您的合作！

　1. 您的性别：
　　　□男　　　　　□女
　2. 您的年龄：
　　　□18 岁以下　　□18~25 岁　　□26~40 岁
　　　□41~60 岁　　□61 岁以上
　3. 您的文化程度：
　　　□高中以下　　□高中　　　　□大专　　　　□本科
　　　□本科以上

4. 居住区域：

　　□城市　　　　□县城　　　　□乡镇　　　　□农村

5. 您的职业：

　　□行政机关　　□事业单位　　□企业　　　　□自由职业者

　　□教师　　　　□农民　　　　□其他（学生）□离退休

6. 您最近一次旅游：

　　□3个月　　　□半年内　　　□一年内　　　□很少出游

7. 您是以什么形式到西北地区旅游的？

　　□旅行社团队　□家庭自助游　□自驾游　　　□散客

　　□其他

8. 您决定到西北民族融合地区旅游时主要考虑的因素有哪些？（多选）

　　□景区特色　　□交通　　　　□安全　　　　□价格

　　□服务　　　　□其他

9. 您认为西北地区人文景区建设如何？

　　□有特色　　　□一般　　　　□特色不强

10. 您认为西北地区自然景观如何？

　　□有特色　　　□一般　　　　□特色不强

11. 您觉得该景区/景点旅游体验如何？

　　□很不错，搭配合理，劳逸结合

　　□还好，有点辛苦/内容不够

　　□不太好，景色雷同，配套服务跟不上

　　□很不好，景点太多/太少，服务很差

12. 请您将下列景点或旅游吸引物按照从喜欢到不喜欢的顺序排列。_____

　　①自然景观　②博物馆、民俗馆　③娱乐休闲场所　④餐饮、购物场

　　⑤特色节日　⑥民族风情街区

13. 请根据景点对您的吸引力从1到5排序。（其中1为最具吸引力，2为较具吸引力，依次减弱）

　　□人文历史观光景点　　　　　□休闲娱乐、度假型

　　□特色节日、特色展出　　　　□体育赛事、运动健身

　　□生态养生　　　　　　　　　□多民族文化景观

14. 您是从哪种渠道获得该景区的旅游资讯？

☐旅行社或者旅游代理商　　　　　☐同学、同事、朋友等的介绍
☐旅游手册、宣传画
☐电视、报纸、杂志的广告或报道与介绍
☐旅游博览会　☐互联网的广告或报道与介绍　　☐其他

15. 您到该景区旅游的主要目的是：（参加旅游）
    ☐休闲/度假　　☐学习/体验　　☐观光/购物　　☐访亲/交友
    ☐亲近自然　　☐寻求刺激　　☐其他

16. 您在结束旅游后觉得您是否达到了主要目的：
    ☐是　　　　　☐否

17. 您对该景点/景区旅游服务质量的总体评价。（用5分制表示，5分表示最好，4分表示很好，3分表示一般，2分表示不好，1分表示最差）

景点	5	4	3	2	1
导游服务	5	4	3	2	1
餐饮	5	4	3	2	1
交通	5	4	3	2	1
娱乐	5	4	3	2	1
购物	5	4	3	2	1

18. 您认为该景区/景点工作人员工作状况如何？
    ☐好　　　　　☐不好
    如果您认为工作人员工作不佳，主要表现在：
    ☐履行岗位职责不到位　　　　　☐服务态度冷淡
    ☐服务质量低　　　　　　　　　☐素质低

19. 您认为该景区/景点内的各种标识如何？
    ☐很好，标识很清楚，找景点很容易
    ☐还行，标识清楚，基本能找到景点，但一些景点容易错过
    ☐不太好，标识不清楚，很多景点容易错过
    ☐很不方便，标识复杂，很不清楚

20. 如果有机会，您下次还会来该景区/景点游玩吗？
    ☐会　　　　☐有可能，但会在有兴趣的地方多留一会儿
    ☐不太可能，除非服务水平提高或增加景点　　　☐再也不会来了

21. 您认为该景点/景区旅游需要改进的环节？

☐旅游交通　　　☐住宿设施　　　☐景区设施　　　☐餐饮
☐服务质量　　　☐其他

22. 您认为该景区/景点目前面临的主要问题是：
☐开发不够　　　☐基础设施落后　　　☐监管力度差
☐恶性竞争，相互削价　　　☐其他

23. 您此次在景点/景区逗留了多久：
☐一天　　　☐半天　　　☐1~2小时　　　☐2~3小时

24. 您这次旅游是和谁一起同行：
☐家人　　　☐朋友　　　☐同学　　　☐同事
☐情侣　　　☐我喜欢独自旅游

25. 假设您是同家人到此景区/景点的话，请问是谁提议到此游玩的：

26. 您在此景区的总消费（元/人）：
☐200以下　　　☐200~500　　　☐500~1000　　　☐1000~2000
☐2000以上

27. 您认为西北地区民族融合状况如何？
☐融合度很高　　　☐融合度高　　　☐融合度一般　　　☐融合度低
☐融合度很低

再次感谢您能填写该调查问卷，我们将认真仔细地记录您所填写的信息。祝您有愉快的一天！

西北大学城市与环境学院
调查员：
日　　期：

5. 报告撰写

在野外工作结束后，要及时组织学生汇总野外实习的全部资料，根据实习课题和成果汇报的要求，在适当的范围内进行分享，以便他们以数据为基础，从实习的目的和意义、实习的任务和要求、实习时间和路线、参加人员、实习内容、实习收获与建议等方面撰写实习报告或实习论文。

6. 实习成果评价

依据野外综合实习的特点，结合人文地理学野外实习效果评价指标体系，构建西北地区多民族文化景观与民族融合的野外实习指标体系（表4-56）。需要注意的是评价同学们获取信息及处理信息的能力和发现及解决问题的能力,主要侧重同学们如何分析西北地区不同自然地理景观单元生态建设和总结绿色发展所面临的具体问题,如何归纳西北地区文化景观与民族融合的特点与特色,如何多角度、多尺度认识西北地区不同类型城市/城市群发展的模式与路径等方面。

表 4-56 西北地区多民族文化景观与民族融合的野外实习指标体系

指标	一级指标	二级指标	自我评价(0.2)	小组评价(0.5)	教师评价(0.3)
野外实习成绩	思想意识(0.2)	目的态度(0.04)			
		道德品质(0.04)			
		组织纪律(0.04)			
		团队意识(0.04)			
		吃苦耐劳精神(0.04)			
	实习过程(0.4)	实习记录(0.1)			
		获取信息及处理信息的能力(0.15)			
		发现和解决问题的能力(0.15)			
	实习结果(0.4)	数据整理和分析(0.1)			
		实习报告(0.1)			
		调研成果(0.1)			
		实习心得(0.1)			

参考文献

[1] 陈佳,杨新军,温馨,等. 旅游发展背景下乡村适应性演化理论框架与实证[J]. 自然资源学报, 2020, 35(7): 1586-1601.

[2] 戴晓玲. 城市设计领域的实地调研方法——从环境行为学的视角研究[M]. 北京:中国建筑工业出版社, 2013.

[3] 顾朝林. 城市社会学[M]. 南京:东南大学出版社, 2002.

[4] 李和平,李浩. 城市规划社会调查方法[M]. 北京:中国建筑工业出版社, 2004.

［5］李婷婷，龙花楼. 基于"人口—土地—产业"视角的乡村转型发展研究：以山东省为例［J］. 经济地理，2015，35（10）：149-155，138.

［6］龙花楼，屠爽爽. 论乡村重构［J］. 地理学报，2017，72（4）：563-576.

［7］鲁大铭，杨新军，石育中，等. 黄土高原乡村体制转换与转型发展［J］. 地理学报，2020，75（2）：348-364.

［8］罗君，石培基，张学斌. 黄河上游兰西城市群人口时空特征多维透视［J］. 资源科学，2020，42（3）：474-485.

［9］尚志海，李松珊，罗松英. 人文地理野外实习中的课程思政探索［J］. 地理教学，2021（23）：12-14.

［10］孙海燕，李世泰. 高校地理科学专业学生区域分析能力的培养与提高［J］. 地理教育，2011（1）：122-123.

［11］瓦尔特·艾萨德. 区域科学导论［M］. 陈宗兴，尹怀庭，陈为民，等译. 北京：高等教育出版社，1991.

［12］汪芳，蒋春燕，卫然. 文化景观安全格局：概念和框架［J］. 地理研究，2017（10），1834-1842.

［13］汪宇明. 核心—边缘理论在区域旅游规划中的运用［J］. 经济地理，2002（3）：372-375.

［14］王恩涌. 文化地理学导论［M］. 北京：高等教育出版社，1991.

［15］肖风劲，欧阳华. 生态系统健康及其评价指标和方法［J］. 自然资源学报，2002，17（2）：203-209.

［16］周尚意. "区域人文地理野外方法"对建构主义理论的呼应［J］. 高等理科教育，2012（3）：130-133.